道德教育的时代议题系列丛书

鲁洁 主编

心灵、本质与教育

——古典与现代之间教育之爱的变迁

吕丽艳 著

教育科学出版社

·北京·

全国教育科学"十一五"规划教育部青年课题"心灵教育的理论建构与实践模式研究"（课题批准号：EEA090424）成果

教育部百所人文社会科学重点研究基地南京师范大学道德教育研究所研究成果

目　录

导　言

当我们来谈论教育问题的时候，事实上是在谈论人的问题，以及人的世界与人的生存问题。我有一个很深的"成见"：哲学是面向真理的致思，教育是面向哲学的实践。因此，失却了哲学致思作为基础的教育是一种无根的教育，也是一种无向的教育，从而在存在的本质意义上，也就不成其为真正的教育。在虚无主义盛行的现代观念与现代社会中，面向本质主义和存在之真的教育学思考，是一种极其迫切的时代吁求。

一

哲学，正如她的希腊名称的原始含义一样，是一种对智慧的爱慕和追求。对于这种智慧的定义及其追寻，造成了哲学的超越性的气质。这种超越性源自于两个方面的关怀，一是对宇宙精神的追求，一是对人的本心的关切。这两个方面的关怀可以用两个最基本的问题来表述就是，"真理是什么？"和"我是谁？"用康德的话说就是，"这个世界上有两样东西让我敬畏，一是头顶的浩瀚星空，一是内心的道德法则。"而教育所关切的也恰恰就是这两点，教育在某种意义上就是实现这种真理和人之间的对接，塑造追求真理，拥有真理，并为真理而活的人。在这层意义上，教育就是一种哲学的实践。

二

人是这个世界最迷人的存在，人的认识世界也是最迷人的世界；也正在此种意义上，人的自我认识成为最为迷人的课题，一切的哲学运思都以此为出发，并最终寻求基于这一认识之上的精神的安息之所。当我们来谈论教育这一命题的时候，在某种意义上就是在谈论人——人的存在与自我认识这一课题，以及与人相关的一切：精神、价值、思维、生活。

当我们提说"世界"这一词时——它具有极高的抽象性——其实就是在谈论人，一切外在于人的存在，只有投射到人的认识领域时，才能算得上是真正意义上的"世界"。虽然从客观意义上讲，这个世界并不会因为人的认识而改变什么，但是从主观意义上讲，不同的人对同一客观存在会有不同的主观认识，从而形成丰富多彩的主观世界；如果站在更为宏大的视域中，人们不同集体的认识会形成不同的社会和历史，从而定格为那一时期的特征，从而形成后人们对那一时期的世界——包括社会和自然的特定认识。从这层意义上，人的世界与人的认识世界有着高度的同构性。从另外的意义上讲，"世界"这个词，本身就不是一个客体性的概念，而是一个价值性的概念。就像在杳无人烟的亚马孙森林，当一个树枝断裂时，那儿其实只有声波，而不能说有声音，因为"声音"一词所指称的乃是声波在人耳中的反应，它已经脱离了纯客观的领域，而进入了人的价值的指称当中了。同样如此，我们可以说自然，或者地球是一个纯客观的存在，一个客体性的存在，但是当我们说"世界"这个词时，它其实已经脱离了客体化的领域，而进入了价值领域。它所指称的乃是人所生活的环境，或者更为准确地说，这个纯客观的环境在人的观念、思想和意识中的反应，或者更直接地说，当我们说"世界"一词时，所指称的只能是人类的"世界"。用一种思想的描摹来说，就是世界是一种内在于人的存在。

世界的存在之于人的存在是内在性的，而教育是这种内在性的汇聚点。"世界"之于人的内在性，首先表现为，在认识世界的知识上，人的主体性。在一定意义上，所有的认识都是人作为主体的认识，所有的知识都是人作为认识主体的知识；一切的知识性的结论都是人的主观思维的结果。只有主观首先形成对客观的自然和社会的认识，才能够形成人的主观思维中的质料；一切客观的存在只有投射到主观当中，才能成为可资研究的对象，这成为一切知识研究的客观事实和规律。教育学作为一门知识学科，它在一定意义上就是以教育作为认识目标的认识。

在这种世界的存在之于人的存在的内在性的理念下，观念的存在与世界的存在在人的存在当中是同质的。一定的认识形态造就一定的实践形态，这里的"认识"和"实践"的主体都是人。这句话从另外一个角度讲，就是观念的历史和人的实践的历史是同质的。因为"实践"这个词本身就是站在"理念人"的角度的一个主体性的表述，在上述的内在性的意义上，这也是一种世界的存在。教育则生存在这种人的理念和实践之间，它不但在塑造人的这两个方面，同时也在被人的这两个方面塑造着。而正是在这层意义上，历史的建构与理论的建构在某种意义上是重构的。这就是我们研究思想史的意义所在。本书的写作就是站在一个思想史的巨大的裂变的背景下，以古典的本质主义思维和现代的人本主义思维作为暗线，来重思教育以及教育学的种种变迁，并回头来反思这种思想史的裂变自身。

三

本书主要分为六章。

第一章主要是站在哲学的视角探讨本质主义的来龙去脉，从哲学的视角来捍卫一种终极的本体性的价值真理，从爱的视角勾连主体和这种终极的价值之爱之间的关系，并简列这种本质主义思维背景下的教育学运思。

第二章主要是在思考教育学与这个世界已经发生的断裂和应该存在的联系。这种思考实际上是站立在这个世界的同一性和生成性的本质主义的思维下的，试图建立一种被现代主义所割裂了的教育学与人生以及世界的关联，恢复一种被颠覆了的本质之爱的心灵秩序。

第三章主要站在哲学的角度分析造成古典与现代的思想大断裂的启蒙事件，并在此视角下，以古典的美德伦理学和现代规范伦理学之间的论证为例，探讨教育在启蒙之后的回归之途。

第四章主要是在启蒙之后现代社会的多元主义背景下，来探讨教育的挑战及其生存空间，以寻找出一种多元主义背景下的、反相对主义立场的、向本质主义路向回归的，教育努力的可行之路。

第五章主要是站在当前所正在发生的德育生活论转向中，探讨其所遇到的理论挑战及难题。本章试图将这种探讨放置在一个历史的和哲学背景之下进行。这显然是发生在一种启蒙之后的现代主义危机下的一种德育思想的突围，但是这种突围也显然不是朝向古典的本质主义路向的。因此，对这一转向进行探讨的意义就在于，以此为例探讨教育向非本质主义突围的可能走向。

第六章是思考教育的基本对象和质料——人。

需要说明的是，这些内容并不是一个系统的思路的呈现，但是它们确实是在一个整体的系统的思维之下思考的结果。兴许它们在形式上的关联有松有紧，但是，这些思考之间的内在的价值关怀恰恰是一致的；所涉及的论题也是有大有小，但是它们都是被放置在启蒙运动所导致的古典和现代之间的思想史的巨大裂变的背景之下的；论述的思路或水平也是时长时短，但是背后的那种本质主义的思维特征及热情也是始终一致的。

最后，本书也许不是在传递一种学术思想，而是在试图传递一种学术的价值热情。

第一章　本质主义与教育

第一节　本质主义思维的起源与流变

反本质主义已经成为现代西方哲学的一个特征，更成为国内学界的一个普遍共识；尽管存在主义、语言哲学等语调下的反本质主义之声不绝，然而，本质一词却始终处于学术语言的中心堂奥。于是国内学界尤其呈现出了反本质主义与张扬本质二者对等的"奇观"。要真正地来解析此等"奇观"背后的悖论，非得梳理本质一词的前源后流不可，以期真正理解反对本质主义的思维之下，缘何允准本质的存留。本质——ousia 一词，是西方哲学体系之一核心概念。甚而可言，对于本质的思考，以及本质思维的模式，孕育了西方哲学，乃西方哲学的灵魂与"本质"。尤其是在古典形而上学当中，可以说一切的哲学论争都是围绕着"本质是什么"这一问题而展开，同时也围绕着这一问题，产生了多种认识这个世界的范式。对本质的理解的不同，形成了不同的本质思维模式；抓住本质问题的思考模式，在一定程度上亦即抓住了历代圣哲们的思想体系。透过对本质思维的历史的讨论，可以揭示哲学史上的不同体系的关系与分歧。

一、前苏格拉底时期的 "ousia"（ουσια）观念

"本质"一词在中文中有许多的概念来指称：本体、实体、始基（άρχη）、基质等，这些词都从不同的角度指称着"本质"的概念。这些词都是由希腊文的 ousia（ουσια）而来的。就如同"本质"这一中文翻译所表明出来的：本质的根本含义就是基本的或者根本的、本源的物质（存在）。这一理解有着很深的希腊渊源。需要说明的是，尽管本质一词

至亚氏才正式提出，柏拉图乃至前苏格拉底时期的哲学家们并没有直接提出这个概念，但是，确确实实本质的追寻就是他们的思维方式，可以说本质一词可以概括他们全部的哲学体系。

在前苏格拉底时期，哲人们就开始了对世界本源问题的探讨。第一位哲学家泰勒斯所探讨的关键问题：如果世界的万物处在普遍的变化与生成之中，那么什么是这一切变化和生成的基本质料？在变化和生成的背后，什么是不变的和无须生成的？这成为了哲学思考的开端。泰勒斯对此的回答是：水。泰勒斯认为，水是这个世界一切存在的基质，而空气和固体只是水在不同条件下的不同模态，而异彩纷呈的固体、液体和气体世界则是水在不同模态下各异的形状。泰勒斯之所以能够被称为第一个哲学家，很大程度上就是因为他开始了这种本质论的思维。尽管他的这种将谁看作为世界的基质的想法，在物理学已经高度发达的今天看来是多么的荒诞和不可思议，但是，不要忘记的是，他有这想法是发生在近 3000 年前。更加重要的是，他的这一想法在人类思维发展中的意义：他开始了人类对世界之统一性与生成性问题的思考，他首先注意到了世界万物之间存在着某种联系，进而从统一性的角度来思考、寻求和解释这种普遍的联系。因此，从这种人类思维的跃进的角度，我们将这种思维方式的产生看作为哲学的开端。文德尔班提出，由泰勒斯所开启的基本哲学问题是：超越时间变化的万物始基是什么？万物始基如何变成特殊事物，特殊事物又如何变成万物始基？① 他的这种开创性主要表现在，关注这丰富多彩的世界背后不变统一构成，以及这一不变的统一构成是如何与这个丰富多彩的世界之间进行转化的？或者更为基础的是这一不变的统一构成如何生成这个丰富多彩的世界的，以及这个丰富多彩的世界是如何回归到这一不变的统一构成中的？从某种意义上，此后的哲学或多或少、或远或近地都是围绕着世界的统一性和生成性的问题而展开的。我们将泰勒斯的这种寻求世界基质的思维称作为实体论的思维。因为它所探讨的核心是——实体是什么的问题。实体这一概念所要表达的是，只由自身组成，并且不可再分的存在。泰勒斯作为第一位哲学家，还表现在他首先开始了对这个丰富多彩的世界的存在和生成进行抽象的思考，透过本质这一概念来思考这个世界的统一性和

① 文德尔班. 哲学史教程 [M]. 罗达仁，译. 北京：商务印书馆，1997：42.

生成性的问题。

　　泰勒斯的学生阿拉克西曼德给我们留下了第一部哲学著作《自然论》①，在这本著作中，他完全继承了泰勒斯的本体论的思维，但否认了泰勒斯所提出的水是本质的说法。他认为，水的存在依然需要解释，而这个世界的本质是"无限"（ἄπειρον），但是他所认为的"无限"并不是一个抽象的概念，而是一个质料性的概念，似乎指的是一种充满空间的活泼的质料，或者说是某种空间上无限定，同时又无定质的东西。根据亚里士多德的推论，阿拉克西曼德清楚地将"无限"和一切具体的物质加以区分，更有可能的是，他对"无限"的本性并没有作详细的解释，只不过想具体说明不具有那些特定物质的任何一种显著特征的那种基质。② 他的这里的"无限"相当于一种构成具体物质的基本质料，同时又不以具体物质的形态显现的真实的存在。在某种程度上，相当于近代物理学对于空间中充满一种"夸克"物质的假说。因此，阿拉克西曼德的"无限"基质说相对于泰勒斯的"水"基质说而言，他的贡献在于，提出了一种"非特定的"物质，这是本质思维自身走向抽象的很重要的一步。

　　赫拉克利特、德谟克利特等原子论者不满于泰勒斯等米利都学派③的这些观念。在前苏格拉底时期的哲学中，这种本质论的思维以赫拉克利特的原子理论最为著名，他们所探讨的恰恰就是这个世界由什么样的基质所组成。他们的思想脱离了可见的形态，而追寻这些形态背后的最基本的存在结构。可以说，原子在他们看来是一种从观察中抽象出来的客观，或者更为确切地讲，这是一种对物质世界的微观想象④，他们从可见的形态的

---

　　① 如今所留下的只是《自然论》的一些残篇断简。而泰勒斯则没有任何的著作留下，他的思想都是通过亚里士多德等其他哲学家的转述而得知。关于古希腊哲学文本的论述可参照策勒尔. 古希腊哲学史纲［M］. 翁绍军，译. 济南：山东人民出版社，2007：4－9.

　　② 策勒尔. 古希腊哲学史纲［M］. 翁绍军，译. 济南：山东人民出版社，2007：29.

　　③ 前苏格拉底的哲学在地理上主要是围绕着米利都为中心的伊利里奥而进行的。泰勒斯的主要活动地点就是在伊利里奥的米利都，所以他所建立的学派就被称为米利都学派；随后的哲学活动虽然已经进入了更广泛的地域，但是仍然没有离开伊利里奥，所以往往称之为"伊利里奥学派"。"伊利里奥"和"米利都"之间有着很深的同源性和继承性，他们也都是围绕着世界本源这一中心问题而展开。

　　④ 有一点是显而易见的，凭着当时的条件，二氏根本不可能观察到实实在在的"原子"，因此在二氏的思想中，"原子"一词的概念意义远远大于客观意义，哲学意义远远大于物理意义——在某种程度上，这种"远远大于"可以看作为"极大超越"。

演化中观察（或想象）到了不可见的构成演化，这是他们比泰勒斯的超越之处：他们不再纠结于可见的形态性的存在，而是把眼光投入到了物质演化的原理。如果说泰勒斯等人的观念可以简化为万物都是水，但是二氏的观念则是原子构成万物。他们提出了更高意义上的世界的同一性法则。泰勒斯等人的观念主张的万物类型上的同一，而形态上的各异；但二氏却发现了类型上的各异，而要素上的同一。同时他们对于阿拉克西曼德的超越在于，他们的原子对阿拉克西曼德的"无限"作出了具体的解释。阿拉克西曼德的"无限"只是对这种基质的不能衰竭的属性作了描摹，但是二氏却以"原子"这一概念对这一基质自身的存在和如何生成这个世界作出了初步的解释。一个需要澄清的问题是，他们的原子观念与今天的物理学中的原子是不同的概念。他们的原子是一种不可再分的基本的物质结构的假想，而今天的原子则是其内部仍然存在着复杂结构的一种物质性存在，因此他们的原子是同一的，而今天物理学中的原子则存在着不同的类型。但是，他们的眼光仍然是在可见的物质领域的构成上。

因此，本体不但是一个基本微粒的问题，也是一个本源的问题，即这个千变万化、五光十色的世界的本源是什么？这些变化的世界当中，不变的基本构成是什么？在前苏格拉底时期，对于"基质"的找寻，实际上透视了古人的这样一个观念，这个世界一定有其统一性与不变性的一面，所有的变化，其背后都是由不变的"基质"变化而来的，这就是变化着的世界背后的"同一性"的问题。

二、柏拉图与亚里士多德：本质的存在与生成

两千多年前，亚里士多德以一句"吾爱吾师柏拉图，但吾尤爱真理"这句话宣告了他与柏拉图之间的哲学分野。一般的观点认为，亚里士多德和柏拉图之间的分野，造成了西方哲学的两个不同的思维向度，从而有拉斐尔的名画《雅典学派》中柏拉图和亚里士多德一人指天一人指地，来宣告这种分野。亚里士多德和柏拉图之间的哲学争论主要是关于本质或实体是什么及其存在方式的争论，这个争论既体现了二者哲学观念的分歧，在其背后也体现了二者之间的继承和延续。要理解这个争论及其背后的关系，就需要理解本质这一基本哲学问题在两者间不同见解及其思考的观念

性对象。

在前苏格拉底时期之后，到了柏拉图①，他的眼光更具有形而上学的超越性，他注意到了理念这一思维的基本质料，从而为超越性的实体思维提供了一条通路。首先需要说的是，柏拉图对他之前的哲学家的思想做过深刻的研究，可以说到了熟稔的程度，他的思想可以说是对前人的一个集大成。但是，他对前人的这种集大成，并不是建立在一种所谓的折中主义的基础上的，也就是说他的思想包括了所有前人的思想，但这种包括并不是采取在他们之间进行调和的基础上，而是柏拉图自己建立了一套体系，并且对所有的前人的思想都有有力的解释性，这实际上是一种超越。②

柏拉图理念论的思想主要体现在他的《巴门尼德篇》③ 中。在《巴门尼德篇》中，柏拉图系统论述了他的"理念论"的思想④。"理念论"也称"相论"，他认为，这个"生成的世界"上所存在的一切都是那个"理念的世界"的投射，也就是说，我们所能够直接看到的这个世界实际上是由理念的世界所生成的。⑤ 在柏拉图的思想中"理念的世界"才是真实

———————

① 按理说在前苏格拉底时期之后就应该是苏格拉底了，但是苏格拉底本人并没有任何的文字留下，他的思想主要记录在柏拉图的对话录里面，当然还有少量的记录在色诺芬等人的作品中。但是从思想史的角度，要想在柏拉图的作品中将柏拉图的思想和苏格拉底的思想作区分，这本身就是一件很大的工程。这已经超出了本书的写作目的，所以，本书就直接跳到柏拉图。

② 有人认为，柏拉图的思想中有很强烈的赫拉克利特的意味。甚至说，柏拉图主义首要意义上有四种来源：赫拉克利特、苏格拉底、毕达哥拉斯派和爱利亚派。参见策勒尔. 古希腊哲学史纲［M］. 翁绍军，译. 济南：山东人民出版社，2007：136.

③ 由于柏拉图的作品很著名，并且汉译版本也非常之多，所以若非特别重要，本书只列篇名，不列版本，读者自会寻得适合自己的版本，甚至多版本对比参阅。

④ 在《巴门尼德篇》中，柏拉图透过八组假言推论来论证"一"与"多"的问题。这八组假言推论是：第一组：如若是孤立的"一"，"一"不是一切；第二组：如若是和"存在"相结合的"一"，"一"是一切；第三组：如若是和"存在"相结合的"一"，"其他的"是一切；第四组：如若是孤立的"一"，"其他的"不是一切；第五组：如若"一"是相对的不存在，"一"是一切；第六组：如若"一"是绝对的不存在，"一"不是一切；第七组：如若"一"是相对的不存在，"其他的"是一切；第八组：如若"一"是绝对的不存在，"其他的"不是一切。（对"一"与"多"的问题还可参阅亚里士多德《范畴篇》）然后他从此"一"与"多"之辩中，进行两个世界的划分。一个简单的比方就是，马有很多，如高马、矮马、黄马、红马，等等。这里的"马"与各色各样的马之间就是"一"和"多"的关系。而实际上，这里的马是一种"理念"的存在，因为，一旦你说到具体的马时，那它就是黄马、或者红马，而不是一个抽象的马。所以"马"就是一个理念的存在，是所有的具体的马的"共相"或叫作马的"理念"。

⑤ 这个"理念的世界"和"生成的世界"的关系也常常表述为"共相"和"殊相"的关系，也是在这层意义上，"理念论"也被称作为"相论"。关于这一点，还可以参照《理想国》中著名的洞穴比喻。

的世界，而这个"生成的世界"只是"理念的世界"的殊相。所以在柏拉图的思想中，"理念"具有本质性的地位。并且，理念的世界是一个统一的世界，或者说"理念"本是一个实体，而不是在这个"理念的世界"中有许多的实体。

柏拉图对前人的超越在于，他揭示了这个世界只有在理念上才有可能实现其最终的统一。在心灵与物质这两个世界的关系当中，已经蕴含了后来的哲学所包括的心灵与物质的关系，他已经将心灵作为一种存在来考虑，并且当作一种本质性的存在来考虑，这使得他对前人要么是具体的物要么是抽象的物的实体的观念，得到很大的突破。因此，他的"理念"不但是认识论上的，更是本体论上的，但是从另一个角度，他的"理念论"也实现了认识论和本体论的统一。①

柏拉图的"理念论"的本质观将本体论的问题上升为严格的本源学的问题。他不但解释了这个世界的来源问题，并且从某种意义上，从根本上解决了这个世界统一性的问题。并且，他把哲学的所有领域都在这种本质观当中作了全面而彻底的统一。无论他的观念正确与否，但是他确实奠定了一切哲学思维的母基。这是他的伟大之处。

但是，在他的学生亚里士多德那里，他的"理念论"的解释体系受到了最严重的挑战，可以说这个挑战也贯穿于整个哲学史的始终。或者说，如果整个西方哲学史都是沿着解释柏拉图的路线走下来的话，那么也可以说整个西方哲学史的分歧就是沿着解释柏拉图与亚里士多德的分歧走下来的。

亚里士多德对柏拉图的反对主要表现在对实体观念上的不同。如果比较柏拉图和他以前的哲学家，我们可以发现，他和前人最大的不同就在于，他创造了一个彼岸世界。尽管彼岸世界在神话和文学中常常存在，但是对于严肃的哲学而言，却是似乎很不可思议。在柏拉图以前，实体主要就是存在在这个世界之中，但是柏拉图透过理念的概念，硬是构筑出了一个完全不同的彼岸世界，并且将那个彼岸世界看作真正的实体世界，我们抛开这个思想的自身的特质不谈，仅仅是构筑出这样一个世界，就已经足见柏拉图的高超了。但是恰恰就是在这一点上，引起了亚里士多德的不

---

① 柏拉图的伟大也就体现在这里，他的理念论几乎统括了哲学所有的范畴，因此怀特海才说，整个西方哲学就是沿着解释柏拉图的路线走下来的。

满。以我个人的浅见，亚里士多德针对柏拉图的，实际上就是这个世界的生成性的问题。如果恰如柏拉图所言，本质只存在在彼岸的世界的话，那么问题是，彼岸世界的本质，如何生成此岸世界的这一切的存在？此外，如果只有彼岸世界的本质才是真正的存在，那么与此彼岸世界之间存在着巨大鸿沟的此岸世界的这一切如何与彼岸世界的本质相连？如果无法相连的话，是否意味着此岸世界的这一切都不具有实存意义？到最后，一个根本点的问题或许是，彼岸世界的理念到底是如何生成此岸世界的？这是一个根本的问题。

亚里士多德的解决途径是设计了两层本质的学说，即认为这个世界上同时存在着第一本质与第二本质这两个层次上的本质。但是，亚氏自身在第一实体和第二实体的所指上恰恰出现了前后矛盾之处。对于实体是什么的这个问题，亚氏认为实体的至少应当有：（1）个别物体（或个体）；（2）物质（hulee 或质料）；（3）形式（eidos 或埃多斯）；（4）属种（eidos 与 genos 或埃多斯与格诺斯）；（5）本质。但是随之而来的问题是，如果说它们都是实体，那么它们之中的等次如何？或者说谁更富有实体性？在《范畴篇》① 第五章亚氏直接认个别物体为"第一实体"，而同时仅仅将"埃多斯"（eidos 意为属种之"属"）以及"格诺斯"（genos 意为属种之"种"）视为次于个别物体的"第二实体"。但是，在《形而上学》② 第七卷他却认为埃多斯在实体性上高于个别物体，甚至直接称埃多斯为"基本实体"，也即第一实体。需要注意的是，实际上亚里士多德的"种""属"的概念实际上就和柏拉图的"理念"的概念十分相似。那么他的"个别物体"的概念实际上就是现实世界中所实存的物体。那么亚里士多德和柏拉图的差异在哪里呢？实际上他的差异就在于他承认实存的物体也是实体。但是他又将这两种实体作了等级上的区分，实际上也就是说，他透过实体的概念，直接将柏拉图的两个世界进行了关联。然而，有意思的是，他的实体的等级，在《范畴篇》和《形而上学》当中彻底颠倒了个儿。在早期的概念当中，仿佛是因为跟柏拉图的这种对立，所以他特别强

---

① 《范畴篇》参见亚里士多德. 亚里士多德全集（第一卷）[M]. 苗力田，主编. 北京：中国人民大学出版社，1990.

② 《形而上学》参见亚里士多德. 亚里士多德全集（第七卷）[M]. 苗力田，主编. 北京：中国人民大学出版社，1990.

调"个别物体",所以将之放在更高的位置,但是事实上,最终他还是发现,将个别物体放在最高的位置,无论在哪些方面都是很难说得通的,所以,还是回到了柏拉图的位置当中来了。亚里士多德对于柏拉图的重要的超越就是,他开始着手解决实体与世界的关系,也就是世界的生成性的问题。而他们在这个世界的基本解构和本质观念上,恰恰是没有任何的区别的。

从另外一个角度再来思考亚里士多德与柏拉图之间的关系。在亚里士多德意义上,希腊文的 ουσια 与 τότί εν ειναι 是同义的,它们所表达的就是某物"是其所是"的意义。但是不可否认的是,"本质"一词蕴含着两组意义,用英文表达就是:1. nature;innate character;intrinsic quality;2. essence。其中的第一组意义更接近与拉丁文的 substantia,对应于希腊文的 ποστασιζ,即一物所固有的个别性的性质。我们所谈的本质主义是在第二层意义上谈的。亚里士多德试图将形式的世界反演为蕴含在此世界中的是其所是"此物 this"的问题,将"一物是其所是"反演为一物"是其所是";但是他为什么又提出了最终实体的问题呢?这充分反映了亚里士多德的 ousia 观与柏拉图的一脉相承,尽管问题是一物"是其所是",但是这些"是其所是"之"是"仍然最终归结到这个世界的统一性问题上。

亚里士多德是用"四因说"的架构解释"第一实体"和"第二实体"之间的联系的。亚里士多德将最终实体描述为"第一推动者"。"第一推动者"是这个世界的第一动因,万有都本于他并且也依靠他,最终也必要归于他,然而,从这个非质料的第一推动者怎样生成了这个质料的世界,仍然是一个问题,这个问题在根本上与柏拉图两个世界的问题是同一的,答案只能是,最终实体因其自身(目的)而生成了这个世界,所以说,即使不存在所谓的一个丰富多彩的理念的世界,但是最终实体因其自身而生成这个世界是一个不可否认的解决方案;而现在的哲学所存在的最大的问题,就是只执亚里士多德关于世界的本质性与生成性之一端,而忽略了最终实体这一本源性的问题,从而是这个世界的本质与生成成为无源之水,只有过程性的意义,而失去目的性的意义。

怎样看待二氏为我们所开启的哲学致思,这一点十分重要。可以说,尽管在今天的哲学思潮中,各样的后现代以及各样的反本质主义的话语风起云涌，但是每一种思潮都显乎其基本范畴上的柏拉图或者亚里士多德的特征。

三、继承与发展：亚里士多德之后本质主义的流变

从亚里士多德之后，就开始对本质问题形成两种显然不同的理解。这种理解的第一次大规模地显现出来乃是在中世纪的经院哲学或者叫中古哲学时期。这种分歧在拉丁语中对 ousia 一词的不同翻译中可见一斑。一般而言，对 ousia 一词的翻译继承了柏拉图的思想，将之翻译为 essentia，但是中古哲学家波爱修斯则主张将之译为 substantia。essentia 和 substantia 的主要区别在哪里呢？在有些文献中，substantia 非常得体地表示它的词源使人想到的东西——某种"处于"性质、名称或偶然特征"之下"的东西。而在另一些文献中，它的意思更近似于事物的本质或永久的特征。这样，substantia 和 essentia 被当作同义词使用，不过，它们还是有区别的。比如在哲学和逻辑著作中，人们使用 substantia，而在神学著作中，人们使用 essentia。这两个词从词源的角度讲，实际上都和希腊文的 ουσια 的概念相去甚远，但是在翻译当中，从拉丁文已有的词中寻找意思最为靠近的词，甚于生造一个谁也不知道的词，这也是翻译学的当然之意。从某种意义上讲，essentia 的词根更加靠近希腊文的本意。因为这个词尽管是由亚里士多德首先使用的，但是其实在他之前早已经有了这个词的哲学意涵。即使在亚里士多德意义上，他用这个词确切地表达"一物是其所是"的概念。那么这个一物"是其所是"就包含了两层意思，一层就是这一物之所以是这一物，这表达的是一物个别性得以形成的性质，另一层意思就是表达的本体论含义上的实体的意思，也就是说表达的是那种不可再分，自在而在的基质的概念。这个词所包含的这两层意思也在亚里士多德的"第一实体"和"第二实体"的概念当中得以表现了出来。substantia 的原始意义所表达的就是一物个别性的性质，而外延出来的事物的本质在某种意义上，是联系它的原始意义的，所以更加接近与亚里士多德后期（《形而上学》中）的第二实体的意涵。essentia 在某种意义上就更加接近于亚氏后期"第一实体"的意涵，即一种最终实体，是哲学最深处向神学所延伸的部分，所以后来在神学上所用较多。

中古哲学的这种关于 ουσια 概念的两种分野，在某种意义上开始更加显露柏拉图和亚里士多德的这种分野，然而，他们并没有对两者共同的地方施以足够的关注。中古哲学游走在基督教神学和希腊哲学之间，试图实现两者的统一，但令人疑惑的是，在经院哲学的大师们之间，恰恰产生了柏拉图与亚里士多德两种取向的分离。具体地说，以奥古斯丁为代表的一派走向了柏拉图的取向，而以阿奎那为代表的一派则走向了亚里士多德的取向。在波爱修斯对 ουσια 词译的不同意见中，我们可以清楚看出后者对亚氏与柏氏之间进行彻底分离分离的强烈倾向，我所怀疑的是，波爱修斯对于这种翻译上的彻变是出于这种分离的主观故意。

在阿奎那的本质观中，他提出了三个具有本质性的实体，即，复合实体，理智实体和作为最单纯的实体——上帝。① 事实上，他在这里就试图在亚里士多德意义上进行实体的确立，但是他所背反与亚里士多德的就是，亚氏是将"第一实体"和"第二实体"看作为两个层面上的实体，但是阿奎那却将它们完全分离成为两种类型的实体，实际上，他就是完全在亚里士多德的"第二实体"意义上确立他所谓的三种实体。这样就完全背离了柏拉图意义上的实体。他所存在的问题就是，将世界的"同一性"问题抛弃了，从而也抛弃了实体这一概念本身。他的神论的五点证明中的"本体论"的证明，就有他的这种"实体观"的味道②。奥古斯丁为什么采取了柏拉图的立场呢？从他的许多著作中可以看出一二端倪。在他最为著名的著作《忏悔录》③ 中，我们可以看到这样一个基本的行文特征，奥古斯丁常常将他的任何的人生际遇放置在上帝的眼光当中来思考，甚至直接追问上帝，这些为何以及如何发生的。因此在某种意义上，奥古斯丁始终有一个基本的立足点，就是认为，此世的一切一定都于彼岸的上帝联系在一起，因为"万有都本与他、依靠他、归于他"④。奥古斯丁的这个思想完全起源于圣经，但是不经意当中站在柏拉图的立场上，同时也兼而估计了亚里士多德的问题，在他的这种"本于他、依靠他、归

① 阿奎那. 论存在者与本质 [J]. 世界哲学, 2007 (1).
② 他的本体论证明的基本思路是，因为我们有神的观念的存在，那么就一定有神这种存在的存在。
③ 参见奥古斯丁. 忏悔录 [M]. 周士良，译. 北京：商务印书馆, 1996.
④ 圣经，罗马书，第十一章，三十九节。

于他"的逻辑中，本身就已经涵括了两个世界关系中的形式因、动力因和目的因，如果加上创造论，可以说在"本于他"里面同时也包含了质料的因素。

唯物论和唯心论，是我国几乎所有接受过基础教育的人都知道的一个基本哲学问题。但是这个问题的来源及所指是什么？这确实并不为大众所熟知，唯物论和唯心论的争论实际上起源于实体论。也就是说，最终实体是精神性的（心灵），还是物质性的（物质），这里的"唯"其实就带着深刻的实体论的味道。到了中世纪之后，越来越多的人受到新亚里士多德主义思维的影响，认为存在着心灵和物质两个最终实体。但是随之而来的问题就是，作为心灵的最终实体是如何和作为物质的最终实体相关的呢？因为按照实体论的观点，所谓的实体就是，第一不可再分的存在，第二不为他物所组成的存在。那么从这个意义上，心灵和物质并不能够相互构成或者相互包含，那么也就意味着它们之间没有交集。现在的问题是它们之间怎么可以相关？也就是心灵怎么可以理解物质？这就形成了休谟等怀疑论哲学家所提出来的基本问题，他们认为人的心灵并不能够理解物质，或者说这个世界。这就形成了亚里士多德之后，走向多实体论而带来的最终问题。可以说近代哲学就是围绕着这个问题而展开的。许多近代哲学家们都提出了自己的解决方案。例如，莱布尼茨的"单子论"、斯宾诺莎的自然神论、笛卡尔的理性主义、舍勒的"小宇宙"等，这些观点的提出都是试图来解释心灵实体和物质实体之间的同一性和相关性问题的。尽管其中的一些走向了反相关性之路。这种思维方式对亚里士多德的偏移以及其本质论的降落（执其一端）。他们将世界统一性问题变成了对心灵与世界的统一性问题，将本体论的问题变成了认识论的问题。我将这种对于本质主义的讨论的流变称作为"认识论流变"。在这一点上柏拉图在建构实体论的框架的时候确实是高超的，而亚里士多德在建构自己的体系的时候，也始终继承着这种高超，并且建构了一种缜密的体系。

近代哲学总是绕不开康德。在康德的体系中，存在着一个基本的矛盾。他一方面将世界分为本体界和现象界两者，他认为，对于本体界我们是不可认识的，那是属神的；但是在另一方面，他又在实践理性的范畴内建造上帝的观念和对上帝的思考。① 他的实践理性实际上是对终极实体思维的背反，体现了他要解决的问题是将亚里士多德的第一实体在事实上透过实践理性放逐到这个世界中来，从上帝也称为了实践理性限度中的一种类似于亚里士多德蕴含在这个世界中的第一实体的概念。他将认识论转移进了实践论，形成了本质思维的本体论－认识论－实践论的转移路线。我将这种本质主义的流变称作为"实践论流变"。但其实康德本人仍然属于理性主义的范畴，只不过他的思想为本质主义的这种实践论的流变开启了形而上意义上的大门。此后将实践论流变演绎到极致的更有各种人本主义思潮，例如马克思主义等。

除此之外，本质主义在现代以来的流变还包括存在论流变、语言学流变等。其实这些流变在某种意义上都体现了一种形而上学的本质主义的"雄心"。每一个哲学家或流派都在一种哲学的"本质主义本能"之下，试图以自己所擅长的概念或者体系，来涵括解释整个世界的存在。这在某种意义上就是一种"本质主义性"的东西。哪怕对于德里达等后现代主义者而言，他们的反实体、反本质主义的思维则是以认识论的实践论对本体论的反亚里士多德主义。但是，他们也在试图来解释整个的世界，哪怕他们是在解构人们一切的认识体系和世界体系。

四、本质主义的话语与视域

最终，本质主义（实体论）的思维方式，是将我们指向这个世界的同一性、统一性和生成性的问题，从而指引我们对于终极真理的追求，并且在这个终极真理的秩序中找得人的位置，更好地引导我们的生活。这是本质主义话语的根本所在，也是本质主义思维的基本视域。这是一种价值性的"本质之爱"。

第二节　心灵的价值体系及其颠覆

加缪生前曾声称，假如由他撰写一部 100 页的关于伦理学的著作，那

---

① 康德. 单纯理性限度内的宗教［M］. 李秋零，译. 北京：中国人民大学出版社，2003.

么前99页都将是空白，最后一页才写着："我只知道一项责任，那就是去爱。""爱"乃是人类生活中的永恒主题，是人类心灵的自然状态，代表着人性中的一种最基本需求，也是人类社会的基本特征，是人类群体生活的基本凝聚力。爱是真、善、美的集合体，是人类所苦苦追求的美好境界。本节期待从价值现象学的角度，思考爱的这种直通本质的统合关系，从而将人，这一价值性、主体性的存在及其情感，与本质之爱、价值之爱进行关联。

一、情感与价值

按照价值现象学的看法，有大量情感具有客观的性质，它们指向实在的对象，它把情感分为两种①，一种叫状态性情感，它指仅仅是一种心理状态的、与外界没有任何关联的感情（如欢欣鼓舞和意志消沉）；而另一种情感可称之为价值性情感，这类情感是对外界强烈反映的结果（如爱和恨），被爱的东西带给我们快感，被恨的东西带给我们反感。一般来说，状态性情感受价值性情感的制约，人们为爱的满足而欣喜，对所恨的对象才表现出厌恶。有人甚至把真正的认识功能归之于这种价值情感。舍勒在《受苦的意义》一文中强调，情感生命并不是"喑哑和盲目"的，相反，它们充满着丰富多彩的意义。一定层次的情感，都通过自身特定的意义给定人们一种存在、一种行为、一种命运的价值差异。他极为赞赏帕斯卡尔的名言："爱即理性"，在此，帕斯卡尔的意思是，理性行动奠基于情感行动，人们只能认识自己所"爱"的对象，"爱始终是激发认识和意愿的催醒女，是精神和理性之母"。因此，本节将爱定义为一种情感与价值的统合体。

（一）情感的分类

根据价值现象学对"情感"（feelings/emotions 更接近原意的翻译是"感受"）的阐述，我们至少可以从以下四个方面来认识情感：第一，它必须是一种主观感受。也就是说感受必须要有一定的主体，并且这个主体

---

① 郭景萍. 舍勒道德建构中的情感研究［J］. 学术交流，2003（9）.

必须是特定的人，而且若是离开了这特定主体，这特定的感受是毫无意义的。第二，这种感受必须是先验的，即它是通过对各种主观感受进行本质还原所发现的先验事实。尽管离开了特定的主体具体的感受并不能存在，但是感受本身的性质和意义却是独立于特定的个人或特定的器官而存在的先验事实，这一点也可以由不同的主体会有相同的感受来证实。第三，感受必须存在于先验的关系当中。这就是说某种感受所对应的感官是对应的，如疼痛一定是在身体的某一个器官上发生，而悲伤却是在感情中发生。这也是区别情感的一个很重要的依据。第四，对感受本身的感受方式会因主体的不同而有差异。例如，面对一件伤心的事，有的人会反应为哭泣，而有的人却没有哭泣，而是拼命地去做事，但他的悲伤未必就比那哭泣的人小，这只是他们对悲伤的表现方式不同而已①。从这四个方面对情感进行研究时，情感可以大致分为三种类型或样式。

1. 感官感受

感官感受（sensible feelings or sensations）。例如，疼痛、瘙痒、麻木、憋闷、苦涩、腹胀、性快感等。这种类型的先验感受都和某个器官存在本质关联②。感官感受是身体的一种直接反应，更接近于生物性的作用。感官感受的实现并不需要任何理性的思考或是信念的过滤，它是一种条件式的反射。并且一般而言，感官感受并不会因人而异。例如，手触碰到锋利的钉子，所有的人遭遇到这样情形其感受都是一样的，甚至其疼痛程度也不会因个体的不同而有任何的差异。并且感官感受并不能直接传递给其他的个体，例如，当一个人的手被灼伤时，他并不能让他人与他一同经历灼伤的痛苦。感官感受的种类一般有两种：一种是被动式的，如刚刚所讲的手碰到钉子这样的被动行为而引起的感官感受，这种感受往往是事先无意识的、随机的，因而具有被动的突然性；另一种是主动式的，例如伏暑天用冷水洗头，这样会给身体的局部部位带来特殊的感受——清凉，这种感受也是感官的，然而与上面不同的是，它是人有意识地去实现的。在当今，常常有人采取刺激身体某一个部位的方法来获得感官上的刺激感受，这也是典型的主动式的感官感受。这种感受的满足有赖于外在的物质条

---

① 张志平. 情感的本质与意义 [M]. 上海：上海人民出版社，2006：59 - 60.

② 张志平. 情感的本质与意义 [M]. 上海：上海人民出版社，2006：61.

件，这时候，外物对这种感受的满足表现为有用性①。感官感受的另一种形式是关乎生命整个机体感受（vital feelings or lived feelings）。例如，疲惫、衰弱、颤抖、紧张、虚弱、健壮、精力充沛、有活力等。这种类型的先验感受都和整个生命机体存在本质关联②。局部的感官感受强调的是身体局部感官的感受，而整体的感官感受则强调身体整体上的感受。整体的感官感受有可能来自于身体某一部位的感官感受，整体的感官感受在某种程度上也可以用有用性的物质来达到。比如一个人的手触碰到钉子时，手的疼痛会引起全身的紧张，手的疼痛是他的局部感官感受，而全身紧张则是整体的感官感受。整体的感官感受还有一种来源就是情绪（即下文所要论到的心灵感受），当一个人兴奋时会带来精力充沛，而痛苦时则会浑身疲惫。与局部感官感受不同的是整体的感官感受有一定的可传递性，例如，一个人本来是精力充沛的，但与一个浑身疲软的人在一起待一会儿也会变得活力尽失。这种传递主要是由于环境的影响造成情绪的变化而导致身体反应造成的。但是这种传递性并不是完全的，例如有的情况下，如疼痛所导致的紧张并不能传递，或者不能完全地传递，因为另外的人并不能体会他的疼痛，只能体会他的紧张。

我们把积极性的感官感受叫做感官之爱，或叫"欲爱"。

2. 心灵感受

心灵感受（psychical feelings or psychic feelings）。例如，愉快、兴奋、悲伤、欢乐、喜欢、羡慕、痛苦等。这种类型的先验感受都和人的心灵存在本质关系。③ 心灵感受在外在表现为一种情绪，但这种情绪却是来自于内在的心灵体验。首先如上文所说心灵感受可以带来一定的生命感受，但是这并不意味着它比生命感受低级。实际上心灵感受引起生命感受这一过程所表现的只是一种激励－响应式的反射性反应，而心灵感受的产生却需要许多的环境、情绪等为基础。还有一种情况，生命感受也有可能引起心灵感受，例如身体的某一部分受到刺激而引起的兴奋。尽管有时候心灵感受和生命感受之间有着很紧密的联系，但是心灵感受与感官感受和生命感

---

① 这里强调的是外物对感受的实现的效用，故这种有用性不分适意的感受或不适意的感受，都有其对应的有用性物质条件。

② 张志平. 情感的本质与意义［M］. 上海：上海人民出版社，2006：61.

③ 张志平. 情感的本质与意义［M］. 上海：上海人民出版社，2006：61.

受最不一样的是这种感受本身与身体完全无关，也就是说感官感受和生命感受都是一种肉体感受，而心灵感受却是一种精神感受。心灵感受有时候还与感官感受、肉体感受无关而来自于环境气氛的影响，例如在丧礼现场待着所引起的悲伤，看戏剧时所带来的快乐等，这些都是由环境所带来的心灵反应。我们把积极性的心灵感受叫作精神之爱，或叫"情爱"。

3. 纯粹宗教形而上学的精神感受

纯粹宗教形而上学的精神感受（purely spiritual, religious-metaphysical feelings）。例如，绝望、虔敬、悔悟、祈祷、安宁（peace）等。这种类型的先验感受都和纯粹的宗教形而上学精神存在本质关联。[①] 这种感受更是一种与肉体无关的精神感受。并且与前三种情感不一样的是它不是来自周围的环境或是肉体感受的反应，而是来自于对超越精神的爱。这种精神产生于生命最深处的信念与超越者之间的关联，它所关涉的是世界整体（世界观）以及超越世界的事务，而心灵感受只是关涉世界内部的事务。例如，当我们对某一件事物失去信心时，我们会感觉到痛苦甚或悲恸，但不影响我们对整个生命和世界的看法，其来源往往是由某件事情或某种情绪引起的，这属于心灵感受；但当我们对整个世界失去信心时，我们就表现为绝望，这种绝望的对象是整个世界，主体是我们的生命感，但分析其来源时，我们却发现它却是来自神性世界，这就是一种宗教形而上学的精神感受。在某种程度上，宗教形而上学的精神感受并不是对具体事或人的，而是对整个世界和整个生命的，并且没有任何具体的触发因，仅仅是出自宗教上的体认。这种精神感受在个体之间可以通过共同的信仰体认而达到完全的共享。我们把积极性的纯粹宗教形而上学的精神感受叫做超越之爱，或叫"圣爱"。

（二）价值的分类

根据价值现象学，价值之为价值的本质在于：它是在我们的情感感受中被给予，又在具体的事物或行为中呈现出来，同时又独立于价值主体和价值载体的先验事实。[②] 从这一界定中我们可以发现，价值的定义至少有

---

① 张志平. 情感的本质与意义 [M]. 上海：上海人民出版社，2006：61.
② Scheler. On Feeling, Knowing, and Valuing [M]. The University of Chicago Press, 1992. p. 23.

三个方面：首先它是一个先验事实。这就是说价值本身是超越存在着的，就如同情感感受一样，并不会由于无人感受它就不存在。其次，它是在情感中被给予的。这就是说如果不通过情感感受，价值这一超验事实就不会到达我们的生命当中。第三它又是在具体的事物或行为中被呈现出来。这就是个体之间进行价值交流的途径是透过具体的事物或行为。透过现象学的本质直观①，把价值分为以下三种类型：

1. 感官价值（或生命价值）

感官价值（sensible value）［或生命价值（vital values）］，即适意性（the agreeable）与不适意性（the disagreeable）价值或高贵性（the noble）与低贱性（the vulgar）价值。这类价值通过人的感官感受功能（the function of sensible feelings）被给予的，与之相应的情感状态（feeling-states）即是感官上的舒适感受（pleasure）或不舒适感受（pain）②，生命的强壮感受、疲惫感受、衰老感受、健康感受、病弱感受、精力充沛感受等。除此之外，某些和人的机体相关的反应性情感，如"浑身战栗"、"浑身哆嗦"、"失眠"等，也从属于生命价值之列③。这种价值只由感官感受呈现出来，并且称适意性和不适意性为感官价值就是由于它是由感官感受表现出来的。在人的偏好中，舒适要比不舒适更好，因此，舍勒又把前者称为"肯定价值"（positive values），后者称为"否定价值"（negative values）④。这两大类的情感感受也都是建立在这两类价值的基础之上，并且是这两种价值的性质决定了对应的情感的性质。感官价值主要是一种建立在身体基础上的价值。

2. 心灵价值

心灵价值（spiritual value）。心灵价值是在心灵感受中被给予的。从现象上看，心灵价值主要有三种类型：一是审美价值，即美与丑的价值；二是是非价值（juridical value），即对与错的价值；三是认识价值（philo-

---

① 本质直观是现象学还原的一种方法，其旨在于对具体的价值载体以及人的情感感受存而不论，而在其中发现作为本质之物的先验价值。

② Scheler. On Feeling, Knowing, and Valuing［M］. The University of Chicago Press，1992. p. 229.

③ The Mind of Max Scheler［M］. Marquette University Press，1997. p. 27 和 Scheler. On Feeling, Knowing, and Valuing［M］. The University of Chicago Press，1992. pp. 230-231.

④ 这里的肯定和否定侧重于对价值的超越的"价值性质"进行区分，而不是表达作者自己的好恶。

sophic value），即真和假的价值。与心灵价值相应的情感状态主要有心灵的喜悦（joy）或悲伤（sorrow）、喜欢或厌恶、内疚或坦然、尊重或蔑视、充实或空虚等。① 心灵价值所影响的是心灵感受，一个人心灵的喜悦或悲伤、喜欢或厌恶、内疚或坦然、尊重或蔑视、充实或空虚都取决于他心灵价值的偏好。心灵价值的这三种类型很有可能被误解为神圣价值②，但是神圣价值所强调的是神性价值降临到生命，而心灵价值则是这种价值在心灵中的影响，也就是说神圣价值是心灵价值的来源，而心灵价值则是心灵感受产生的依据。③

3．神圣价值

神圣价值，即神圣性（the holy）与非神圣性（the unholy）价值。它是在人的纯粹的宗教形而上学的精神感受中被给予的；与之相应的情感感受有祈祷、悔悟、福乐、敬畏、绝望等。④ 神圣价值是一切价值中最难以描述的，然而对于生命而言，它又是最清晰、最真实也是最根本的价值。神圣价值的来源是神性的降临，它也是其他一切价值的基础价值，上一段已经说明了它是心灵价值的来源，不仅如此，它还是感官价值和心灵价值的基础。例如，在享乐主义者那里，患难（哪怕是肉体上的疼痛）都是一种负面的感受，但在某些宗教的教徒那里，患难却是超越神明的神圣降临，总之，一切价值的根据都是神圣价值，因为它奠定一个人的生命底色。感官价值和心灵价值所引发出来的宗教形而上的精神感受也同样带有精神的基础性。例如，一个在宗教上是绝望的人，他一切的感受和情绪都是灰色的，而且这种感受是弥漫着整个生命的。

二、爱的产生和存有的依据

在上文中，我们循着价值现象学的思路分析了三种形态的情感感受和三种形态的价值类型。我们发现三种价值类型与三种情感形态一一对应。

---

① 张志平．情感的本质与意义［M］．上海：上海人民出版社，2006：59 - 60.
② 在这里审美价值、是非价值、认识价值很可能被理解为终极判断。
③ 相对于神圣价值而言，心灵价值更有一种价值应用的意思。
④ Scheler. On Feeling, Knowing, and Valuing ［M］. The University of Chicago Press, 1992. p. 26.

仔细研究会发现其对应得内在原因是：爱作为一种情感的产生是以其有价值取向而为基础的。价值在某种程度上可以看为一种偏好，人总是偏好于他所认为的肯定价值，而遭遇到与其肯定的价值相对时，往往以否定性的情感待之。例如，人遇到顺利的事情时，总是表现出喜悦的情感，当遇到不顺的事情时总是表现出悲伤的情感。人之所以会这样，主要是因为在他的价值中顺利是他肯定性的价值判断，而不顺则是否定性的判断。

　　因此，我们就可以看出，如果没有价值上的判断，就不可能有情感上的偏好①。情感之所以会产生主要是因为个体本身在情感所施与的事物上有价值的判断，如果失去了价值判断，所发生的事件对个体本身的感受而言是没有意义的，价值上的判断是事件在个体内部产生感受的至关重要的必要条件。例如，只有在一个人对钉子扎手后手的感觉有价值的判断的前提下，他才会有对这一感觉有情感感受上的反应②。此外，情感之所以表现为这种而不是那种方式根本上是由个体的价值偏好决定的，价值本身的性质决定了对一事件价值资源的肯定性和否定性判断，而这一判断也决定了情感上对这一事件感受的性质。例如，钉子扎手这一事件所导致的感受——疼痛的性质，是由人对这一事件本身的价值判断——不适意决定的。因此，情感的产生和偏好③是以价值的存在和判断为依据的。这在基督教人论观中表述为，情感是由意志决定的④。

　　在这一基础上我们还发现，这里的价值和情感都是成对出现的，并且它们表现为一种相对的对偶性，如肯定性－否定性、是－非、喜乐－悲伤、喜欢－厌恶等，它们在感情色彩上都是相反的。在纯粹的价值层面

---

　　①　价值的肯定性与否定性对应于情感上的偏好与否。

　　②　当然人在这种情况下要有痛感需要许多的条件，价值判断并不是唯一的条件，但确是必需的条件，如果失去了价值判断，疼痛这一事情或许也会发生，但对于个体的感受而言是没有意义的。

　　③　这里的偏好表现为一组相对的情感中，感受选择的方向。

　　④　在对某一具体事件进行价值判断时，一定是用三段论式的逻辑方式。而在三段式论中，大前提就是一个判断，在这里就是先验的价值判断，并没有演绎的逻辑来源。更明显地说就是在这里作为大前提的价值判断是一种意志的选择，并没有逻辑的原因，因此不属于理性的判断，而属于意志的判断（基督教教理中把人的非肉体的部分分为思想、感情、意志，这里的价值是已被证明是情感的上位因，因此也不属于感情的范畴），所以说作为结论的情感的选择决定于作为大前提的意志。在基督教义理中，人的堕落在根本上表现为意志上抵挡神，而情感上憎恶神却是出于这一点。

上，某种价值为肯定性的，而与之相对的价值为肯定性的，这仿佛是出于某种意志的偏好，而情感的偏好又是依靠于与之对应的价值偏好。然而，这种偏好是何以发生的呢？

上文提到的对价值的定义所揭示了价值是在情感感受中被给予的，即如果不通过情感感受，价值这一超验事实就不会到达我们的生命当中。因而，情感本质上是价值在个体生命中的表达，并且这种表达又是在具体的事物或行为中被呈现出来的，因而，在价值所对应的情感表达中，感受也对应着各种不同的偏爱的类型。如高贵性价值对应强壮、健康等，而低贱性价值对应衰老、病弱等，情感所爱的是肯定性价值所对应的情感状态。

三、价值的颠覆及对爱的秩序的质疑

（一）价值的颠覆

三种价值类型按照其等级可以排列成一个"价值图表"。按照正常的价值序列这一"价值图表"应当是：神圣价值→心灵价值→感官价值（由高到低）；所对应的"爱的秩序"应当是：神圣之爱→精神之爱→感官之爱（由高到低）①。由于报复感而引起的报复欲以及嫉妒、醋意和争风等引起的怨恨会导致"价值图表"的伪造。例如，"流俗者"寻找的增值意识或等值意识可以消除紧张状态；在这里，增值意识或等值意识是通过在幻想中贬低具有价值充实的比较对象的特性，或者通过有意对其特性"视而不见"的方法来获得的，但另一方面——怨恨的主要功能正在于此——增值意识或等值意识又是通过伪造和幻化价值本身而获得的：一旦伪造的价值已然存在并生效，可能的比较对象便具备富有正性价值和高层价值的特性。② 这种伪造就造成了价值的颠覆。价值颠覆就是神圣价值→心灵价值→感官价值（由高到低）这一次序的错乱。例如，后现代的价

① 舍勒. 道德建构中的怨恨. ［M］. 罗悌伦，译. 北京：生活·读书·新知三联书店，1997：1.

② 此外，舍勒认为怨恨的方式和程度首先与所涉及的人的资质因素相关，其次与人生活于其中的社会结构相关；但另一方面，社会结构本身又由其时占统治地位的人及其价值体验结构所传承的天禀因素规定。舍勒. 道德建构中的怨恨. ［M］. 罗悌伦，译. 北京：生活·读书·新知三联书店，1997：1，11－29.

值观，表现为感官价值的高举，感官价值被看作为最高的价值标准，心灵的感受也被看作高于神圣价值，而神圣价值却基本被忽视，这种情况下的价值图表就成为感官价值→心灵价值→神圣价值（由高到低）。

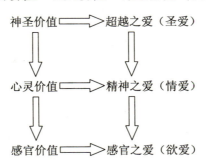

颠覆前

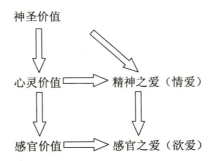

颠覆后

　　价值在人的行为表现中相对处于隐藏的地位，而情感在人的行为表现中却是处于显明的位置。当一个人把他的价值图表颠覆了之后，其内在的价值秩序表现为高级次的价值下降为低级次的价值，低级次的价值上升为高级次的价值。但是，他的情感的表现却是缺乏高级次的爱，而只有最高级次的价值所对应及其以下的情感。这是因为价值是先验且客观的，而情感是从人的内心生发出来的，他可以伪造客观的价值图表，却不能假冒主观的感受①。如果一个人对价值的体认只能达到较低的级次，他就很难产

────────────

　　① 这里的伪造的价值图表在他的主观里面其实被认为是客观真实，而其主观的感受可以对外界伪装，但其中高级次的情感的不存在在其主观里面就如被伪造的价值图表一样，对他自己而言确实不存在。

生高级次的情感体认的，但这并不影响他对较低级次情感的体认。例如，一个处于浪漫主义价值观中的人，他的价值图表是心灵价值、神圣价值、感官价值（由高到低）①，其所对应的爱的序列就应当是情爱、圣爱、欲爱。然而在实际上，虽然他的价值序列是心灵价值　神圣价值感官价值（由高到低）②，但是，由于其主观情感无法产生圣爱的体认，所以，尽管神圣价值在其价值图表中依然存在，但是，在其情感序列中，却只有情爱和欲爱。这里爱的序列就不是表现为颠覆或错乱，而是表现为降阶，即更高级爱的级次的缺失。而他的被伪造了的价值图表却用在对他人的价值评价上。例如，一个持浪漫主义价值观的人，虽然他自己本身没有圣爱的情感体认，但是对他人的价值评价上，他会认为心灵价值是最好的，而感官价值是最差的，神圣价值居于两者之间③。

（二）爱的秩序合理吗

神圣价值的合法性经常遭到质疑，在价值序列中处于统领地位就更容易遭到诟病。因此，价值现象学提供了将这一客观价值结构中价值秩序排列的依据：④

1. 空间性、可分性和可量化。等级越低的价值，其价值载体就越是空间性的、可分的和可量化的，它在感官上所造成的情感感受就越是在空间上延展的、在肉体上可定位的、在时间中可重复制造的。

2. 持久性。一种价值的等级越高，它的存在就越持久，价值载体存在的持久性并部等于价值存在的持久性。

3. 独立性。虽然等级不同的价值，它们的可分性以及持久性是不同的，但这还不足以决定它们孰高孰低。一种价值就其自身而言，它的价值如果不以另一种价值为基础，而是相反，那么，它的等级就比另一种价值的等级要高。在此，"基础"一词意味着："如果某种敬爱之 A 的价值只能在某种价值 B 被给予的条件下才能被给予，那么，价值 B 就是价值 A 的价值基础。"

---

① 当然也可以是心灵价值→感官价值→神圣价值，但这里只讨论一种情况。
② 从根本上说，这里的价值序列只是个体的一种价值判断。
③ 这种判断往往表现为最偏好对心灵价值的评价最高，而对感官价值的评价最低。
④ 张志平. 情感的本质与意义 [M]. 上海：上海人民出版社，2006：74，78.

4. 满意度。价值的等级越高，它所激起的满意度也越深。所谓"满意"，就是一种"充实体验"，它只有当某种指向价值的意向通过价值的显现而被充实时才会产生；没有对客观价值的认可或接受，就不会有"满意"。

5. 价值的相对性层次及其与绝对价值的关系。相对性越低的价值，越接近绝对价值的价值，其等级就越高。

按着这样的依据，我们把价值图表列为：

神圣价值→心灵价值→感官价值（由高到低）

但"人非圣贤"，"毕竟是人嘛"还是经常成为人们漠视神圣价值的借口。对这种价值的抵挡，被谓之"怨恨"。它是一种主体性自身与他者加以比较的社会化心理结构，比较者在生存性价值比较时感到自惭形秽，又无能为力采取任何行动去获取比较者的价值，被比较者的存在对他形成一种生存型压抑所产生的一种生存性的紧张情态。它将导致两种价值评价：贬低被比较者的价值，或者提出一种不同于被比较者的价值的价值观，以取代自身无力获得的价值实质，前者的做法就是把善降低为"能欲求"即力所能及的水平上；后者就是要制造新的价值理念，把它说成是真实的价值实质，而把现存的价值实质说成虚假的价值实质。这种批判的实质是要报复使其感到无能的既存的价值理念，最终导致价值图表的伪造。怨恨是心灵的自我毒害，造成了现代人的心灵和价值意识的扭曲，并由此颠覆了客观的价值等级秩序。

这种价值的颠覆直接挑战了爱的秩序。爱的秩序在普遍的意义上对所有的人都客观有效，但在特殊意义上，它仅仅对某个个体或社会历史群体客观有效。因为无论是个体还是群体都是按着自己的爱的秩序来生活。每个个体生命身上的爱的秩序就是该个体在其一生中所要承受的命运，是其个体生命的核心，他的一切价值选择都以之为源泉，因此它呈现为一种客观的价值等级秩序，这种等级秩序虽是通过生命个体身上的爱的情感呈现出来，但却不是这种情感本身，因此无法随意改变这种价值倾向。由个体生命身上先行的爱的情感所昭示出来的价值和价值等级秩序就构成了存在于我们的周围世界中的一种客观的价值结构。

这种爱的价值倾向和价值结构称为个体生命的命运，此种命运虽然无法由个体进行选择，但个体却可以自由选择自己对待命运的态度，努力将自己从命运的束缚中拯救出来，舍勒将这种行为称为个体的使命。然而，受教育者常常不清楚自己的使命，这需要教育者对其进行引导，使每个个体明白生命个体之间的休戚与共将有助于彼此实现各自的生存使命。并且个体与群体都要依托于一种神圣的价值作为参照才能明确坐标，使人生不置于迷失在"庐山中"。如果不以神圣价值来统领所有的价值结构，人们就会使爱的秩序陷入迷乱之中，因为处于爱的秩序的低层次的价值追求若不朝向神圣价值进行提升，个体就会陷入价值平面化的怪圈之中，以感官价值层次上无休止地追逐为个人一生的使命，如西西弗一般日复一日、年复一年地将欲望的石头推来推去，至终无法摆脱这种无聊和痛苦。教育的使命在于揭示这种无意义的生活根源乃在于神圣价值在爱的秩序中的缺失。

所以，从根本上说，若要否定价值序列只有从两个角度：其一，否定序列列表中的内容；其二，否定列表中内容的排列顺序（神圣价值的地位）。无论是对这两个问题中的何者做出否定，都存在着这样一种嫌疑，否定者本身就是神圣价值的颠覆者。然而，倘若神圣价值不存在或不值一提的话，作为道德教育的思考者，我们就不得不从根本上来质疑道德教育在学校中存在的正当性与合法性。

当代教育受现代性和价值多元主义的影响，越来越走在这种价值颠覆的道路上。这种颠覆首先造成的就是当代教育中存在的诸如相对主义、怀疑主义、虚无主义等种种价值危机。

当价值序列被动摇了之后，神圣价值的地位被降低，占统领地位的不再是神圣价值，这样的后果是个体的终极价值不再有一个坚实的基础。当神圣价值统领其他价值时，其他价值也有一个稳固的根基，因为神圣价值是超越个体而存在的，并且是一个彼岸的存在；但是，当感官价值或心灵价值统领神圣价值时，个体的终极价值就没有一个坚实的基础，因为感官价值和心灵价值都具有很强的主观性，不但受个体的限制，而且即使同一个体在不同的时间和事件中，也会有不同的判断，这就带来了价值相对主义的危机。

在相对主义的基础上再产生怀疑主义、虚无主义就是轻而易举的事情了。因为只要那古老而神圣的根基动摇了，一切都向合理化开放，那么就缺乏了稳固的价值标准。一旦一切价值都可以怀疑，那么，从根本上不如说一切价值都不存在了，虚无主义也就成为必然命运。当虚无主义盛行的时候，道德也就处于崩溃的边缘，这种价值颠覆所产生的现代性给人类带来的灾难性后果之一就是对教育的根基的瓦解。

第三节　本质主义观照下的教育之思与教育致思

在前两节当中，我们已经思考了关于本质主义的思维，以及本质主义思维观照下的作为一种价值之爱的现象学透析。本节试图从两个方面来简列本质主义观照下的教育学的基本视域。本节标题中，"教育之思"顾名思义就是对教育的思考，也就是"教育学"一词的题中之意；而"教育致思"则强调一种"思考着"的教育学，同时也将教育学的思考路向延向教育之外的更广阔的领域。这在某种程度上就是试图将教育学放置在一种世界关系当中。

一、本质主义观照下的教育学的思考径路

本质主义在某种意义上首先是一种世界观，它是一种对世界的基本观念和价值笃定，因此本质主义为教育学所提供的就不仅仅是方法论意义上的研究径路那么简单，它所提供的首先是一种价值。

这种价值首先体现在对于教育自身的价值考量上。教育作为这个世界的一个存在，它与整个世界的存在之间的关系是什么？本质主义为这个问题提供一个价值性的回应。教育与这个世界的关系不是割裂的，而是同一的，并且它也处在这个世界的生成性关系的一环之中。因为本质主义所关涉的世界的同一性与生成性的思考，必然将教育世界的存在放置在这样一个价值的考量当中。这在某种意义上为教育价值的合理性提供了前提。

这种价值还体现在教育学思考的价值特质上。教育学的思考本身就应该是带有价值性的。教育的内外部关系在本质上是以人为中心的主体关系或者实践关系。无论是哪一种关系，都不是单纯的客观性的关系，而应是一种价值性的关系。教育学的思维自身也具有本质主义的价值特质。

本质主义最终为教育学提供了向世界同一性和生成性方向思考的路

径。在对教育进行思考的过程中，我们不能绕开的关系有这样几个：教育的本质是什么？教育本质中所蕴含着的四因是什么？教育本质与最终本质的关系如何？教育的目的性，以及它有否促成人的目的性乃至世界的目的性？在这当中，首先蕴含着的是对人与这个世界关系的本质性的思考；同样十分重要的是，教育作为一种人的培养的行动，其自身必然蕴含着正当性问题，这种正当性批判，始终是进行教育本质之思的根本之处。而本质主义思维为这种教育的关系之思以及蕴含在这种关系致思中的正当性问题提供一个价值思考的路径。

二、本质主义观照下的教育学的价值追求

　　教育是什么？教育的目的是什么？始终是教育所面对的根本问题。正如上文所陈列的，教育需要一种本质主义的致思路径。这种致思路径不仅仅是一种技术路径，实际上也是一种价值路径。作为一种价值提问，"教育是什么"的问题实际上是对教育与人的关系的一种提问。"教育的目的是什么"的问题也不仅仅是一个实用主义的提问，更是一种价值正当性的提问。教育与人的关系是，教育在塑造人，并塑造全人。无论教育是主动还是被动，是积极还是消极，在人的可塑造层面的差异，都是由教育而造成的。在教育与人的这种塑造关系的前提下，教育价值正当性就体现在教育所塑造的人的价值追求是否与整个世界的价值体系一致。本质主义的观照下，教育就是要塑造对终极价值有追求的人，并且在终极价值所引领的关联的世界中能找到自己的位置，实现价值追求的人。本质主义观照下的教育学就是要思考具有这种价值追求的教育。

　　本质主义观照下的教育学的根本指向是一种价值指向。它所笃定的价值信念是，这个世界是一个在终极价值统领下的世界。这个世界的任何一个存在在面向终极价值的时候，都存在着生成性和指向性的关系，这是它们的目的和价值的来源与所在。这种教育学相信，每一个个体的人和教育本身都存在在这个世界的关联与终极价值的普遍联系和生成当中。人和教育的价值指向，就在于促进这种联系和生成。这种主体选择和价值目标的一致，正是教育的目标，而塑造这样的教育则是教育学的目标。

第二章 教育学的本质之维

第一节 教育科学的危机与超越论教育学

一、从"教育学"到"教育科学"

教育学（pedagogy）和教育科学（science of education）在其最确切的意义上是两个所指。

首先，"pedagogy"一词是从希腊语"pedagogue"，即"教仆"派生出来的。"pedagogue"是由"pais"（男孩）及"ago"（带领、驾驭、领导）两字所组合而成的动词，换言之，在词源上，"pedagogy"是照管儿童的学问，强调师徒间类似权威式的引领关系。"education"起源于拉丁文"educare"。"educare"是个名词，它是从动词"educěre"转换来的。"educěre"是由前缀"e"与词根"ducěre"合成的，前缀"e"有"出"的意思，而词根"ducěre"则为"引导"，二者合起来就是"引出"，其原意是描述物质上的锻造、形塑，后来渐衍生有智性及精神性上的形塑，意思是采用一定的手段，把某种本来就潜藏于人身上的东西引导出来，从一种潜质转变为现实。①

由这种最初定义上的描述，我们可以看出，教育学一词的本意乃是在强调一种引领式的关系，而教育学最初所强调的也是这种引导的技艺。最初意义上的"教育学"所关注的就是如何把知识教给孩子，就如同我们通常意义上所说的师范教育有相通的地方。但是，自从大学里面开始设立教育学的系科之后，教育学为着自身在高等教育中的学科地位，逐渐开始

---

① 瞿葆奎. 教育学文集·教育与教育学 ［M］. 北京：人民教育出版社，1993：295.

发展成为了一种作为科学的教育学。这就意味着越来越按照科学的体系和要求来建立教育学的研究范域，同时也按照所谓的科学的方法来研究和解释教育中的各种问题。

当然一些人可能会认为，最初的教育学所探讨的是教育的通常被认为最幼稚、最令人不感兴趣的方面，教育学反映的是与保育员、母亲和教仆有关的生活，因而它几乎没有什么内容博得在心智和意志方面有才干的人去研究。① 而后来教育学似乎更加的高深，更加的科学，并且范域上也扩展了很多。在某种意义上，前一种教育学关注的是怎样进行教育的问题，而后一种教育学则关注的是"教育"自身远远过于教育的技艺，或者说是在关注教育是什么的问题。② 这就为我们呈现了两种不同的教育学的定位。所以，在目前的高等教育语境中，"教育科学"的概念越发取代"教育学"的概念。

二、教育科学的危机

从时代发展的特征看来，现在似乎是"教育科学"的浪潮占据了先锋，而传统的"教育学"则被看作为老古董了。但是实际上看来，所谓的"教育科学"自身也面对着种种的困境。

首先，所谓科学所面临的"证据主义"遭遇危机。在启蒙以来，有两个思潮虽不显著，但是实际上对于人们整个的思想风格影响颇大。一个是证据主义，一个是客观主义。起初，证据主义是对整个欧洲基督教世界信仰主义的一种反叛，他们认为，"信念只有在人拥有充分证据的时候，才合理"③，而他们认为信仰上帝并没有充分的证据。后来，证据主义渐渐成为一种方法论和认识论的时候，它就变成了实证主义了，认为一切的理论只有在实践中得到充分的证明的时候，它才可以为真。但是，现在的问题是，这种实践和理论之间一致性判断的依据是什么？还有，实践所能验证的只是事实，但是事实为真的东西不一定以价值为真。尤其是这里的

---

① 瞿葆奎. 教育学文集·教育与教育学 [M]. 北京：人民教育出版社，1993：2950 - 2960.

② 这里的"教育是什么？"的问题并不意味着一种形而上学的追问，而是一种科学式的摹状。

③ 凯利·克拉克. 重返理性 [M]. 唐安，译. 北京：北京大学出版社，2004.

后一点，对于真理确立的方法论，几乎成为了后来西方世界真理观颠覆的一种方法论基础。①

其次，所谓"科学"所遵行的"客观主义"遭遇危机。启蒙以来的另一个影响较大的"非著名"思潮就是"客观主义"。所谓的客观主义认为，真理只存在于客观领域，而人的主观意识只能够对客观世界的知识、真理进行反映。这个观点在某种意义上与唯物主义比较相近。因此强调超主观的、超价值的、纯客观的真理观和知识观。这种思想不但造成了去价值化的信仰危机，同时也将整个社会塑造成一个冰冷的机器。最重要的是，它在科学领域本身，造成了一种科学思维的僵化和倭化。科学的思维本身就不仅仅单纯是一种关于事实和规律的思维，它还是一种带着目的性和价值性的思维，所有的科学，在其最高意义上都是哲学。②

再次，教育学自身的定位问题，"科学"抑或"价值"？什么是教育学这个问题，首先要思考的是什么是教育。教育有其自身所关注的对象，而作为以教育为研究对象的教育学，则主要就是关注教育自身的这种关注是什么以及如何实现这种关注。教育所关注的对象是人，教育就是关于人的培养和生成的一门行当。教育的目标不应当仅仅生成"知识人"，而更应当是生成"人"。所以教育的根本目标是价值性的。因此，作为研究一种价值为目标的教育活动的教育学，它的思维首先也应该是价值性的。教育自身定位称科学，就暗含着对于教育自身的一种误解。③

最后，教育科学化导致的人性危机。"科学化"导致的这些思维和价值的转变，最终导致的是对人以及人性的转变。尤其是在教育领域，这种转变直接影响人以及人性的塑造，最终导致人性的"科学化"危机。

三、教育学的超越之路

如果说，教育的科学化已经带来了这些危机，那么，有什么的路径可

① 这一句话尤其是指着后来的语言哲学的真理观而言的。
② 关于"科学"的"客观主义危机"最精彩的剖析可参见胡塞尔的一篇著名演讲，胡塞尔. 欧洲科学危机及超越论现象学 [M]. 张庆雄，译. 上海：上海译文出版社，1988.
③ 关于这一点，在下一节将有细论。

以超越这些危机呢？目前学界所做的努力主要有两个方面。

一是，有如在第一章中我们论及本质主义的流变时所提到的"实践论"流变一样，许多学者试图创设一条"实践论"的超越之路。这种实践论的超越之路理所当然就是建立在实践论的哲学基础之上的。他们认为，在人的实践世界中，统合了整个世界以及人对整个世界的认识以及改变，并且由此认为世界的改变与人对世界的实践时同步甚至于是同质的。对于这种思想的形而上学批判我们暂且不论，但是当它被带入教育学领域的时候，它所导致的问题可能较之其他的领域更甚。实践论的教育学超越之路认为，教育在本质上就是人类的一种实践活动，同时当教育遭遇客观主义的"科学化"危机的时候，我们更应该强调人的主动的实践活动，同时教育自身也需要强调"实践人"的生成。由此，教育一定是为了实践的。马克思主义哲学极容易产生这样的思想，同时，功利主义哲学也容易与此思想相呼应。这种思想的危险在于，如果从形而上学上确立实践的本体性地位，那么所走的路径恰恰就是客观主义的反面，它所带来的客观主义的对立面的极端后果，将比客观主义自身的灾难更大。对此，我们看到历史上的种种弯路皆可得知。在教育学当中，这种思想所导致的人的中心主义思想，本身也极易导致价值性的目标错位。

二是，生活论的超越之路。生活论自身是建立在实践论的基础之上的。不同的是，它将生活放置在本体性的地位，如生活论德育所提到的"源于生活，透过生活，为了生活"。这三者分别从本体论、方法论和价值论的角度，阐释生活论的超越之路。但是这种思想所导致的是虚无主义的危机。①

教育学究竟要走在什么样的道路上，才能够超越现在所面临的这些困境呢？客观主义的科学化危机，自身带来的诉求，要求我们更加深刻地关注生活世界，但是这种关注不应当是浅表的关联，而应该是更深刻地认识和关注生活世界本身。胡塞尔在提出他的生活世界的概念的时候，一再地辅以"先验"和"超越"这些词，对生活世界进行价值恒常的限定。本书认为，于恒定的价值世界相连的生活世界，是教育学应该关注的超越路向，而这种超越的路向，与本质主义的世界构造和思维

---

① 关于这点，在第五章将有详论。

方式是一致的。

第二节 关于教育学的学科定位问题的思考

也许从来没有哪一个学科对其自身的困惑比教育学来得更甚，就如有论者说的，"教育学自诞生之日起，对其作为一门学科的合法性的质疑、争论就一直没有停止过"①。近年来关于"教育学的立场"问题的探讨一直不绝于耳，以至2005年在内蒙古师大召开的教育基本理论年会以此为主题。这一问题最直接的意思就是，"对某一问题的看法，教育学的回答是什么？"既然是对"某一问题"的教育学的回答，那么回答就是了，何来对这种"教育学的回答"本身的追问呢？根本原因就在于，"教育学的回答"无法自证是"教育学"的回答，而更像是其他之学的回答。因此，"教育学的立场"问题的讨论，在本质上是对教育学的学科独立性问题的疑惑与讨论。这一问题屡被严肃地提及并争辩，似乎自有其上纲上线之必要：就像一个国家在世界民族之林中的地位和独立性，事关这个国家的尊严，教育学的知识地位和学科独立性事关教育学在知识之林与学科之林中的学术尊严，因此大有正理之必要。

一、问题在现实中的反映

问题在现实之中首要的反映是，教育研究借助于其他学科的知识已经是一个不可回避的事实。这从许多教育学论文的副标题中常常出现的"基于……学的立场的考察"、"一个……学视角的思考"就可见一斑。教育学借助于其他学科的知识，已经大大超出了常言的"学科交叉"的范围。一般意义上的"学科交叉"是指源于对单一学科无法、或是无意对某些重要问题进行研究的认识而进行的科际整合。它往往表现为两种模式：多个学科的学者对同一个问题进行研究，试图在各自领域的框架内对问题进行理解；或通过打破学科传统规范的樊篱以取得更有启发性的成果。"学科交叉"意味着不同学科知识之间的合作或交融，但是教育学似乎缺乏属于

---

① 余维武. 教育的立场与教育学的学科立场 [J]. 教育理论与实践, 2006 (10).

自身的知识参与到这样的"合作"与"交融"之中，而更像是其他学科的知识直接对教育学方居的登堂入室。如果用亚里士多德的三段论逻辑来表达，就是这些学科的理论提供了大前提，而教育场域中的场景提供了小前提，教育学的理论就是结论。问题是由其他学科的大前提在教育场域中所形成的推论群，到最后可以说成是跟这些大前提群相提并论的独立学科吗？在教育学的许多二级学科——教育哲学、教育社会学、教育心理学、教育技术学等——的名称中，教育一词也只不过是其他学科的一个限定和修饰，因此有论者说，"教育学不是一个学科。今天，即使是把教育视为一门学科的想法，也会使人感到不安和难堪。教育学是一种次等学科，把其他真正的学科共冶一炉，所以在其他严谨的学科同侪眼中，根本不屑一顾"①，似乎就有道理了。关于教育学的研究对象问题，确实有到底是教育现象还是教育规律的争论，但是这里的教育规律和物理规律、逻辑规律等不同的是，它只能是在教育现象中存在着的经济、心理等规律，而不是唯独属于教育学的教育性规律。总之，这一切的现象都指向一个质疑：教育学作为一个独立的学科，有属于自己的知识逻辑和系统吗？

问题的另一个反映就是，许多非教育学人士对教育问题的"洞见"常常令人叫绝。例如，两弹一星元勋钱学森老人所提出的"钱学森之问"在教育领域中所掀起的波澜，恐怕比任何一位教育学者的追问更甚；李泽厚先生在上世纪80年代就从主体性哲学的视角预言，教育学"可能成为未来社会的最主要的中心学科"，这至今还是教育学者对教育学自身困惑的一个论断……总之，许多其他学科的名望之士对教育学的"客串"往往都宛若粲花之论，给教育学以醍醐灌顶之感；同时常有许多非教育学家被冠以教育家的名衔，而教育学家中却鲜有人有此桂冠。这种现象恐怕已经超出了"旁观者清"的范畴，反而很容易让人产生这样的质疑：是不是其他学科的眼光比教育学更能对教育现象有更强的解释和分析，从而产生这些高明之论？

---

① 霍斯金. 教育与学科规训制度的缘起 [A] //华勒斯坦，等. 学科·知识·权力 [M]. 刘健芝，译. 北京：生活·读书·新知三联书店.

二、社会科学谱系中的教育学

尽管教育学的学科地位遭遇这么多的质疑，但教育学作为一个独立的学科或知识门类，它的的确确在现实的社会科学家族中存在着，这时我们就有必要在科学的谱系中寻找它所处的位置。

首先在科学的谱系中，科学研究大抵有两种类型，一种是针对某一特定的规律体系而进行的纵向研究，也可以说是一种知识学科，例如逻辑学、数学、物理学等，这些学科都有其独立的知识逻辑；另外一种是借用一项或多项纵向研究的规律来研究某一特定问题域的横向研究，也可以说是一种应用学科，例工程学、管理学等。前者所研究的对象是一种规律性的抽象性的领域，是一种规律场的研究；而后者所研究的对象则是一种实存性的现象性的领域，是一种问题域的研究。当然也有一些学科兼有这两种研究类型。教育学的规律是由其他的纵向研究学科提供，而教育学本身就是一种关于教育的横向研究。因此，将教育学定位为一门关于教育这一问题域的横向研究是合适的。

然而事实上，在社会科学的谱系中，绝大多数的学科都是现象性的问题域和抽象性的规律场结合在一起的。例如经济学，它所关涉的对象既有被誉为"看不见的手"的经济规律，也有现实社会中的经济体系及其问题。当它的研究对象是实存的经济体系时，就不可避免地需要关涉其他学科的规律。如果检视社会科学的每一个学科的话，其实不单是经济学，政治学、宗教学、社会学等莫不如是，它们都在现实社会有各自所对应的实存性的体系和问题域。当然，在社会科学中有一些学科只存在现象性的问题域，而不存在抽象性的规律场，如文化学、管理学、教育学等。这种现象与社会科学及其研究对象的性质有关。所谓的社会科学，就是研究人类社会的科学，它的研究对象就是人类社会。而人类社会作为一种存在，它有着规律性的存在和现象性的存在，而这两者是相互依存、相互交织的。这是因为一切的社会活动都是由主体性的人参与的，因此一切的社会规律和领域也是由人的主体性统合在一起的。从这种意义上讲，一切的社会规律只能是人的规律，它的关涉和应用是人的整体生活，并不能被哪一个学科所垄断。

在社会科学的分类中，确实存在着在一个学科内和多个学科间现象性的问题域和抽象性的规律场交错的现象，这也为社会科学领域的交叉研究提供了知识论上的可能性。至于这种现象是如何形成的，早有论者从学科分化史的角度详细论及，在此就不再赘述①，本书仅从社会存在与学科体系的关系的角度进行分析。我们可以将社会存在视作一个系统，来分析社会的规律系统与社会的存在系统之间的关系。社会的政治、经济、宗教等在现实中形成了一个个独立而相关的体系，这些我们将之称为社会系统。从构成性的角度讲它们有各自相对的独立性，例如政治系统和宗教系统就是两个不同的系统②；但是这些系统又共同附膺于一些社会规律，而这些规律又是从某些系统的立场或构成而来的，这些出自不同系统的立场或构成所形成的规律构成了这些不同系统之间的相关性，例如从宗教或政治的立场出发，它们对经济体系的看法是不一样的，但是它们也确确实实同时在影响着经济体系的运行。（见图1）因此作为研究社会的社会科学的研究也就处于这种独立而相关的关系当中。从社会系统的构成来看，社会存在事实上是由社会的实存系统这一纵向机制和社会的规律系统这一横向机制构成的。因此，社会科学就有两个研究径路，一个是从社会的实存系统入手的问题域的径路，一个是从社会的规律系统入手的规律场的研究。而这与上文所分析的科学研究的两种类型是一致的。

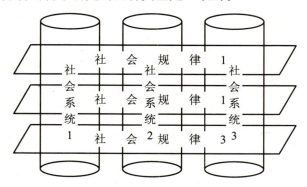

图1 社会的实存系统与规律系统关系

① 吴黛舒. 论教育学的学科立场 [J]. 华东师大学报（教育科学版），2004（3）.

② 当然社会的各个领域之间不可能不存在着互相间的要素性构成关系，但是为了研究的方便，往往理想化地将彼此看成独立的系统，这样才可能形成分科系统研究的可能性。并且，这种彼此之间的要素性构成也确实是透过规律而组织的。

投射到教育学的问题中，从系统论的角度我们可以看到，当把教育系统作为一种社会系统来看时，它的每一个构件都处在一种横向机制和纵向机制的交结点上，例如教育权从纵向看它处于教育系统的教育机制中，从横向看它处于社会规律系统的权力运作机制中。教育的各个构件在进行运转的时候，它时刻不能脱离社会其他系统透过其自身的运行逻辑和规律而对其进行影响。布雷钦卡曾指出，教育作为一种具体的行为，根本不存在一个能将其与其他种类的行为明确区分开来的、可观察的属性。① 那么借用上述学科体系的思维方式可以做这样的分析：教育的每一项构件也都处在一个横向的机制和一个纵向的机制中。横向系统是指社会的规律系统，纵向的系统是指教育系统。这种分析方式将教育系统和社会系统放置在一个互动、有机的关系当中。也正是从其他社会系统的立场或构成所形成的社会规律，在教育系统内的投射和作用，形成了事实上的教育的问题域，从而形成教育学研究。因此从纵向的问题域研究的角度，只要人类社会生活中的教育系统存在，教育学就有存在的理由。

综上所述，教育学在社会科学中一定有一席之地。

三、问题所产生的知识论背景

既然教育学在社会科学的谱系中有一席之地，为什么还会出现对教育学本身的知识地位的质疑呢？对这个问题的检视需要回到对知识本身的讨论中来。

所谓的"××学"，简言之就是"关于××的学问"，或者"关于××的知识"。诚如上述的关于社会科学谱系的讨论中所提出的，这里的"××"可以指一种规律场，也可以是指一种问题域。如果这样来分析，事实上教育学完全可以归入到"关于××问题域的知识"的谱系之中。但是，为什么人们还会对教育学的知识地位提出质疑呢？原因只能有一个，就是将"关于××的知识"只等同于"关于××规律场的知识"。也就是说，在这种思想中，关于知识的分类应该是按照规律来进行的，而不应该是按照问题来进行的。对于各个问题域而言，应该将之纳入到研究这些问题的规律领

---

① 布雷钦卡. 教育目的、教育手段和教育成功 [M]. 彭正梅，译. 上海：华东师范大学出版社，2008：161.

域当中。在对教育学的质疑中就表现为，对教育中的各种问题的研究应该纳入到各种规律性的学科领域中，而不应该有所谓独立的教育学的存在。这在表面上看是一个关于知识分类的问题，其实是一个关于什么是知识的知识论问题。

放置在知识论的谱系中，对教育学的质疑并非空穴来风。这种将"××的知识"仅仅限定为"关于××规律场的知识"，其实起源于近代的逻辑实证主义（维也纳学派）以及科学主义对知识的理解，在哲学上称之为"经典知识观"。

逻辑实证主义起源于孔德的实证主义哲学。孔德认为，"实证哲学的基本性质，就是把一切现象看成是服从一些不变的自然规律；精确地发现这些规律……我们认为，探索那些所谓始因或目的因，对于我们来说，乃是绝对办不到的，也是毫无意义的。"① 受其影响，石里克等提出，"一个命题只有在下列条件下才能说明其意义：通过一种试验可以鉴别或断定它是真的还是假的……否则它是空洞无意义的"②。这种经验哲学的挑战，否定了大陆理性主义对原始因、目的因等思考的意义和价值，主张一切的哲学思考都应当仅从语言、逻辑和感觉经验出发，提倡严格的明晰性和精确性标准。这种实证主义思想一旦与启蒙运动后兴起的科学主义等近代思潮合流，就产生了维也纳学派（新实证主义）的这样一些主张：把哲学的任务归结为对知识进行逻辑分析，特别是对科学语言进行分析；甚至主张物理语言是科学的普遍语言，试图把一切经验科学还原为物理科学，实现科学的统一。这种主张主导下的知识观，首先就把知识严格地圈定在逻辑以及可证实的基础之上。在这种思想的启发下，波普尔提出了他的三个世界理论：在物质世界（世界1）和精神世界（世界2）之外，还有一个包括科学知识在内的客观的知识世界（世界3）存在，它可以作用于世界2，或通过世界2而作用于世界1，反之亦然。③ 波普尔的理论就奠定了经典的知识观的基本框架，即只有在知识的世界中存在的才是知识，而物质世界和精神世界中所存在的问题只是知识世界在其中的作用或反映而已。这种经典的知识观就认为，学科的真正对象就是知识世界，也就是本书上

① 西方现代资产阶级哲学论著选辑［M］. 北京：商务印书馆，1964：30.
② 西方现代资产阶级哲学论著选辑［M］. 北京：商务印书馆，1964：268.
③ Karl Popper. Objective Knowledge［M］. Clarendon Press. 1972：119 - 122.

一部分所论及的"规律场"的纵向研究领域，而所有以物质世界和精神世界为对象的关于"问题域"的横向研究都称不上是真正的知识研究。

教育学是一种横向的问题域的研究，由于其本身研究对象的特殊性，它不是研究唯独属于教育学的教育性的规律，而是教育现象中存在着的关于教育的规律，所以，自然被这种经典知识观排除在知识的世界以外，它顶多是知识世界在物质世界和精神世界中的作用和反映，因此并不能说存在严格意义上的"教育知识"，而只存在"关于教育的知识"。最终，一切的教育问题都只能借助于逻辑的、数学的或物理的工具进行研究，最终也划归为逻辑的、数学的或物理的问题或知识。在现实中，对教育学在社会中的学科地位问题的质疑，并不是严格地按照这种经典知识论的逻辑，因为如果严格地按照维也纳学派的观点，只有物理知识才是真正的知识，一切的社会科学问题都要还原到物理学问题，这样的话，一切的社会科学都没有其作为"××学"的正当性。但是，确确实实由于这一观念的影响，导致了人们凭直觉认为在社会学、心理学等学科中存在着独立的知识系统和规律性对象，唯独教育学不存在。这种直觉上的经典知识论（或科学主义的思想），事实上是近代学科分工的内在逻辑，即将这个世界的问题分门别类地划归到各种知识的逻辑科系中。这种思想在教育学中的反映，就是现代课程理论中的泰勒原理的诞生，由此开始了分科教学的课程编制模式。然而，这种经典知识论影响下的学科分类就有其天然的正当性和合理性吗？这需要回归到知识的产生和价值这一更为古老的有关知识的主张上。

四、教育学学科知识地位的回归

经典知识论的主张已经受到了来自历史主义、后现代主义以及科学知识社会学等诸多学派的批判，但本书着重指出它存在的一个最为基本的缺陷：它只关注知识的验证，而不关注知识的产生。诚然，知识是经由思维对存在而产生的抽象，但是，这种抽象毕竟产生于存在的现象之中。如果从知识的形成过程看，逻辑实证主义所关注的是知识的证实，但是，何来"待证实的知识"呢？知识得以被确立，不仅仅因为它能够"被证实"，而且更倚重于它能够"被产生"。费耶阿本德认为，在西方哲学史上，知识理论乃起源于"通过抽象来包含"复杂实在的各个部分的努力①，因此，从古希腊以来对知识的认识始终建基于这样的信念：知识存在于人的思考及其对象之间。人的思考是知识得以形成的开始，但人不可能一开始就思考抽象的规律，而是首先思考这个世界。人是透过思考这个"规律的世界"来思考"这个世界的规律"。因此，从思维的对象上来讲，知识只能从"这个规律的世界"到"这个世界的规律"。在古希腊，有巴门尼德为思维立法："存在者是存在的，是不可能不存在的，这是确信的途径，因为它通向真理；……你既不能认识非存在（这确乎是办不到的），不能把它说出来。因为思维与存在是同一的"②，或者用古希腊本体论思维的表述就是"是"即"是什么"。因此，知识只能存在在"这个世界"的存在之中，因为思维和存在同一。因此，社会科学如果脱离实存的对象，而只讲抽象的学科思维，是不可思议的。从这个意义上讲，以实存世界为对象的横向的问题域的研究的存在，的的确确是合理的。

在德尔斐神庙上镌刻着苏格拉底的著名箴言：认识你自己。人之所以会产生对世界的思考，其根本原因在于对自我以及自我所处的世界认识的需要。自古以来，自我认识问题就是真理问题的最为重要的方面，正如卡西尔所说，"认识自我乃是哲学探索的最高目标"③。这种认识体现为人对个体生活和共同体命运的关注。苏格拉底说，"没有经过反思的生活是不值得过的"，这句话正说出了知识的使命。因此从"人思考"的原动力和使命的角度，认识自我和反思生活是知识一词理所当然的题中之意；对人的发展及其社会命运的关注，是社会科学思考的直接动因和最高使命；如果失去了对人及其社会的关注，社会科学也就失去了存在的理由。因此，以人及其社会为对象的关于问题域的思考，是社会科学最主要的思维形态。也正是在这层意义上，知识不单指向规律，更是指向美德，"知识即美德"才得以可能。同时，任何的知识不但缘起于对人及其社会的关注，并且也是对人及其社会的反思。科学主义的知识观仅仅关注规律，却撇弃了知识的最终使命，从而也就从价值论上撇弃了知识的意义。知识不但有

① 转引自周昌忠. 西方科学方法论史 [M]. 上海：上海人民出版社，1986：5.

② 北京大学哲学系外国哲学史教研室编译. 古希腊罗马哲学 [M]. 北京：商务印书馆，1961：51.

③ 卡西尔. 人论 [M]. 甘阳，译. 上海：上海译文出版社，1985：3.

他们所言的逻辑性的意义，更有"反思生活"的批判性意义，这种知识的批判主义同样属于理性的立场，它所针对的正是人及其社会的"问题域"范畴，是知识的当然意义和使命。有学者指出，"教育学视野下的知识问题，所考虑的不是知识生产问题，而是知识再生产问题"①，但是，倘若站在这种批判意义的知识论立场上，教育不但是一种知识再生产的过程，而且其本身也参与到了知识生产的过程之中。因为，知识的产生不但存在合理性问题，而且存在着正当性问题，在古典知识观中，正当性和合理性是相互构成、密不可分的（诚如"知识即美德"这一经典论断所蕴含的）。教育学的视域是一切知识的正当性的来源之一，所有的知识都必须经过教育学的检视。

此外，教育是人及其社会生活存在中极为重要的领域，因此教育学也必然在社会科学体系中处于极其重要的位置。"教育是成人之业"已经成为基本的教育信条。如果不通过教育，人无法成为真正意义上对自己生活进行反思的"人"；如果不通过教育，人无法成为个体生活和社会生活的主体性的建构者，正是教育赋予了人主体性地位。尤其在今天这样一个多元的时代，面对物质世界的光怪陆离和精神世界的纷繁芜杂，人的主体性的建构就更是一个突出的本体性问题。可以说教育生成了人的世界，在人的一切生活域中，教育"远非从属者，反而是统领者"②，教育学关涉人的生活中最为重要的问题域。因此，李泽厚在上世纪 80 年代就从主体性哲学的角度预言，"教育学——研究人的全面生长和发展、形成和塑造的科学，可能成为未来社会的最主要的中心学科"③。教育在人的个体生活中具有如此强大建构能力，因此也是最应该"经过反思的生活"。对人的个体生成和发展而言，教育是最基本的"问题域"，教育学是最需要被关注、被认识的知识。同时，教育在社会构造中也处于基本性的地位。蔡元培 1901 年在《在杭州方言学社开学日演讲词》中指出："我国苦专制久矣，诚以诸君［建立该学堂］宗旨之正而引而申之，扩而充之，以灌输

---

① 郭元祥. 知识的教育学立场［J］. 教育研究与实验，2008，（5）.
② 霍斯金. 教育与学科规训制度的缘起［A］//华勒斯坦，等. 学科·知识·权力［M］. 刘健芝，译. 北京：生活·读书·新知三联书店.
③ 李泽厚. 康德哲学与建立主体性的哲学论纲（1980 年）［A］//实用理性与乐感文化［M］. 北京：生活·读书·新知三联书店，2008：216.

立宪思想于国民之脑中，则政体改革之机，必有影响如是者。"每一个时代的革新，无不从教化启蒙开始的。无论是柏拉图，还是卢梭、杜威，无不将其政治哲学的建构最终纳归到对教育的建构。这一点，在《理想国》等著作中体现得极其明显；而杜威的名著《民主主义与教育》对教育的倾情更是可见一斑。同样每一种以教育的面貌所出现的社会意识形态（建构社会的知识），也都需要经过知识本身的反思和批判。在社会生活领域，教育也具有根本性的地位，在社会建构的意义上，教育也是最应该"经过反思的生活"。

再次，回到教育学与其他学科关系的根本问题上。正如 Brentano 所指出的，与世界的等级结构相一致，实在科学也形成一种等级，"在这种等级中，每种较高等级都是以较低等级为基础。较高级的科学研究较复杂的现象，较低级的科学研究较低级的现象，所有这些都交织在一起"①，教育学诚然建基在其他学科的基础之上，但教育确实是这个世界结构中最为复杂的现象域，也因此，教育学形成了最为复杂的"问题域"，教育学在人类知识体系中处于高级地位，一切人类的知识要想对人的个体发展和社会建构形成影响，从而成为真正意义上的知识——人的知识，都需要在教育学的研究域中进行最严肃的知识批判。教育学的生命不是站在规律的立场上，恰恰站在批判的立场上，是在教育这一问题域中形成对一切知识进行反思的批判思维，在它不是对规律，而是对人类个体和社会命运的最高关注，而这是一切知识的最高使命。正如有论者卓有见识地指出的，教育学所需要的不是一种"什么是什么"的断论性的规律思维，而是一种"关怀人间、人心、人事的无立场的教育学思维"②，是一种关注价值的批判性思维。

最后，重申教育学对自身知识地位理所当然的立场：教育是人及其社会生活中最根本的"问题域"，教育学知识是事关人及其社会命运的核心知识，诚如有论者所说的"教育学是学科之林的中心学科"③。

---

① 转引自布雷钦卡. 教育目的、教育手段和教育成功：教育科学体系引论 [M]. 彭正梅，译. 上海：华东师范大学出版社，2008：2.

② 金生鈜. 无立场的教育学思维 [J]. 华东师范大学学报（教育科学版），2006（3）.

③ 刘晓东. 教育学是学科之林的中心学科 [J]. 教育科学研究，2010（5）.

第三节　传统人生精神观照下的教育学的异化与回归①

20 世纪以来的新儒家们，总是站在阳明心学的角度，将自己的教化理想表述为一种成德之教的工夫之论。这是因为，教育是关乎人的生成的事业；教育之眼始终所关注的都是"生成什么样的人"，以及"怎样生成为人"此类根本性人学问题。因此，教育的精神中始终贯穿着对人生精神的理解。尽管不同的先哲和不同文化传统对人生精神的理解殊异，然而，梳理他们对人生精神观照的视域和路径，对于思考当代教育的异化和更新，有着特别重要的意义。因为思想史观照中所提炼出来的共性的传统，总是透视着本质思考的光亮；而当下的教育要突破纷繁芜杂的时代问题并走向返本开新之路，必须放置在这种共性传统中进行检视。

无论中西方，传统思想总是充满对人生精神的关注。传统人生精神的思考路向注重与宇宙精神的融通，对人性的体认，以及教育向人生精神的回归等基本特征。而现代教育，由于受到科学主义等现代思想的影响，所以往往呈现出"无人"与"唯人"、价值失落，以及自省缺失等多重异化，在传统人生精神思考路向的观照下，现代教育需要向人生精神的回归、自省精神的关注以及全人教育的方向回归与变革。

一、人生精神的思考路向

回归到人类文明和文化的传统中，领略先哲们对人的本质和人生精神的思考，有助于在现代社会中生存的我们，跳出时代和社会的遮蔽，找寻人的精神本质和人的生成。从另一种意义上，寻找人生精神的视域及其思考的路向，对于教育的思考，有着极其重要的意义。

1. 人生精神与宇宙精神的融通

几乎所有的先哲们，对人生精神的思考都有着与宇宙精神融通的一面。新儒家们在发挥阳明心学的基础上，将人的精神本质和精神向度向宇宙的精神内质延伸，主张人生精神的本质有着向宇宙精神感通的驱力。这

---

① 我的研究生王金华同学帮助我查阅了部分古典文献，在此致谢！

种见解的基础，是基于人生精神与宇宙精神的同一性的理解，这在中国传统文化的诸家那里得到强烈的支持。

作为儒家创始人的孔子认为，"仁"是儒家确认的宇宙人生的本体。成仁，即是成人。而道家则更深地体现了这种宇宙精神与人生精神的关联。《老子》开篇便是这样写道："道可道，非常道；名可名，非常名。"老子在这里提到的"道"是不可言说的，是言语所不能指称的。只是为了指代"道"，姑且为"道"起了这个名字罢了。"道"不是与具体的认识对象联系在一起的东西，而要靠人用心去体认和感悟的宇宙精神。同时，"道"也是道家人生精神的核心范畴，是道家所追求的最高人生精神，而这种人生精神的确立，确乎是从老子的开篇，对宇宙精神的体悟开始的，也可以说此种人生精神乃是来源于宇宙精神。而外来而后纳入中国文化主流的佛教也是如此。佛教的教理认为人生是四大皆空，可以说空即是佛教对人生精神的体认，佛教的一切苦谛和修行，都是针对人生的排空之法。然而，在对空的人生精神的确立过程中，佛教乃是将之归于宇宙世界的空的本质，正如金刚经里所说的，"空即是色，色即是空"，这里的色指的是"有色界"，亦即现存的宇宙世界。从某种意义上说，儒道释三家在人生精神的确立上，采取了共同的宇宙方法论，这也是唐以后三教得以合流的哲学基础。因此，无论后来的阳明还是朱子，在儒家哲学的本体之内，融汇了佛、道的义理，这背后实在有着很深的哲学根源。

唐君毅先生更从儒家哲学角度，将这种成人之教归结为天德流行境，并认为"所谓天德流行境，乃于人德之成就中，同时见天德之流行"[1]。唐先生是新儒家的集大成者，他学贯中西，一生哲学著述数百万言，所最为关切的主题是人生、世界与中国[2]，代表着面向 20 世纪的中国传统的精神意象。他对于天德流行境的解释，实际上指出了人德的成就与天德在人性中的流行是一致的，因此人德的最终成就即是天德的流行，这也就从另外一层意义上道明了人德与天德的一致性。唐先生的这一说法在某种意义上说出了中国哲学传统中的人生精神的要义。在道家思想中，庄子认为，"性修反德，德至同于初。同乃虚，虚乃大。合喙鸣，喙鸣合，与天

---

① 唐君毅. 生命存在与心灵境界 [M]. 北京：中国社会科学出版社，2006：487.
② 唐君毅. 人生之体验续编 [M]. 桂林：广西师范大学出版社，2005：6.

地为合"（庄子·天地篇），"万物与我，皆混同而为一体也，"① 这也是另一位道家郭象在注解《庄子》时所言的"与物冥"。蒙培元先生对此的解读是，"所谓'玄冥之境'，就是'玄同彼我'、'与物冥合'的精神境界或心灵境界，其根本特点就是取消物我内外的区别和界限，取消主观同客观的界限，实现二者的合一。所谓'玄同'，就是完全的直接的同一，没有什么中间环节或中介，不是经过某种对象认识，然后取得统一，而是存在意义上的合一或同一。这一点是符合中国哲学基本精神的"②。因此，在道家哲学的思想体系中，"德修"的关键也是"与天地合"的境界。根据蒙培元先生的解读，这种思想的哲学渊源，乃是将"人德"与"天地之德"在存在意义上视为合一或同一的缘故。

在西方文明的两大源流中，也从另外一个角度呈现了这种宇宙方法论的特征。古希腊三哲的柏拉图发展了苏格拉底"美德即知识"的思想，建立了"善的理念"的道德体系。在他的名篇《理想国》的洞穴比喻③中，柏拉图很好地使用三重真理的构境，呈现了理念的世界与生成的世界之间的关系，从而构建了他的"理念论"哲学。柏拉图认为，这个宇宙的一切只是由理念世界而来的生成的世界，它的本质存在于理念的世界。因此，理念即这个世界的本质，而理念所呈现的精神即善的本体。所以，"善的理念"不仅是宇宙最高的和最终的目的，也是人类一切行为的目的和永恒的价值基础。人的正义、勇敢、节制、智慧等德性都从"善"这个最高的理念而来，并都努力趋向于它。而两希文明的另一源头希伯来文明，则在其经典《圣经》的开头就在神的创造中统一了宇宙和人生精神的一致性：在神创造宇宙万物的六日中，前五日的末尾都说"神看这些是好的"（圣经·创世记·第一章），而在第六日创造了人之后，以"神看这一切都甚好"（圣经·创世记·第一章）来总结六日的创造，这在终极意义上确立了宇宙精神和人生精神在正当性上的一致性。

传统思想之所以注重这种人生精神与宇宙精神之间的融通，乃是因为这是哲学本体论思维的必然。人与宇宙之间的联系，不仅仅体现为一种

---

① 冯友兰．人生哲学［M］．桂林：广西师范大学出版社，2005：23.

② 蒙培元．论郭象的"玄冥之境"———一种心灵境界［A］．国故新知：中国传统文化的再诠释［C］．北京：北京大学出版社，1993：8.

③ 柏拉图．理想国［M］．郭斌和，等，译．北京：商务印书馆，1986：第七卷.

"物－我"的联系，还体现在其终极来源上的一致性。也就是说，从本体的来源上，宇宙与人有着同样的起源，这构成了宇宙与人的精神同一性的基础，同时也成为了人的精神性存在来源的重要解释。同时这一精神的同一性同时还有着极其重要的认识论的佐证：正是因为人与宇宙有着精神上的同一性，所以人才能够真正地认识宇宙，同时也才能够精神性地看待宇宙；从另外的角度，人的精神性的存在总是伴随着一定的物感意向，这也是这种同一性的一个佐证。从更高的角度，人的精神性存在总是超越于自身肉身的存在，因此它必然有着一个超越于肉身的来源在西方哲学史上，自从巴门尼德创立了实体论的思维以来，人们就一直在思考，"这个世界的最终实体是什么？"的问题；近代的怀疑论哲学又提出，"物质和心灵是否来源于两个不同的实体？"的问题。事实上，传统人生哲学并没有走在怀疑论的路向上，而是透过"我"和"物"之间的同源性，来论证"我－天"和"物－天"关系的一致性，从而具体地呈现"我－天"的关系。这种路向呈现在实体论哲学上就是认为心灵和世界并不是两个分列的实体，而是同来源于超越这两者之上的更高意义的实体的。亚里士多德称之为"第一实体"，黑格尔则称之为"绝对精神"。这种认识论造就了传统人生精神的超越性的认识，同时也引致传统人生精神向信仰层面超越。

2. 成教之道中的人性体认

人性是在人的内部思考人的本质的重要原点。一切的成人之教，都不能回避对人性体认的确认。因为人性的原生状态是教育的重要起点，是教育事件所面对的基本质料。因此，传统思想中，思考其教育精神时，总是不能回避人性体认这一基本命题。在各家思想中，对这一问题的认识最为典型的是基督教和儒家思想。

基督教思想对人性的体认是"原罪"思想。《圣经·创世纪》说，人类的祖先亚当和夏娃受蛇的诱惑偷吃了"分别善恶树上的果子"，将罪带到了这个世界，从而使得人性中天然就带着罪性，这在其神学体系中称为"原罪"。"原罪说"的要旨是，上帝按照自己的形象创造了人，人受造时本性当中就带着上帝的荣耀：真理的仁义和圣洁（圣经·以弗所书·第四章），在上帝那里生命是美善的、合一的，人受造时生命就与美善的上帝联系在一起，从而被赋予了一种神圣的本质。但是，人却因违反上帝的命令而导致与上帝关系的破裂，从而使得人与上帝生命联系断绝了，以致人性生而就趋向于破坏原先受造时的美善形象。在基督教义理中，人的罪不但体现在于上帝关系的断裂上，而且也体现在与自然万物关系的断裂上，因为"地也不效力"成为人犯罪之后的一种写照。因此，在原罪论的人性体认中，实际上向我们描述了人性与宇宙精神，以及超越于人生及宇宙精神的绝对超越者上帝之间的两重断裂关系。而对于教育的意向而言，就是需要重新恢复这种断裂了的关系，实现人生精神向其原初之善回归。

而儒家思想中，对人性体认却分裂为性善和性恶两派。持性恶论的代表人物是荀子，他认为，"今人之性，生而有好利焉，顺是，故争生而辞让亡焉。生而有疾恶焉，顺是，故残贼生而忠信亡焉。生而有耳目之欲，有好声色焉，顺是，故淫乱生而礼义文理亡焉。然则从人之性，顺人之情，必出乎争夺，合于犯分乱理而归于暴。"（荀子·性恶）持性善论的是孟子，他说，"恻隐之心，人皆有之；羞恶之心，人皆有之；恭敬之心，人皆有之；是非之心，人皆有之。恻隐之心，仁也；羞恶之心，义也；恭敬之心，礼也；是非之心，智也。仁义礼智非由外铄我也，我固有之也。"（孟子·告子上）性恶派是少数派，他一针见血地指出了人性当中生而有之的那些人欲，从而为德性的教化提出了必要性；而作为多数派的性善派则认为人性当中那些美好的品质生而有之，而且正因为有这样美好的人性基础，所以人才有向善，向现实之外不断超越的可能与动力，所以新儒家就有人批评基督教的"原罪说"说，基督教的原罪论否定了人性当中善的基础，从而阻隔了人生超越的可能性，这种批评就是处于维护儒家传统中性善论对于人之超越性的义理而来的。

对于教育而言，人性体认问题是一个极其重要的问题，因为它决定了道德养成的基础和方向，如果没有人性体认的前提，教育就失去了其存在必要和可能性的证明。同时，对于人性的确认，也是真正关注教育对象心灵的第一步。因为，确立人性体认是真正贴近人之心灵、思想状况的开端。

3. 成人之教向人生精神的回归

传统思想对于教育的理解在根本上是一种成人之教，教育的本质使命就是使人回归到其本质精神当中。因此，在传统人生精神的视野中，成人之教与人生精神的回归在本质上是同一的活动：教育就是使人生的状态回归到人生精神的本质之中。这成为传统思想对于教育的本真理解，同时这种回归也是人之心灵的回归，因为传统思想的这种视域本身所器重的就是存在在人之内部的于宇宙精神相一致的人之宇宙心灵。这种方法论在许多传统体系中均有所表现，谨以儒家和基督教思想为例。

在儒家的思想体系中，孔子认为，教育在本质上就是要养育一个人的"仁"心，也就是"大生之德"，这与其宇宙精神的指向是一致的。在《礼记》中说：天行健，君子以自强不息；地为坤，君子以厚德载物。这样的表述也将君子之德和宇宙的运行与精神一致起来，同时也表示了彼此之间的相生的关系。明代大儒王阳明则提出"复其初"的德性修为之道，这是成人之教中，人生精神向宇宙精神回归的一种表述。而新儒家们更是在宋明理学的基础上，提出感通宇宙的人生精神的回归之途。

在基督教的思想体系中，"救赎"是其核心精神。所谓的救赎就如同约翰福音开篇所言的，"道成了肉身住在我们中间，丰丰满满的有恩典有真理。"就是说，那超越者本身来到了罪恶的人中间，亲自来修复他与人的关系，从而使得人得以与神和好，透过这种救赎意向，使人对属天的生命有盼望，从而实现精神、心灵和生命向起初受造的美好状态的回归。基督教的"救赎"精神所强调的就是人的流浪心灵与心灵本体之间的重新联结。

正如上文所分析的，传统的人生精神有着与宇宙精神或心灵本体的融通，所以在成人之教中，理所当然的意象就是人生精神向其原初源头的回归。无论是中西方，其文化特征都向我们表明了这一点。

二、当代教育的异化与人生精神的缺失

当代教育是建立在启蒙之后、科学主义的背景之下所兴起的现代教育。现代教育的重要特征就是人生精神的缺失。

1. 人的中心主义建构中教育的"无人"与"唯人"的双重异化

当代教育的理解是建基在现代性的话语之下的一种教育理解。因此，要理解现代教育的本质，必须回到启蒙以来的现代性话语体系中进行辨识。启蒙运动是世界思想史上的最为重要的历史事件，其意义在于使得人

的主体性上升到了前所未有的高度，此后，现代社会正式拉开了时代的帷幕。在传统的社会之中，人及其精神总是放置在本质主义的话语体系中进行辨识的，也就是说，对人及其精神的理解总是放置在上帝、本体、自然等信仰语境中进行理解，但是现代性的特征表明，在其话语体系中，人的中心主义被放置到了思想史的中心地位。自从现代性思潮兴起以后，唯人的人本主义却是成为了现代思想的中心议题，并且成为现代思潮所极力捍卫的核心价值。

　　但是，人的中心主义的兴起并不能说明这样的命题：以往的思想史忽略了对人及其精神的理解。事实上，自从古希腊以来，后又汇入了希伯来的精神，思想史从来没有断离过对人及其精神的追寻，反而一直以此作为哲学思想的核心议题。自我认识问题从来都和真理问题双向同一地指向哲学思考的核心地带。上文我们已经梳理了传统思想对于人及其精神思考的三个方面的特征，可见，无论是宏观气象还是微观工夫，传统思想总是关注着对人及其精神的本质理解与个体确立。但是确确实实地，现代思潮体现了一种与传统思想对这一命题思考的根本异质：传统的思潮总是追求人生精神与宇宙精神在更高层次上的统一性与一致性；而现代性思潮恰恰放弃了这种超越层次的追求，而是将人直接放置在超越的层面上，试图以此来构建人本主义或人的中心主义的对世界的理解。因此可以说，现代性思潮中的人的中心主义，实际上是在本质思维和价值思维的系统中人的地位的上升。这种上升只是在这种思维系统中的地位的上升，但这并不意味着在本体意义上人对自身价值理解的上升。所谓的人本主义就是指，将人放置在哲学思考的最高位置，对这个世界的一切思考都是以人为中心，对宇宙、自然等的认识都是以人以及人的需要来定位，哪怕是对客观的科学规律的认识，也是以人的需要为目的，并且也是以人的需要来表达。这种哲学世界观是从一种平实的视角描述人与世界关系的建构；如果从由此而产生哲学方法论则表现为一种较为激进的视角：人的中心主义在人类的生存方式上就表现为一种"占有性的存在"。多尔迈在表述近代占有式的个人主义时所作的描述用在这里正合适："在它与自然的关系中，解放的历史充满了一种统治的冲动"，近代科学"增大了人与宇宙之间的鸿沟"，"加剧了有权与无权之间的分化"①。在这种分化之中，人往往处于自我中心和对他人的漠视的两极之中。同时，这种两极化的分化，也导致了人"总是倾向于把他生活的小圈子看成是世界的中心，并且把他的特殊的个人生活作为宇宙的标准"②，从而封闭了通向自我以外的超越之途，也从而导致了人生精神与其本源之间的关联与回归。

因此，这种唯人的教育事实上走向了人的精神和人的价值的丧失，是一种人学虚无主义，最终也走向了"无人"的境地。将人和宇宙的关联从价值上的同一性异化为关系上的占有性。从表面上看，似乎对世界以及他人的占有都是为了自我这唯一的中心，但是，由于"自我"已经失去了其人生精神的本质，从而也就成为空洞无物的一种去价值化的存在，因此，"唯我"走到最后的结局往往就是"无我"。因此这种人的中心主义建构中的"无人"和"唯人"的双重异化，本质上走向了一种人学的虚无主义。这种虚无主义导致对人的定义以及人的追求越来越外在化、物质化，但也却越来越去心灵化、去价值化，因此在本质上它是一种心灵虚空的表现，也是一种价值虚无主义的表现。

2. 科学主义建构中教育价值的虚无化

启蒙之后，科学主义将人定位为物性的存在和关系性的存在。科学主义是现代性语境中对学科认识的主流话语。科学主义是一种价值取向，但它本质上是一种去价值化的价值取向。由科学主义所带来的工具理性在本质上是一种与价值理性相对立的一种理性类型。自从近代的经典知识论产生之后，人们对知识的理解往往限于严格的科学的范畴，教育也走上了其"科学化"之路。教育逐渐由其历来所固有的价值追求异化为一种现代性的科学追求。在今天的学术视域中，教育学的心理学化、社会学化和技术化已经成为一种不可抵挡的潮流，这在今天许多大学的教育学研究机构命名为教育科学学院就可见一斑。科学主义是启蒙之后所出现的现代思潮滥觞的结果，其结果就是工具理性甚嚣尘上，价值理性虚无阙如。根据科学主义思维所建立起来的教育是一种结构化的、物化的教育，同时也是一种工具化的教育。科学主义所看重的是透过科学的手段而实现人对事物的控制和占有，因此科学化的教育本身也

---

① 多迈尔. 主体性的黄昏［M］. 万俊人，等，译. 上海：上海人民出版社，1992：12.
② 卡西尔. 人论［M］. 甘阳，译. 上海：上海译文出版社，1985：20.

沦为人控制这个世界或他人的手段，其中所蕴含的都是利益或权利、的诉求，而缺乏价值的诉求。它所意指的是这个被控制的世界，而非宇宙的精神。所以，在科学主义的浸染下，人们的目光所关注的不是人生精神的超越与回归，而是利益的需要。

雅斯贝尔斯指出，人生"如果将目光仅仅投注在实际事务上，就会迷失方向，哪怕是最微小的行动也应和终极目标联系起来。只有不让遥远的地平线从视界中消失，我们的脚才能迈出有意义的一步"。[①] 因此，教育的一个重要的目标应当是引导儿童借着生活中的哪怕最微小的行动，来追寻人生精神的回归，从而实现终极价值的追求，这在本质上是一种意义的追寻，也是一种心灵的需要。有学者指出，在科技专业化、实用功利化大潮流冲击下，今日学校教育内涵的规划恐有严重偏失之虞。当学校教育被窄化成唯独知识的教导时，可能在"偏颇的教育"下，造就所谓"失落的人"。此一现象，实不利于教育功能的发挥，对学术求真、人性求善、人生求美的教育理想背道而驰，且渐行渐远[②]。的确，科学化本身亦是造成教育向意义世界闭锁的重要原因，同时也是其自身去价值化、价值虚无的原因。

教育的这种虚无化，首先导致的就是教育中心灵的失落。科学化使得现代教育常常只关注分数等各种可测量的指标在内的指数，一切不可以化归位可测量的科学话语中的因素都不在科学化的教育所考虑的范畴之内，这必然导致现代教育对于价值、心灵等这些不可测量的要素的忽略。这种教育追求所带来的严重后果就是仅仅制造出一些可测量的、"空心化"的学生，却没有培养出真正具有健康心灵的人。如果教育的目标偏离了心灵目标以及人之为人的目标，在某种程度上也就偏离了其"成人之业"的本质，从而也失去了自身的意义，这也是从另外一个角度导致了教育自身价值的虚无化。

3. 教育的自省精神的失落

在科学主义的大旗下，人们的思想口号是征服和控制，意欲通过掌握科学的武器来实现人对世界的掌控，并且使得世界的运行为了人类自身的利益来服务。人们已经失去了对自身认识的兴趣，而只钟情于对外物的豪

---

① 雅斯贝尔斯. 什么是教育 [M]. 邹进，译. 北京：生活·读书·新知三联书店，1991：177.
② 潘正德，魏主荣. 全人教育的意涵与研究变项分析 [J]. 人文与社会学报，2006（9）.

夺。科学主义大蠹下的教育也是如此，它不再关注如何养育具有高尚心灵的人，而是成为控制人的工具，这一点正如弗莱彻在他的《被压迫者的教育学》中所分析①。教育沦为压迫者控制的工具，正是科学主义征服式、控制式思维方式的体现。当征服或控制成为最高价值之后，所剩下的就不是伦理问题，而是手段问题了。所以对于征服者或控制者而言，并没有对于自身心灵的伦理省察，而只有对于手段有效性的关注和评估。当教育成为一种征服或控制的手段之后，它也失去了对自身的伦理省察，而只关注"教育"的手段了，这难道不是当代教育在科学化、技术化的过程中正在发生着的可怕倾向吗？雅斯贝尔斯在谈到教育的本质时提出"教育须有信仰，没有信仰的教育就不成其为教育，而只是教学的技术而已"②，因此，教育不能失去其自身的"心灵"，反而要抗拒科学主义的思维侵扰，从而建立一种有"生命"的、有"心灵"的教育学，这就需要教育学站在自己的心灵信仰中，不断对自身进行省察并回归。这就如《论语》所言的，"吾日三省吾身"。

　　教育自身自省精神失落带来的一个直接结果就是其所培养出来的学生也缺乏自省精神。从科学主义式的教育自身的目的而言，它是要透过对学生的科学化的分析（例如透过心理学、社会学等方式），达到控制他们的结果，并且使得他们成为一种被控制、被压迫的人，这种目的所诉求的是学生的顺从，并且拒斥自省，因为自省容易打破这种顺从。而在实际的教育效果中，常常会出现一些和这种教育自身同质的具有控制性和征服性的学生，他们就是在这种性格的教育氛围中被熏陶成与教育同质的精神。古希腊哲学家苏格拉底说，"认识你自己"，自我认识和自省是人通向自己心灵世界的必然之路，如果失去了这条追求之路，必然导致人对心灵世界的漠视。

三、当代教育向人生精神的回归

1. 教育价值中人生精神的回归

教育学是一门关注人的价值以及要塑造有价值的人的学问。教育如果

---

① 参见保罗·弗莱彻. 被压迫者的教育学［M］. 北京：中国社会科学出版社，2001.
② 雅斯贝尔斯. 什么是教育［M］. 邹进，译. 北京：生活·读书·新知三联书店，1991：44.

失去了对人生精神的关注，就失去了自己的心灵世界，也失去了自我人格的内部统一与和谐。因为，传统的人生精神首先是关乎人的心灵世界的，是内在的。它提倡以一种人格心灵的态度来观照这个世界以及人自身，主张人看待自己、他人和世界时，不是使用外在的感官，而是使用内在的感官。传统人生精神以一种伦理性的精神来看待自然和自我，这在有的思想体系中诚然有自然神论的意味，但是在绝大多数思想的共性当中，这更是体现了人自身的灵性和德性的彰显。其次，传统人生精神是统一的、和谐的。传统人生精神将人与自我、他人及宇宙、世界的关系都统整在一起，这既有上文所分析的哲学实体论的原因，同时也是基于生命是统一的信念。而对于现代精神而言，由于科学主义、结构主义等的影响，往往将整全的生命分解开来结构性地看待，同时也使得人与自我、他人以及宇宙、世界之间的关系彼此分离，并不是在同一的生命体内部看，这也造成了现代人生命、生活的碎片化。

对于教育而言，培养有整全心灵、和谐生命的人是其第一位的要务。在现代的分崩离析和后现代的解构喧嚣之中，教育要思考其根本使命，回归到育人的原点，传统人生精神的这些思考向度和路径，确实是其理应思考的回归方向。

2. 教育实践中自省精神的关切

教育脱离现代思想向外控制的牢笼，关注内在心灵的动态，是教育向人生精神回归的一条重要路径。这主要体现在两个方面，首先是对传统人生精神的积极追求，传统人生精神超越性特征是基于终极价值的一致性，即天与世界及人的关系。终极价值的追求，是人心灵世界最为重要也最为根本的追求，教育需要引导学生回归到传统人生精神的这种追求向度，这也是为教育向人生精神的回归提供目标和动力。同时亦需要对人性有基本的体认和密切的省察，这也是教育要培养自省精神。因为人内在的终极追求是一个心灵求索的过程，这也意味着这个过程不是一个自然而然的，而是一个需要付出努力，这种内在的努力就是对自我心灵中，反对这一追求的力量进行省察与克服。所以，对于现代教育的心灵回归而言，自省精神的培养极为重要。

同时，现代教育既需要向人生精神及心灵世界回归，那也就意味着它原先处在一个偏离的位置，因此，在教育发展的过程之中，教育自身对其实践与目的之间的省察也尤为重要，正是这种省察不但伴随着教育的革新与发展，在某种程度上甚至可以说时刻引导者教育自身的变化和发展，使得教育始终关怀人生、人事的目的。这种自省既是关乎教育自身的，也是关乎教育现象与实践的，有论者将这种教育的自省称作为"无立场的教育学思维"①

3. 全人向度的教育关怀

全人教育是一种整全、全备、完全的教育，强调教育的目的在人，重点在人，意义在人而非在识。本研究所指的全人教育，是在培养一个整全的人，此整全的人，不仅有全备的通识（知识、见识和器识）和谋生的技能，更重要的是能培养高尚的情操、健全的人格、完美的道德、社会的责任和宇宙的眼光。② 全人教育是近年来全球教育界的一个热点问题。全人教育的基本主张就是"整全"。它能够成为一个理论热点并非出于偶然，这难道不是现代教育过于割裂所带来的必然反思吗？纵观全人教育的各种观念，绝大多数都是在传统思想中寻找资源，华人界对全人教育的研究多集中在基督教、天主教、儒学和佛学的思想中。在一切以经济为中心的现代社会中，呼唤高尚的情操、健全的人格、完美的道德、社会的责任和宇宙的眼光统一的教育正是现代人心灵世界的需求。

台湾知名的全人教育学者林治平教授指出，人生的意义与价值乃是在以人为中心而发展成的四种基本关系中，这四种关系各有其重要性，不可偏废。而"我"便是在这四种关系中形成的：我与物质世界、生物世界；我与人文世界、精神世界；我与社会关系、文化历史；我与哲学宗教、终极灵魂。如果套用马克思主义的思维"人是关系性的存在的话"，那么人就存在在自身与天、人、物、我的这四重关系之中，但是马克思只是考虑了人与他人的关系，即人是一种社会性的存在。其实，一个有灵魂的人必然要处在这四重关系之中。如果这四重关系仅仅简化为社会性的关系的话，那么人的心灵世界就被抽空了，因为这种思想不啻是在说人外在的社会性关系统整了包括心灵在内的所有内外在的生命关系，使得内在的更加外在化，这最终所带来的必然是人心灵的荒芜。唯有天、人、物、我这四

---

① 金生鈜. 无立场的教育学思维［J］. 华东师范大学学报（教育科学版），2006，（3）.
② 林治平. 以全人教育为本的通识教育及其落实［A］，人生的全人理念与现代化［C］. 台北：宇宙光，1998.

个层面才能够构成整全的生命世界。

虽然整全的心灵包含了这四重关系，但是这四重关系不是彼此分裂的，反而是和谐一致的，这是因为这四重关系处于同一个生命体中，统合在同一个心灵之中。黄俊杰教授根据儒家的观点指出，"全人教育"包括三个互有关联并交互渗透之层面：1. 身心一如：人的心灵与身体不是撕裂而是贯通的，不是两分的而是合一的关系；2. 成己成物不二：人与自然世界及文化世界贯通而为一体，既不是只顾自己福祉的自了汉，也不是只顾世界而遗忘个人的利他主义者，而是从自我之创造通向世界之平治；3. 天人合一：人的存在既不是孤零零的个体，也不是造物者所操弄的无主体性之个人，而是具有"博厚高明"的超越向度的生命。① 无论黄教授的观点是否能够为人所认同，但是这三组特征的向度，确实道出了全人教育的目标，同时这也是对儒家传统人生精神的极好总结。

第四节　教育信仰、信仰教育与心灵教育

教育是一个崇高的事业，因为她是在"育人"；道德教育尤其如斯，从某种意义上说，德育课堂可以说是这个世界上"最有魅力的课堂"，因为在这个课堂上，我们在塑造一个个的"人"。本书试图从德育的一些基本问题入手，思考教育的信仰以及信仰教育与心灵教育的问题。需要说明的是，本书虽然论述上看似属于信仰教育或者心灵教育的这样的一些专门性的领域，但实则上，本书的立场是在思考教育本身的信仰性和心灵性的问题。

一、道德教育所需要考虑的几个基本问题

首先结合一些案例谈一下目前的道德教育所面临的三个重要问题。

1. 信仰、理想与意义

上世纪 80 年代德育的科学化、生活化，虽然成功地实现了道德教育的"祛魅"，但就是由此"祛魅"而带来的更深层次的信仰虚空的问题也

① 黄俊杰. 从古代儒家观点论全人教育的涵义 ［A］//林治平. 全人教育国际学术研讨会论文集 ［C］. 台北：宇宙光，1996：103 - 121.

进一步显露了出来。当理性破碎了以往的错误道德理念的时候，它往往也连同道德本身一同破除。这正如马克思评价费尔巴哈时所说的："他在泼洗澡水的时候，连同澡盆里的孩子也一同泼掉了。"正如上文所揭示的那样，80 年代以前的道德教育是与政治意识形态紧密相连的，带有一定的宗教色彩。但是就如蔡氏一样当用理性来对这种道德教育进行祛魅的时候，很容易将道德本身也否定掉。因为理性属于人的思维层面，而道德却在心灵层面，用思维层面的东西去反对心灵层面的东西，无形之中也就在宣扬了思维高于心灵，理性大于信仰的价值论断。这样，当理性对道德教育进行祛魅了之后，必然还是由其自身对道德教育进行定义，并且也由理性对道德教育赋予其合法性。但是理性在多大程度上能够重建道德呢？思维在多大程度能够进行心灵的重建呢？或者说，理性在多大程度上可以确立一种新的道德呢？这个问题更深地涉及理性与道德何为先的问题。在理性被"布魅"的背景当中，理性实际上已经被圣化为第一性的东西，其他的一切只有借助理性的建造才能够有其合法性的地位。但是，实际上在上世纪 80 年代初当理性横扫一切之后，新的道德（或说基于理性的道德）并没有在人心被建立起来，反而造成了一定的价值虚无和道德真空的状况。这种情况在一定程度上一直延续到现在。

1980 年的"潘晓现象"就是当时的一个缩影。而 21 世纪的马加爵事件则更深地向我们提出了省思。

2004 年 6 月 15 日下午，在云南省昆明市第一看守所，《中国青年报》的记者，对行刑前的马加爵进行了专访，以下是记者与他的一段对话：

记：知道家里人为什么给你起名"加爵"吗？

马：（笑）名字是我爷爷起的。他那一代还很封建，希望我当官发财。但官和钱不是我的理想。小时候想过当科学家，长大后就没有什么理想了。

记：为什么上了大学，有了知识、能力来实现理想时，理想却没了？

马：（晃腿，镣铐声响）不知道。理想这个词，可能在初中就消失了。理想很重要，后来不知道为什么，我成为没什么理想的人了。

记：你想过大学生也应该承担一定的社会责任和义务吗？

马：这个问题以前没想过，来看守所后，经常想。我觉得很多大学生的生活是失败的。平时，我与周围的人，浑浑噩噩过日子。学习不怎么努力，也没有想过为社会国家作什么贡献。想到的、关心的都只是自己的那点心事。我现在觉得一些大学生应该感到惭愧。毕竟，政府在每一个学生身上的投入都是很大的。但是，我觉得很多大学生根本没有意识到这一点，作贡献、奉献想得少，想到的都只是自己。以前不觉得，现在回想起来，在大学，很多学生没有什么更高的追求。甚至有些人考研，也不是为了什么学术上的贡献，只是为了讨一份生活。

记：如果把大学生与有社会责任、承担义务、乐于奉献相联系，你觉得这会显得挺高尚吗？

马：（果断地）不是高尚。我觉得这很实在。我觉得这样的话，一个人会非常充实。不能用高尚来形容，只能说是信念。有信念的人活着才会快乐。像我以前在大学时，如果找工作不算一种追求的话，就没什么追求了。以前嘻嘻哈哈的不觉得，现在回想起来很失败①。

"鸟之将死，其鸣也哀；人之将死，其言也善。"当马加爵在将死的时候，以自己的切身感受指出当代大学生的问题的时候，他所说的也许是我们必须要关注的一些东西。马加爵说："有信念的人活着才会快乐。"马加爵说："我觉得很多大学生的生活是失败的。平时，我与周围的人，浑浑噩噩过日子。学习不怎么努力，也没有想过为社会国家作什么贡献。想到的、关心的都只是自己的那点心事。我现在觉得一些大学生应该感到惭愧。"可见，信仰危机不是马加爵一个人的问题，而是我们这个时代、我们这个社会的教育所面临的问题。

首都经贸大学社会心理学教授杨眉认为事件的发生与马加爵过度的"去圣化"倾向有关②，所谓"去圣化"就是指不再对什么东西感到神圣，将一些本来的神圣的东西都祛除其神圣的层面。生命不能以肉体的可见存在作为其自身的意义。唯物主义的世界观就将这个世界的存在本质落在物质层面，而一切精神的存在却是以物质的存在为依据的。这样一来，物质就比精神具备更高的价值实存性，这样的话，精神再怎么神圣也绝不会高过物质的神圣度。如果没有了信仰作为物质的前提，没有信念作为生活的前提，对生命和生活的认识只能停留在"一堆肉"和"一撮事"的层面上，当然不会有神圣感和敬畏感。故而，马加爵在回答记者有关

---

① 崔丽. 刑前对话马加爵：有信念的人才会快乐［N］. 中国青年报，2004，6（18）.

② 崔丽. 马加爵狱中《忏悔》书与偶然必然"七宗罪"［N］. 中国青年报，2004，6（22）.

"四个年轻同窗的生命在你的铁锤下消失了，你对生命有过敬畏感吗？"的问题时，有非常明确的表示："（茫然）没有。没有特别感受。我对自己都不重视，所以对他人的生命也不重视。"是的，假如没有信仰，假如生命的本质仅就是物质，那么他所面对的不过是"几坨肉"而已。

马加爵的回答或告诫表明，信仰、理想与意义的缺乏已经成为这个时代大学生的思想顽症。它已经成为一个普遍性的问题。好长时间以来，自杀已经成为许多大学中的一个几率很大的事件。许多学校每年都会有五至六位学生自杀，我曾闻某校前后相隔三个多月就有两位学生从大楼的同一位置跳下。所以说，如何养育儿童生命中应有的信仰、理性与意义已经成为我们的德育不得不面对的课题。在一味"祛魅"的同时，我们需要思考道德中的神圣之维何在？

2. 道德资源的来源问题

我们知道，慈仁、忍耐、友爱等等这些品质都是道德的可贵内容。但是，为什么道德的品质是这些内容呢？这些内容从何而来？这就涉及道德资源的来源问题。信仰是赋予道德以丰富资源的宝库。而缺乏信仰的道德教育，常常显现出道德资源的贫乏来。卢刚事件在一定程度上凸显了这一点。

1987年，美国的爱荷华大学的不同寻常的一天，物理系凡艾伦大楼309教室正在开研讨会。突然，中国留学生卢刚站起身，从风衣口袋里掏出枪来，向他的导师高尔兹、同学山林华和施密斯教授射击。一时间血溅课堂。接着他去二楼射杀了系主任，又回三楼补枪。旋即奔向校行政大楼。在那里他把子弹射向副校长安妮和她的助手茜尔森，最后饮弹自戕。

卢刚，北大来的高材生。两年前与系里的中国学生闹翻了，离群索居，独往独来，因与导师颇有嫌隙，与同学山林华面和心不和，找工作不顺利，为了优秀论文评奖的事与校方和系里多有争执。因此报仇、泄愤、滥杀无辜。

卢刚给他家人的最后一封信充满了诅咒和仇恨。这是一颗被地狱之火煎熬着的心写出的信，"我无论如何也咽不下这口气"、"死也找到几个贴（垫）背的"。可惜啊，如此聪明有才华的人，如此思考缜密的科学家头脑，竟在仇恨中选择了毁灭自己和毁灭别人！

其中的一个遇害者副校长安妮是许多中国学生的导师。她是传教士的女儿，生在中国。无儿无女的安妮，待中国学生如同自己的孩子。学业上谆谆教导，生活上体贴照顾。感恩节、圣诞节请同学们到家里做客，美食招待，还精心准备礼物……但卢刚的枪口还是对向了她！

所有人都为安妮心痛流泪。而安妮的三个兄弟在噩耗传来的时候拥在一起祷告，并写下了一封给卢刚父母亲友的信："我们刚刚经历了这突如其来的巨大悲痛……在我们伤痛缅怀安妮的时刻，我们的思绪和祈祷一起飞向你们——卢刚的家人，因为你们也在经历同样的震惊与哀哭……安妮信仰爱与宽恕，我们想要对你们说，在这艰难的时刻，我们的祷告和爱与你们同在……"①

这是一封被害人家属写给凶手家人的信吗？这是天使般的话语，没有一丝一毫的仇恨。"这是因为我们的信仰。这信仰中爱是高于一切的。宽恕远胜过复仇！"这封信被译成中文，附在卢刚的骨灰盒上。他们担心因为卢刚是凶手而使家人受歧视，也担心卢刚的父母在接过儿子的骨灰时会过度悲伤，希望借着这信能安慰他们的心，愿爱抚平他们心中的伤痛。"我们的信仰"——这是一种什么样的信仰啊，竟让冤仇成恩友！这两封信是如此的爱恨对立，泾渭分明，一下子就看出了我们道德资源中的匮乏。

据报道，2004年6月17日，云南高校师生听闻马加爵被执行死刑的消息后，大都异常高兴，有的鼓掌，有的唱歌，还有人相约晚上喝酒不醉不归。大家认为，终于还受难者一个公道了，终于可以从马加爵案件阴影中摆脱出来了。当网上首先公布了这个消息，各高校的学生就通过打电话、发短信的方式将这一情况互相通报。在云南大学东二院，很多同学聚集在一起议论。他们都认为，马加爵落得今天的下场是罪有应得。这是我们面对一个年轻的生命消逝当有的态度吗？当我们对他困苦而短暂的一生漠然时，当我们为死亡欢呼时，是我们把自己的"心灵"送进坟墓的时刻。我们的心灵没有博大到战胜仇恨，健康到审视自己，勇敢到宽恕仇敌，为伤害我们的人祝福。而与之形成鲜明对比的是"卢刚事件"的受害者家属的态度，他们的信仰使他们成为负伤的治疗者——隐藏自己的伤

---

① 欣林. 爱城故事·网络周刊［N］. 生命与信仰. 2002（1）：4-6.

痛而成为别人的安慰者。

中国人民大学的余虹教授在自杀前写了一篇遗文《有一种爱我们还很陌生》，写的就是不久前在弗吉利亚理工大学发生的一起类似的校园枪击案件之后，当人们缅怀死者的时候，连同死去的凶手也一同献上了鲜花。他自觉在中国文化中，发生这样的事情是不可能的事情，于是发出了"有一种爱我们还很陌生"的惊叹。无论从上述卢刚和安妮兄弟的信之间的对比，还是事件发生之后，安妮的兄弟与云南高校师生们的反应之间的对比，我们都会发现，我们的道德观念中，对许多的道德资源确实很陌生，甚至可以说是匮乏的。由安妮家人的心中，我们很明显地就可以了解，他们的力量来自于他们的信仰。当我们缺乏信仰时，我们不得不承认，许多诸如宽恕这样的道德资源我们都是很陌生的。信仰的缺乏使得云南高校的许多师生在马加爵的事情上成为了看客，因为无论受害的还是受罚的都不是他们；而信仰却使得安妮的家人对卢刚家人的痛苦有着深切的共情，将凶手和凶手的亲人都当做了人，共同体悟了他们此刻的悲痛。正如苏霍姆林斯基的遗孀所说的："他这一辈子所作的，就是将……当作了人。"

"卢刚事件"、"马加爵事件"都是我们不该忘记的。该忘记的是仇恨，该正视的是冷漠和自私。这些令人震惊、忧伤的事件让我们认识自己，警醒人性中的幽暗，使她朝向爱和公义，而不是冷漠和仇恨。没有宽恕的回忆只是解恨式的大快人心，这样的复仇心理带来的只是良心的麻木和生命意识的湮灭。

如果追溯道德的深层来源，尤其是那些需要人性来承担的道德品质的来源，我们不得不承认，道德资源的本质来源只能是信仰。因为那里是意义的源泉和终极的所在。

3. 人性问题

人性问题是一个千古问题。1995 年著名的狮城之辩就是围绕着这个问题展开的，也因此而成为华语辩坛上的经典之战。千百年来，"人性本善"还是"人性本恶"的问题，已经汇聚了各路方家在历史的时空中，比"狮城之辩"更为精彩的论辩。

人性前提对道德教育研究来说至关重要。因为这涉及道德教育的模式甚至可能。目前大陆的道德教育研究基本不考虑这个问题，而将之作为一种假设。绝大多数学者也是模棱两可地采取"复杂说"的立场。那什么是"复杂说"呢？这个问题本身就很复杂。我根据众学者语焉不详的揶揄揣测一下，大概有这样一些理解：1. 融合的。也就是说，人性当中善和恶是同时融合在一起的。2. 变化的。也就是说人性是时善时恶的。3. 难说的。也就是说人性到底是善是恶，这个问题本身就很复杂，不好说，那么干脆不说。（国人有时候一讲起"嗯，这个问题很复杂"的时候，基本上就是不好探讨或不要再探讨了的意思。）据我的观察，学者们大多数在理论理性上取第一种，在实际理性上取第二种，而在态度上，实际是第三种。理论探讨不得不涉及这个问题的时候，往往以善恶融合盖过；而当分析具体问题的时候，由于需要借助事情对人性有一个基本的定论，因此就取第二种；但实际上需要认真对待并思考这个问题的时候，往往语焉不详、狼顾左右。

但对于认真思考道德教育的人而言，这个问题就不得不直面。在此，我想花一些笔墨来认真探讨一下人性前提这个问题对道德教育的影响。

首先，它可能会影响德育的可能性。"德性可教吗？"这是教育学中的一个常青问题。而跟这个问题直接相关的就是人性的问题。如果人性本来就是恶的话，那么就意味着它没有善的种子，那么德性还有可教的前提吗？这个问题至关重要。柏拉图的理念论就有这个重要前提，他认为万有尽管并不完全，但是万有都"分有"了理念的善，也正是万有对善的这种"分有"，再加上万有的爱——由不完全趋向完全的欲望之运动，才使得德性的教育成为一种可能。当然问题还可以从相反的方面提出来，人性如果是善的话，那么德性还需要教吗？同样柏拉图也回答了这个问题，他认为最好的学习就是"回忆"，回忆那本来就在自身存在本质中的所分有的善的理念，这样人就可以往理念——最纯全的善运动，并且最终达至。这样乍一看来人性无论是善是恶，都会推到德育的不可能。但是如果真是这样的话，德育为什么还会存在呢？

同时，人性的假设还会影响德育的模式。性善与性恶，就意味着教育对其对象的理解不同。不管性善还是性恶，德育的目标总是要培养有道德的人，但是性善和性恶就意味着受教育者原先的"底子"是不同的，那也意味着持不同的人性观朝着同一个目标就会有不同的运动方向。因此，性善论和性恶论，在德育培养的逻辑和模式上，常常会表现出相反的特征。下文仅只分析性善论的中国文化所形成的德育模式，并分析其产生的道德泛化和相对主义的危机。

信仰虚空、资源贫瘠、人性错认，这三点是缺乏信仰和心灵维度的道德教育所必然要面对的问题。

二、教育信仰、信仰教育与心灵教育

道德教育当中存在着这么多其自身无法解决的问题，因为这些问题都是牵涉到宗教与心灵这些信仰性的问题。因此，透过这些问题破口，我们看到信仰与心灵教育的需要。

1. 教育本身需要信仰

教育的对象是人。教育的目标关涉到培养什么样的人。因此教育的根基是建立在"人应该是什么样的"这样一个哲学追问的基础之上的。这就决定了教育不仅仅是一门技术，它更是一门哲学，如果没有上述哲学提问的正当性，也就没有教育本身的正当性。我们不能想象没有"人应当什么样的"的论断，就开始了塑造"什么样的人"的教育事业。如果没有人应该是什么样的人的判断，教育就没有了方向。从另外一个角度讲，培养"什么样的人"是教育的目标，从亚里士多德"四因说"的角度这就是目的因，如果没有了目的因，也就不会有教育行为。再者，如果没有"什么样的人"，教育就有可能走向无目的性，教育也就因此会成为虚无的事业；尽管教育可能是无目的性的，但一种行为必要走向某种后果，因此如果失去了培养"什么样的人"的规范，也就意味着教育有可能走向某个不可预料的后果，而这无论对个人而言还是对社会而言，都是极其危险的。因此，教育的存在是以"人应该是什么样的人"作为存在理由的，教育不会以自身作为其存在的理由，不可能有为了教育而进行的教育。

然而，我们说"人应该是什么样的人"这个问题是个哲学问题，并不代表哲学就会有答案，而是说这个问题是个哲学性的。当卡尔·雅斯贝尔斯发出了"整个西方哲学都是在解释柏拉图"的著名惊叹之时，就解释了哲学的一个本质：它永远是问题性的，而不是答案。柏拉图所开启的是哲学的问题和视域，而整个西方哲学史都是以各自的声音对这些问题作出的回应。如果要在人自身内部寻找这个问题的答案，恐怕最终的回答只能归结为"人就是其自身的存在"，这还不是答案。除非人是"自在"的，也就是说人是不是从外在，也不需要依靠外在而存在，否则，要回答"人应该是什么样的人"这个问题就只能从人以外去寻找。因为人不是从自己而来，也就自然不会以自己为目的。因此，从本质上说，"人应该是什么样的人"只能是一个信仰问题，因为这个问题必须回归到人存在的本源和依靠那里去，否则是无法找到答案的。

教育无法脱离其信仰前提。什么样的信仰造就什么样的教育。从某种程度上说，教育无可避免地成为了一种信仰的实践行为，教育就是在践行信仰所要求的人的目标。对于教育者而言，必须首先要对"人应该是什么样的人"这个信仰有深切委身与热爱，对于人的培养目标有着深切的向往，他才能够进行教育工作。否则，他都不是在从事真正的教育。这一点对于道德教育而言尤其如是。因此，从根本上说，教育就是一项信仰事业，教育活动有它必然的信仰性。从事教育的人必须是对"人应该是什么样的人"这样一个信仰性问题有明确回答的信仰者。不但如此，比一般的信仰者更甚的是，他还应当是更加忠诚的信仰践行者。

对于学生而言，接受教育也就意味着他要透过这种方式要达到"成为一种什么样的人"的目标。对他而言，接受某种教育就是接受了将要被塑造成什么样的人的事实。也许会说学生并没有作出这样的选择，因为他们还不知道"成为一种什么样的人"到底是一种"什么样"的人？但是如果从另外一个角度讲，学生自身作为客体参与到教育活动中去，他会是无目的的吗？或者至少在受教育的过程之中，他会逐渐进入到这个目的之中去。

另外的角度讲，教育也是关乎真理的。它的内容也不可能是无目的或无定的。只有教育中的知识是一种值得委身的知识时它才有被传授的必要，也只有教育者和受教育者对这些知识有着"相信"时，它才会成为教育中有效的质料。因此，参与到教育事业当中，也意味着对教育中的知识真理的委身与追寻。这同样也是一种信仰性的事选择。

上一部分我已经谈到了人性假设对道德教育的重要影响，对道德教育而言，如果轻视或忽略人性假设问题可能导致的就是截然相反的路向，甚至有可能使我们这么多人一辈子都在研究一个伪命题。因此，我们必须要对人性前提做一个明确的考察。但是这个问题如果仅在道德教育内部考虑，那么它可能永远只是一个假设，永远不能给我们一个明确。只有在宗教信仰的领域中的时候，我们才会用一个清晰的眼光看到一个明确的答案，它才不是假设。这对于从事道德教育的人而言，十分重要。

因此，我们认为教育事业和教育活动是不可能离开信仰前提的，甚至对于教育活动自身，我们都必须当作一种信仰的事件来看待，没有信仰的教育不是真教育。

2. 真正的道德教育应该是信仰教育

首先，信仰是道德本身的来源。道德从何而来？人为什么会有道德感？为什么即使在彼此不通的时代里，不同地区不同民族具有相似甚至同一的道德意识和道德准则？这些问题都是道德哲学中的一些基本问题，也是争论不休的问题。其次，我认为，道德不可能是由个体内部产生的，因为个体之间是相殊的，但是我们另外看到的事实是，不同个体所产生的道德心却是相同的，因此，这不是一种个体特征，而是一种类的特征，因此，道德的产生不可能是一个个体事件。其次，道德也不可能是由社会契约而来的，因为即使一个人不参与社会，分离于社会而成长，他依然是有道德心的。最后，道德也不是由自然归纳而来，因为除了人之外没有，没有一样存在物有实体的道德心的，而道德又是绝不可能由非道德的东西产生出来的，今日我们常说的自然精神、自然道德，与其说是自然本身的道德，倒不如说是人的道德心对自然的精神意向型解读罢了。因此道德只能是由外在与人类的具有道德性的另一个本体产生，这在哲学上常常叫之为超验本体，例如柏拉图的"理念"，黑格尔的"绝对精神"，等等。对于这一类的现象，康德从实践理性的角度，以之证明神的存在是"道德是何以可能的"重要理据，因此在《实践理性批判》之外他还写了《单纯理性限度内的宗教》来更深入地探讨这个问题。因此，要解决道德的来源问题，回答"道德是何以可能的"这个问题，必须回归到信仰的视域和范畴中，才可以有答案。

其次，信仰是道德资源的来源。康德说："有两件事让我越想越惊叹，越想越敬畏，一是头顶的浩瀚星空，一是内心的道德法则。"这内心的道德法则是如何而来的呢？就如道德的本体一样，它只可能是先验的，这一点在康德那里已经得到了证明。这种思想甚至可以追溯到柏拉图那里，他的"理念论"就是认为德性是由于"分有"了至善的"理念"。

上文中我已经分析了在没有信仰的道德教育中，道德资源的匮乏所导致的道德教育的软弱无能。道德的内容都是先验，只能推导得出如果违背了这些内容，将会发生什么样的后果，以及遵守这些内容会有什么样的福泽。至于为什么会这样，以及为什么会有这样的关系，则是脱离了宗教就不能回答的问题了。这里，"至于"以前的内容，是不能回答道德资源的来源问题的，而"至于"以后的内容却是在一定程度与来源问题有关的。现在的大陆对道德的理解有一种"功利主义"的倾向，也就是说以结果来论证某一行为是否是道德的，以此推导出某些行为是属于道德的内容，但是如此依照实效而推演出道德资源，其背后有一个危险，就是推演出来的只是行为层面的规范，而非道德层面的品质。例如上文提到的马加爵受刑后一些大学生的反应，学生们只看到了规范层面上恶人受到了公义的惩处，所以他们就额手称庆，但他们却无法产生道德层面的对恶人的饶恕以及叹息。所以，没有信仰作为道德以及道德教育的资源，有许许多多的"爱"依然还是离我们很远。

只有在信仰范畴之内才可能有纯粹的道德以及道德的神圣。前文我已经讲到，目前大陆对道德教育理解的顶峰是"生活论德育"。"生活论德育"的基本立论是，道德教育要"源于生活，透过生活，为了生活"，这种立论与信仰道德教育的立论不同的是，信仰道德教育是以信仰作为道德教育的来源与目的，而"生活论德育"则是以"生活"作为道德教育的来源与目的的。略一比较，大有"以生活代信仰"的况味。但是，生活毕竟与信仰之间有很大的质别。在来源方面上一段已经论述，不再赘述。在目的方面，以生活作为道德以及道德教育的巨大危机，就是这样的目的论其实是基于"功利主义"的，在这样的目的论中，道德不是最高的目的，而是有另外的目的，因此就不是神圣，而生活却是神圣的。但在信仰道德教育中，因道德与信仰是紧密相连，甚至道德与信仰的超验本体是同一的，因此，道德本身也就成为了最高的目的，因此也就有了神圣性。正如鲁洁先生在发表于《道德教育评论·第一辑》中的《对"道德教育回归生活世界"的自我质疑》一文中指出的，假如道德就是为了生活，那么康德意义上的"为道德而道德"又如何存在……假如否定了道德自身的目的，而陷于庸俗的道德目的论"恐怕我们自己都不能同意"。这个"自我质疑"中，就指出了"生活论德育"理论的最本质的一个要害。同时，这种自我质疑，也让我们看到了一位老学者的严谨、真诚与勇气，每次想到这里我都热泪盈眶！

从相反的方面，失去了信仰的道德教育难免陷入庸俗和虚无当中。在马加爵那里，没有了信仰，对生命就没有特别感受，"对自己都不重视，所以对他人的生命也不重视"。如果失去了信仰，所失去的不仅仅是道德的神圣感，还有随之而来的个体的敬畏感。如果没有信仰的神圣前提，道德的任何说教都是毫无意义的，哪怕是对自己的生命，也不会重视。在本书的开头我曾经提到过上世纪 80 年代以后，大陆的道德教育理解显现出与宗教的天然绝缘，这种绝缘所带来的后果就是现在德育的无奈之境：我们的德育理论和德育手段日益精进，但是我们儿童的道德状况却一日千里，以致在去年 10 月在南京师范大学道德教育研究所召开的"改革开放三十周年道德教育的回顾与展望"论坛上，杜时忠教授作了一场这样的报告——《九论"德育有限"》。今天在西方以及香港等原先就有信仰以及信仰教育传统的社会中，日益兴起一波又一波的"世俗化"的浪潮，如果这种"世俗化"是"道成肉身"以及"作光作盐"意义上的，诚然是一种好事，但是倘若这种"世俗化"沦入去信仰以及去圣化的境地之中，也许大陆今日的境况是一个不得不重视的借鉴。

在道德哲学以及存在哲学的历史中，还有许多的理由证明道德以及道德教育与信仰之间紧密的关系。我再多的论述反而显得很多余，观点却是很显明的：德育只有回归到信仰教育才能实现其本质。

3. 真正的道德教育也应该是心灵教育

两千多年前的先哲柏拉图的宣告："德性是心灵的秩序。"真正的道德不是仅存在于行为等外在的层面，它更是存在于人的心灵等内在的层面之中。大陆道德教育理解中的一个致命的缺陷就是将之要么囿于理性，要么囿于生活，并没有真正明确地提出心灵的关怀。人作为一个完整的位格，是包含思想、感情、意志在内的。因此，要真正地将道德教育落到实处，在学生的生命中产生真实的效果，就必须深入到学生的心灵当中。一个仅仅依靠理性说教的方式而进行的道德教育的实效性已经呈明出来了。过去在高度政治化的话语体系中，一切的道德问题都是政治问题，也就是思想认识问题，所以一旦某人行为或者道德上有了什么偏差，往往都是透过"组织谈话"来解决。就是学校教育也是如此，如果老师发现学生有

了什么问题，往往采取"去办公室谈心"的方式，其实就是一些道理的
说教。如今，大陆对道德教育的认识还受这个的影响很大。一个人的改
变，不仅仅是思想，还有情感，更深的则是意志层面上的。

现在给我们的感觉是，大陆许多的道德教育仍然是以知识为主，也有
人提出体验式的教育，但这只是手段，目的还是为了认知。倒是朱小蔓教
授提出了"情感教育"是将人的情感当作教育的对象的一个很好的探索。
但是，要面对一个人整全的位格，即思想、感情、意志，那就意味着要触
及人的心灵世界和灵魂本质。而这在目前，还没有足够的认识。一种触及
心灵世界和灵魂本质的教育应该将教育的对象不是对象化，而是主体化。
所注重的不是知识的传递，而是整全人格的养成。在一切的教育门类中，
道德教育是最需要这个要求的，因为道德就是在人的心灵世界和灵魂的本
质存在着的。如果道德教育只关注行不关注心，那就会沦为规范教育，而
不是道德教育，因为不触及心灵也就不关涉道德。因此，真正的道德教育
就应当是心灵教育。

诚如吴梓明教授所言，我们会面对不同的宗教，它们各自有不同的神
圣世界；但当我们谈论心灵教育时，我们所关注的就是人们的心灵世界；
人类世界就只有一个。基于这样的推论他的建议就是："心灵教育"才是
我们的共同基础，有了它我们才会与不同宗教信仰人士、甚至是没有宗教
信仰的人士进行有教育意义的生命对谈。① 第一个思路就是关注共同的心
灵问题，心灵教育采取一种客观的姿态，关注客观的心灵世界。

在多元价值社会中，人们毕竟还需要委身于一些价值。按照柏拉图的
观点"德性就是心的秩序"，因此，心灵教育的客观关注可以着眼于客观
的心灵价值秩序。德国著名的哲学家马克斯·舍勒在这方面作出了开创性
的贡献。他透过现象学的眼光与方法，发现人的内部客观性地存在着五种
价值，即：神圣价值、精神价值、生命价值、实用价值和感官价值。他又
透过对人的存在本质的分析，依照 1. 空间性、可分性和可量化；2. 持
久性；3. 独立性；4. 满意度；5. 价值的相对性层次及其与绝对价值的
关系②，这五项标准，将这些价值类型由高到低排列为神圣价值、精神价
值、生命价值、实用价值和感官价值。在某种程度上，心灵教育需要为这

---

① 吴梓明. 宗教教育就是心灵教育 [M]. 香港教育学院宗教教育与心灵教育中心，2008：20.
② 张志平. 情感的本质与意义 [M]. 上海：上海人民出版社，2006：74.

个客观的价值秩序辩护。①

　　如果我们仔细分析当今所产生的社会性道德问题，就会发现这些问题的产生主要不是由于价值的冲突造成的，而主要的形成原因却是价值的错位，也就是说由于将人的低等欲求诉为最高的价值吁求。或者说，当今突出的道德问题，主要并不是由于在同一价值层次之中人们的选择冲突，而是由于人们将一种价值观念放置在错误的价值档次上，由此而造成的价值秩序的混乱而导致心灵的失范。

　　中国是一个有着五千多年历史的礼仪之邦，自从上世纪之初经历了道德、社会和历史的重新省视以来，她一直力图带着五千年的沉重之躯在现代世界的舞台中能够身如轻燕般地舞蹈，因此她努力地要脱去身上的沉衿厚袄，来穿上轻盈的羽衣霓裳，但是，就是在这样的过程中，她也日渐走向了迷惘，毕竟能够跳舞不只是一件衣裳的问题，更重要的是心。自从"德先生"、"赛先生"的启蒙以来，一个个的美好梦想都破灭了。但破灭之后是什么呢？不要再说回去，因为如果原先的就很好我们何苦要出来呢？难道就是"邯郸学步"吗？我们既然出来了，就证明原先的有问题，更何况我们也回不去了。我们只有继续前行，去寻找那真正的精神家园，直到"我的心归于你的怀中"（奥古斯丁语）。但愿我们对道德教育的理解也如此突破，直到有真正的信仰和心灵的关怀。

---

　　①　这方面的观点可参本书第四章第二节。

第三章　启蒙之后：爱与教育的转型

启蒙作为一个发生在十七八世纪的历史事件，对世界历史的近代化起着极其重要的影响；同时，由于其本身就蕴含着使人开化的教育学意义，因此它对近代教育思想的影响也是非常重大，甚至首当其冲。作为一个思想史事件的启蒙，它的思想解放和社会教化功能不可否认；同时，作为一种人类思想形态和认识形态的启蒙的本体性的考察，对于我们认识这种思想浸染下的现代教育思维，也有着极其重要的意义。因此，对启蒙所造成的哲学上的本质之爱的转向，是理解蕴含在现代教育中的教育转向及其对象之爱的转向的哲学基础。

第一节　作为哲学事件的启蒙

自从 200 多年前康德发表了著名论文《答复这个问题：什么是启蒙运动？》以来，无数的明哲都不断缠绵悱恻于这个问题。之所以会出现这种对启蒙的"钟情"，在某种意义上实在是一种"情非得已"。因为，启蒙是开启现时代的钥匙，同时，它也像空气一样，进入了现代的每一个肌体。可以说，启蒙是近代历史和近代社会的关键词，在一切的哲学思潮中，论到对社会、历史的影响，无出启蒙之右者。因此，启蒙不仅仅是一种哲学思潮，更是一起思想解放事件和社会解放事件。启蒙所酝酿出的力量，对近代历史和近代社会的改变，可谓人类历史路向中，最为重要的转折之一。如果要认识现代社会和现代历史，认识我们何以如此，以及何以至此，启蒙是一个不得不正视的认识对象——甚至可以称之为认识起点。就像福柯所指出的："现代哲学没能解答而又无法摆脱的这个问题随着此文而悄然进入思想史中。自此，现代哲学历经两个世纪，以不同的形式一直在重复这个问题。从黑格尔到霍克海默或哈贝马斯，中间经过尼采或马克斯·韦伯，很少有哲学不曾直接或间接地碰到这同一个问题：所谓'启蒙'的事件究竟是什么？它至少在某方面决定了我们是什么，我们想的是什么以及我们所做的是什么。"① 因此，在思想史意义上，无论现代人遭遇到怎样的时代问题或是思想困境，还是享受着现代式的自由生活和精神空间，无论是生活中的好或坏，也无论是现代人对所处时代或生活的适意或不适意……这一切，如果要追溯起精神起源——亦即追溯现代精神的起源——的话，启蒙是面对这一切现代精神症候时，首要的讴歌或批判的对象；可以说，现代人对自身时代的每一点欣喜或困惑，都会把我们的致思引向启蒙这一事件。

"什么是启蒙？"两百多年前，正当整个欧洲在启蒙运动的号角中大步迈向现代历史的时候，德国的星期三学会悄无声息地开始了这场讨论。正如詹姆斯·施密特所说的：启蒙运动是欧洲的一个历史事件，但是，"什么是启蒙？"这个问题，却独一无二的是一个地地道道的德国问题。② 这个问题之所以是一个德国问题，毫无疑问，是指着对启蒙的哲学性反思来说的。两千多年前的明哲苏格拉底说，没有经过反思的生活是不值得过的，这一准则对于人类的思想生活来说，尤其适用。两百多年前，德国的这场讨论正是在 1783 年晚期柏林一个杂志上的一篇文章中，几乎只是随便问道"什么是启蒙？"的情形下发生的，但在其后的一个十年内，关于启蒙本质和限度的争论，对启蒙运动的理想和抱负进行了透彻的审视。③ 我们说，这种审视是必要的，它不但符合形而上学的一般性特征，同时，也因应着启蒙的内在本性：启蒙不正是唤醒人们自身对于传统以及生活的理性反思吗？启蒙作为哲学史意义上的现代思想的开端，它在某种意义上真正撇开了传统形而上学的发问方式和思考特征，从而开始了一个思想上的现代性的时代。而德国作为传统形而上学理性的重镇，由于其哲学史上的连续性，它的启蒙思潮呈现出了某种与它的欧洲邻国英国——尤其是法

---

① 杜小真. 福柯集 [M]. 上海：远东出版社，2003：528.
② 詹姆斯·施密特. 启蒙运动与现代性 [M]. 徐向东，卢华萍，译. 上海：上海人民出版社，2005：1.
③ 詹姆斯·施密特. 启蒙运动与现代性 [M]. 徐向东，卢华萍，译. 上海：上海人民出版社，2005：1.

国的思想品质上的重要差异（这在某种程度上或许就是"什么是启蒙？"成为一个典型的德国问题的重要原因）。不可否认的一个历史事实是，德国的启蒙运动是受到了英国和法国的影响而产生的，只不过在英国那里首先产生的是经验主义的哲学革命，而在法国那里则直接产生了法国大革命这样的政治革命和社会革命。而对于一直秉持传统形而上学的德国思想界而言，启蒙似乎表现为某种被动地接受——或者在某种意义上是一种社会思潮对哲学思潮的悄无声息的侵入，当哲学思想家们开始真正面对这一问题时，不再是思考如何迎接启蒙的问题了，而是对启蒙进行正名、合法性的确立的问题了。这也许在一定程度上可以解释为什么已经处于启蒙当中的德国思想家，所提出的问题是"什么是启蒙？什么样的人是一个启蒙了的人？什么样的时代是一个启蒙了的时代？"① 这样的追问式的问题了。但是也由于德国一直以来的思想传统，从而使得"什么是启蒙？"这样一个古希腊形而上学式的发问得以成为可能。因此德国的启蒙，可以说是站在形而上学和启蒙以及后启蒙哲学的交汇点上。但是启蒙作为一种社会解放运动，诚然有将人们从天主教的宗教性钳制当中解放出来的社会意义，但是作为一种思想解放运动，在哲学上则有将人们从传统的形而上学中解放出来的用心，因此它自身中必定蕴含着对传统形而上学的反叛意义。因此，如果深入考察德国启蒙的论点，及其内部的争论，对于反思启蒙，具有独特的意义；在德国的一切思想家中间，对作为兼具理性主义大师和启蒙大师的康德的反思，尤其具有重要的意义。

在某种意义上，启蒙不是作为一个社会事件，而是作为一种哲学思维方式上的正当性，是以康德的《答复这个问题：什么是启蒙运动？》为标志而得以确立的。在该文中，康德给启蒙下了一个著名的定义："启蒙就是人类脱离自我招致的不成熟。不成熟就是不经别人的引导就不能运用自己的理智。如果不成熟的原因不在于缺乏理智，而在于不经别人引导就缺乏运用自己理智的决心和勇气，那么这种不成熟就是自我招致的。Sapere aude（敢于知道）！要有勇气运用自己的理智！这就是启蒙的座右铭。"②

① 巴尔特. 论出版自由及其限制：为统治者、检察官和作者着想 [A]. 詹姆斯·施密特. 启蒙运动与现代性 [C]. 徐向东，卢华萍，译. 上海：上海人民出版社，2005：99.
② 康德. 答复这个问题：什么是启蒙运动？[A]. 见：詹姆斯·施密特. 启蒙运动与现代性 [A]. 徐向东，卢华萍，译. 上海：上海人民出版社，2005：61.

在这个定义中，康德为我们确立这样一些认识内涵：

内涵一　启蒙就是人类脱离不成熟而走向成熟；

内涵二　人类的不成熟是自我招致的；

内涵三　所谓的不成熟是指不经别人的引导就不能运用自己的理智；

内涵四　成熟意味着能够自由运用自己的理智；

内涵五　人类天生就拥有理智；

内涵六　只是人缺乏运用自己的理智的决心和勇气；

内涵七　启蒙就是引导人有勇气运用自己的理智。

我们首先从康德的这个定义中来分析启蒙的一些本体性的前提，以此来测透启蒙主义者正当良苦用心。

1. 这个定义首先涉及的是人的理性的自主性的问题。从内涵七中，我们可以知道，启蒙所面临的最主要的任务，就是引导人们运用自己理智的决心和勇气。整个西方文明是希腊和希伯来两大文明的交相辉映。就希伯来文明来说，在启蒙运动兴起的一两百年之前，整个欧洲处在天主教的统治之下，天主教的口号是圣传（指教会传统）和教皇（在中世纪对于绝大多数人来说，圣经是被禁绝的），教会和教皇是发布真理的主体，因此，在那时候可以说一切的真理都是天主教会的真理或教皇的真理，而所有人的生活只是对天主教会或教皇真理的尊崇；就希腊文明来说，在柏拉图的理想国中，哲学王被奉为城邦唯一正当且合法的统治者，因为他们是真正懂哲学的人，而城邦其余的人都应当在哲学王的统治之下。因此就真理的认识主体而言，这两大文明的传统中，都把真理看成教会的真理或哲学王的真理，而非每个个体人的真理。在这种观念中，每一个个体的人，只是真理的支配对象，而非真理的拥有者，他们并不需要——当然在某种意义上也蕴含着他们并不能够——认识真理或明白（懂得，UNDER-STANDING）真理。因此，在教育史意义上，这种观念之中能够产生普遍意义上的大众教育或任何形式的普及教育都是绝无可能的。

在一定意义上，启蒙运动所作的理性的澄明，对个体而言，不仅仅具有认识论上的主体性恢复的意义，而且具有作为人的生活意义上的主体性恢复。苏格拉底说，没有经过反思的生活是不值得过的。尽管他发出此言的时候事实上已经把一些作为奴隶的人排除在外了，但是他的确已经在某种意义上道出了作为人的生活的本质意义：理性的参与——作为人的主体性的在场。理性的自主性问题，不仅仅关系到自主性自身，并且也由于另一个与自主性相关的概念——自由，而关涉到人的主体性问题。当然，作为哲学概念的自主性、自由和主体性之间存在着复杂的关系，在此不做详细的讨论。但是，这样一些关系是不言自明的：由于人拥有了自主的理性的参与，从而使得真理不是他在的，而成为自在的——成为"我的"真理；同样，由于人的自主的理性的参与，从而使得人的生活不再是出于没有选择的被动的活着，而成为一种主体性在场的"我的"生活；而这一切当中的奥妙都在于，这种参与根本上是人在发挥了自主的理性之后的自由、自觉的主动选择。雅各比从另外一个角度阐述了这一关系：启蒙总是自由的产物，而且只是自由的产物，因此启蒙属于个体的活动领域。[①] 在启蒙之前，人只是这个世界的一部分，而不是一个具有自主性的独立而自由的个体；这种差异，卡西尔在比较莱布尼茨的单子论和斯宾诺莎的泛神论时，用统一性和连续性作了分析。[②] 在某种意义上，这种对人的自主性的个体的理解，为教育提供了基本的对象；如果面对的不是拥有自由、自主的理性的个体的人，还谈什么教育呢？

但是这种自主性在个体的人那里却是被遮蔽的——正如内涵六所揭示的那样，人在自主地使用自己的理性上缺乏勇气，或者说充满某种恐惧。至于这种恐惧从何而来，可以有许多方面的解释。但是其中最为突出的除了人对自身的自主性没有认识之外，一个很重要的原因，就是在当时人所处的世界被某种神学和哲学的原因神秘化了，或者说被布魅了。而启蒙在这层意义上也是一个对这个世界进行祛魅的过程。正如霍克海默和阿多诺曾经说过的："在主张进步思想的最普遍意义上，启蒙运动的目的是去将人们从恐惧中解放出来，建立他们的自主性……启蒙运动的宗旨是这个世界的祛魅（disenchantment），神话的消解和用知识代替幻想。"[③] 但是在康德那里，显然不是并没有这一层意思，他最主要的思想重心仍然是如何使个体人的理性得以站立起来。因此，在他的

---

① 斯洛·雅各比对启蒙运动的批评 ［A］. 詹姆斯·施密特. 启蒙运动与现代性 ［C］. 徐向东，卢华萍，译. 上海：上海人民出版社，2005：325.

② E. 卡西尔. 启蒙哲学 ［M］. 顾伟铭，杨光仲，郑楚宣，译. 济南：山东人民出版社，1988：26–29.

③ 霍克海默，阿多诺. 启蒙辩证法 ［M］. 渠敬东，曹卫东，译. 上海：上海人民出版社，1972：3.

关于启蒙的定义中，内涵七显然是对启蒙这一行为最为直接的描述。正是在内涵七的意义上，启蒙具有真正意义上的教育意义。站在社会历史的场域中，启蒙无疑是面向时代的社会教化运动；在面对个体的意义上，启蒙可以算得上是真正意义上的教育——而根据内涵七，真正的教育无疑就是引导人能够勇敢地运用自己的理性而已；同时，对于个体的人而言，内涵一所揭示出来的"从不成熟走向成熟"，无疑是对受教育目的的最好的描述。

2. 人之所以能够被启蒙，根本原因在于人有先验的理性。就像赖因霍尔德所说的，启蒙一般来说意味着从能够具有合理性的人当中制造出理性的人。[①] 当然，赖因霍尔德这里所说的合理性在一定意义上还是指的人自身的自然本性中所蕴含着的使得自身合理化的倾向。但是在康德那里，理性在某种意义上已经是存在于人自身之内的某种本体性的存在。人生而就有的理性在一定意义上是启蒙得以可能并迈向它的目的的质料性的基础。如果还原到亚里士多德的四因说当中，个体的人是启蒙的形式因，生而有之的理性是质料因，理性的个体是目的因，而启蒙者的引导则是其中的动力因。从根本上讲，启蒙主义者所设定的前提并不是为人建立什么新的东西，而是激发出人生而有之的东西。因此，人生而就有理性，是人成为理性人的基础。从这个意义上讲，教育并不是塑造一个新人，而是使人成为其本来的人，这是启蒙之后教育思想的一个根本转向，某种程度上也成为现代教育的一个根本特征——尽管在不同的思想嬗变中，对这里的成为人的"人"的理解是千门百面的。以前的教育在一定程度上是一种技艺的教育，即教会你所没有的东西，而现代教育的则是转向了引导你使用你本来就有的理性；以前可能更倾向于知识，而现代教育则倾向于鼓励一个人的勇气（内涵七）——这也是启蒙祛魅在教育思想中的最大的表现。当然这一切都不是在教育内容，即教育什么的意义上，而是在教育思想，即什么是教育的意义上来谈的。

对于受大陆唯理论哲学影响很深的德国的启蒙主义者而言，尤其是在康德那里，这里的理性不但是生而有之的，而且是带着很强烈的先验性的前提。也就是这里的理性不是空洞无物的，而是带着很丰富的先验内容

① 赖因霍尔德. 对启蒙的思考［A］. 詹姆斯·施密特. 启蒙运动与现代性［C］. 徐向东，卢华萍，译. 上海：上海人民出版社，2005：68.

的。与其他欧洲国家，尤其是英法的启蒙主义者不同的是，德国的启蒙主义者多持唯理论的哲学立场，而英法的启蒙主义者则站在经验论的哲学立场。尽管唯理论在不同的时期，就本质等核心概念的认识并不尽相同，但是在启蒙时期，这两大立场的对垒在一定程度上可以概括为：经验论认为人的理性天生空白，真理来自于人的经验世界，而唯理论则秉持传统的本质主义的立场，认为真理存在于人的先验世界中，理性本身就带着先验知识的规模。这一立场的对垒，在英国的经验主义者洛克的《人类理智论》和德国的莱布尼茨对其逐章驳论性的著作《人类的理智新论》的论辩中可以看出。对于德国来说，启蒙主义的这一传统，首先在近代理性主义之父笛卡尔和莱布尼茨那里得到了确立。莱布尼茨针对洛克的"白板说"提出心灵"是一块有纹路的大理石"，具有潜在的天赋观念；他认为普遍必然性知识来源于"天赋的内在原则"；他承认感觉和思维都是作为精神实体的心灵的能力。门德尔松则对人的理性天赋坚信不疑，他毫不怀疑人的实存是可以认识的。每个人必须在与上帝的目的的完全一致性之中，在与其他被创造之物的完全和谐之中，发展自己的能力和天资。门德尔松的观点是启蒙主义的典型代表。康德应该也归属此列。作为德国古典哲学集大成者的康德，是从《纯粹理性批判》开始他对人类认识的启蒙的。需要注意的是，这里的"纯粹理性批判"，"不是对这些书或体系的批判，而是对一般理性能力的批判，是就这批判可以独立于任何经验而追求的一切知识来说的，因而是对一般形而上学的可能性或不可能性进行裁决，对它的根源、范围和界限加以规定，但这一切都是出自原则。"① 康德的哲学是以三大批判为中心的批判哲学。在三大批判当中，他站在先验论的立场上，对知识是如何成为可能的、美是如何成为可能的和道德是如何成为可能的这三大问题进行解释，进而探讨人是如何成为可能的这一更为根本的问题。"在《纯粹理性批判》的基本问题——先天综合判断为什么是可能的——背后，回响着另一个对康德来说更为重要的问题——人的自由为什么是可能的。自由是有的，但它在哪里？我们不能在现象界中发现它，人只有在本体界中才是自由的。"② 从中我们可以看出，康德仍然认为脱离了超越前经验的本体性的存在，理性、自由进而还有人——自主性的个

---

① 康德. 纯粹理性批判 [M]. 北京：人民出版社，2004：3.
② 古留加. 康德传 [M]. 贾泽林，等，译. 北京：商务印书馆，1992：125.

体人，都是绝无可能的。当然，康德的先验论哲学已经进入到了实践论的阶段，与传统形而上学的超验论还是存在着很大的不同。但是，康德的这种认识，确实是德国启蒙主义者的基本特征。德国的另一位启蒙主义者，莱布尼茨的继承者沃尔夫在德国哲学史上第一个创建了一个学科完整的体系。这一哲学体系或学科分类被人们普遍认可，并成为大学教学的基本模式，从而规定了以后一百多年哲学的发展方向。沃尔夫哲学体系如下①：

	高级认知能力		低级认知能力	
表象能力	本体论和形而上学	灵魂学 ⎰ 理性神学 理性心理学 ⎱ 理性宇宙学	目的论 经验心理学 ⎱ 经验理论 物理学和自然科学	理论科学
统觉能力	普通实践哲学和自然法	⎰ 伦理学 政治学 ⎱ 经济学	技术理论或实验性实践	实践科学
	先验科学 （理性科学或哲学）		后验科学 （经验科学）	

在这个学科体系中，包括本体论和形而上学在内的先验科学被放置在高级认知能力之中，可见德国启蒙主义者对此的钟情。在某种意义上，这一学科知识的分类，奠定现代教育体系中的学科分类基本架构。

3. 这一切，其实也意味着一场关于真理的认识论革命。这场革命是面向传统的形而上学的。传统的形而上学也是关于对真理的认识的，但是，它的主要关注对象是真理——即认识的对象；但是，到了启蒙运动的时候，发生了的重大转向时，它的主要关注对象是理性——即认识本身。因此，一般都认为传统的形而上学是关乎本体论的，而启蒙主义则是关乎认识论的；传统的形而上学是关乎真理是什么的，而启蒙主义所关乎的恰恰是认识是何以可能的。鲍姆加敦，这位对门德尔松、莱辛等都产生影响的德国启蒙主义者，曾经这样来定义形而上学："形而上学是研究人的认识要素的首要的一门学科。"对此，海德格尔写道："这个定义不禁使人怀疑：形而上学与认识的一个学科或者说认识论有关。但到目前为止，形

_____

① 参见德尔班. 近代哲学史 ［M］.

而上学在人们眼里一直是关于实在、也即关于存在的一门学科。"① 在这里，鲍姆加敦已经对形而上学的定义进行了改变：将形而上学从传统的本体论或存在论的论域，正式转向了认识论论域，比本体是如何存在的更为形而上的问题是认识是如何可能的，从这一点意义上，哲学的本体论转化成了哲学的认识论。这种认识论转向也许是出于两个目的：其一是为人的认识辩护，从而使得真理的普世化和大众化得以可能；其二是重新厘定真理与人的关系——不再是真理掌握人，而是人掌握真理。所以从这重意义上，启蒙运动本身并不能算是一场真理事件，而是一场人的觉醒事件——或者更为确切地说，就是人的自我意识的觉醒事件。从此以后，本体论的哲学走向了主体论的哲学。

在以对大众进行理性祛魅的启蒙主义者那里，这种真理的认识论转向显然不是一种偶然思想事件，而是一个必需的哲学革命：启蒙主义者就是试图透过唤醒普罗大众的理性自觉，而打破因弥漫着某种形而上学的迷雾而被"布魅"的真理问题的"贵族化"壁垒，从而使得哲学从贵族走向大众，从而实现哲学的世俗化。使得哲学不再是某些有闲阶级的事业，而是实实在在地成为一个大众事业。当然，在一定意义上，从人的角度，要启蒙人自觉勇敢地使用自己的理性，并不是由于人的理性有什么问题，而是由于世界被布魅，从而使得人的理性受到某种意义上的恫吓，而失去了勇敢的品质；如果要为理性驱除这种恐惧的话，最为根本的不是在理性自身做什么文章，而是要为世界祛魅，去除这种外在恫吓，从而达至为理性壮胆的深意，真可谓"理性要自主，工在理性外"。从世界的角度，为世界祛魅，其根本目的并不是要改变世界的什么，而是要使得"世界"变得可理解，可以为理性所认知，达到使理性自立的目的。所以，在启蒙精神之下，任何自然或者社会科学的努力，都是在为人的认识能力辩护。所谓的祛魅不过是去除世界的不可认识的层面，而使得整个世界可被认识（这也是所谓世俗化的要义），这一切都是为了使得人在世界中确立认识的最高主体的地位，使得人成为世界和哲学的中心。因此，哲学的主要对象不再是这个世界是什么，而是人的认识是什么。谙熟欧洲和德国文化的意大利专家齐亚法多纳这样概括德国启蒙运动的特征："它导致文化持续

---

① 转引自维塞尔. 启蒙运动的内在问题［M］. 贺志刚，译. 北京：华夏出版社，2007：56.

的世俗化：不再像 16 世纪那样，是存在及其最高使命位于思想的中心，而是人、人的本质和人的需要位于思想的中心。最优秀的科学不再是神学或形而上学，而是关于人的理论。这决定了 18 世纪的特征……"。①

第二节　启蒙中的本质与价值的遮蔽

尽管启蒙运动有着这么多的哲学和教育学上的积极意义，但是它还是存在着诸多的顽症。在某种意义上，只能说启蒙发现了人的自主性而已。只能说启蒙运动发现了个体的人，并不能说在启蒙运动之前的人都是没有自主性的；只能说启蒙运动提升了理性的地位，这也不代表说在启蒙运动之前，人都是没有理性的，或者说都是不使用理性的（根据内涵五、内涵六，这也不符合康德对启蒙定义中的前提）。启蒙运动由于其对一切直觉上的与之相左的东西的无根基的反对和解构性的拆解，以及对个体自由的无约束的相信和放开所导致的现代性的病症，无不在引导人类的社会与历史走向了它所不愿意的对立面。尽管我们可以为启蒙运动的动机作最为善意的辩护，但是也不得不承认这种相反的走向确实蕴含在启蒙思想的内部，或者说启蒙的动机及其思想的特征本身就蕴含着这种结果的背反，这种社会历史的相反的走向是必然的，并且这种必然性就是蕴含在启蒙思想本身。在一定程度上可以说，启蒙如同一个潘多拉魔盒，无论当初立意于多么良好的意愿，但是一旦打开之后，必然地面临着失控的后果。不是它本身的意愿，而是它的摧毁性的力量已经侵蚀了现代思想和现代生活的方方面面。

1. 反形而上学是启蒙的基本特征，这种特征既是哲学性的，但也为社会历史的背反走向埋下了哲学基础。在历史意义上，启蒙主义者面对的是中世纪所谓"黑暗的世纪"（DARK AGES）。在一般的历史教科书中，整个欧洲的中世纪都是处于天主教的极权统治之下②，人们普遍没有思想和政治的自由，人们全部的生活都在政教合一体制的统摄之下，教会替每

---

① 齐亚法多纳. 德国的启蒙哲学：文本选读与评介 [M]. 斯图加特：菲利普瑞克拉门出版社，1990：13－14.

② 当然对于中世纪的社会结构和政治结构的全面而真正的认识，还需要建立在大量的历史资料的基础上尚能客观。

一个人进行了关于生命、伦理和价值的思考，无论是被迫还是自愿，总之中世纪的人们没有自己自主性的生活的目的、意愿和方式。但是如果武断地说启蒙主义者就是面临这样的社会现实，以致其最重要的使命就是打破这样的社会生活方式的话，未免脱离了当时的历史现实。因为我们知道，1517 年就已经发生了马丁·路德的改教运动，经过十六七两个世纪的酝酿，宗教改革运动已经打破了欧洲社会生活的方方面面，神圣罗马帝国一统天下的局面已经打破，在马丁·路德"信徒皆祭司"的口号下，对信仰和生活思考，成为每一个人个体的事件；而启蒙运动则发生在十七八世纪，很明显已经不是处在由中世纪向近代社会变革的社会历史节点上，事实上启蒙运动是滞后于这种社会历史的变革的。所以，启蒙运动所面对的不是中世纪天主教一统天下的局面，而是针对形而上学一统天下的哲学传统。可以说，作为哲学革命的启蒙运动是滞后于当时的宗教和社会历史的变革的；这正如星期五学会所发起的关于"什么是启蒙？"的反思已经是在启蒙运动的末期发动的一样。启蒙运动在根本上是在社会历史的变革之后，对哲学——人们的思想领域进行的清理和正名。对于哲学而言，在启蒙运动之前，一直都是本体论的传统形而上学占据主位，在这之前哪怕是讨论认识论问题，其实都是为了讨论"本质"这一核心概念而服务的。对本质的讨论（本质主义）具有形而上学的正当性和必要性，可以说它就是形而上学的发端和根本使命。关于本质讨论的合理性和必要性，在本书第一章已经作了梳理。这一部分我们所要着重讨论的是启蒙运动为什么会有这种反形而上学的本能，并且剖析启蒙运动的反本质主义思想及其后果。

启蒙主义发端于经验哲学。尽管 18 世纪末关于"什么是启蒙？"的激烈探讨和极力辩护发生在唯理论的主阵地德国，但是启蒙运动无论是其起源还是主阵地，都是在经验论的主场——英国和法国的世界中。伏尔泰、卢梭、孔多塞以及休谟、斯密、斯图尔特等，这些在 18 世纪响当当的启蒙主义者的名字，无不是出现在经验主义的队列当中。在德国，虽然先是有笛卡尔奠定了近代理性主义的基础，但是到了莱布尼茨的时候，已经开始对经验这一概念不那么排斥了，在确立真理的正当性的时候，"适度地"引入了经验的基础性地位。发展到康德这儿的时候，尽管在上文我们已经分析了康德启蒙概念中关于理性的先验性前提，但是，需要注意的是，康德的先验概念已经不同于传统的形而上学体系中的超验性的本体的概念了，而是一些认识论意义上的形式和范畴的概念，亦即思维的质料，认识论的基础。事实上康德和其他的哲学家都在向经验主义接近，都在向休谟的不可知论靠拢。① 他的形式和范畴的概念的提出，其实就是以不可知论作为前提而来解决其提问的。启蒙主义的这些哲学根源，都决定了它反对形而上学的哲学本质，它改变了古典哲学传统的形而上的发问方式，不再询问"本质是什么？"，而是询问"我可以做成什么？"这就是康德所致力建立的实践理性，将哲学从本体论经由认识论最终变成实践论。这种改变同时也造成了现代哲学的根本转向和基本困惑，最终将近代哲学引向了近代理性主义、唯科学主义、实证主义、存在主义和虚无主义。

2. 启蒙运动对于真理事件中的主体的预设不同，造成了真理危机和人性危机，使得它所极力建造的近代理性主义最终走向了虚无主义。启蒙运动之所以反对形而上学，一个最主要的原因是，启蒙的意愿和形而上学的关于真理主体的前设不同。形而上学的基本前设是这个世界——包括人，是由本质生成的。真理和人生的意义在于人的外部，人的判断的依据在于这外在的真理，人最主要的使命和意义是回归到本质当中。在形而上学的视域中，也存在着一个真理启蒙的问题，只不过形而上学的真理启蒙是建立在本体论的基础之上的，这与启蒙主义有着根本的不同。一个最典型的例子就是柏拉图的洞穴比喻。

柏拉图的洞穴比喻讲述了这样一个场景：有一群人世世代代住在一个洞穴里，从出生起就犹如囚徒，被铁链锁在固定的地点，甚至他们被锁住了脖子而不能回头或四顾；他们的身后有一堆火，在火和囚徒之间有一堵矮墙，墙后有人举着各种雕像走过，火光将这些雕像投影在囚徒对面的洞壁上，形成各种变化的影像；但洞中的人并不了解这到底是怎么回事，他们甚至连自己是什么模样也不清楚；由于众人已经习惯，因此并不觉得悲惨，也没有人想要脱离"困境"；直到有一个囚徒偶然挣脱了锁链，移动脚步，转过头来，平生第一次见到了炫目的光亮；他克服了最初的刺眼的痛苦，走出洞穴，看到了阳光下真实的一切；他庆幸自己的解放，并怜悯

---

① 在某种意义上，启蒙运动本身就是一种由认识论而导致的危机。这方面的论述参见维塞尔. 启蒙运动的内在问题 [M]. 贺志刚，译. 北京：华夏出版社，2007：107–117.

自己的同胞，于是又义无反顾地回到了洞穴。① 在这个比喻中，形而上学的启蒙观得到了最好的阐释，世人普遍处于的状态就是被现象所奴役的状态，并没有被真理之光所照亮——这里的阳光就是真理的真实隐喻；而这个见到了太阳的人就是启蒙者——他庆幸自己的解放，并怜悯自己的同胞，于是又义无反顾地回到了洞穴；而教育——柏拉图在讲述这个比喻的开头借苏格拉底之口所说的这个比喻的直接目的，"接下来让我们把受过教育的人与没受过教育的人的本质比作下述情形"——也就成为启蒙的行动本身。梳理这个比喻的时候，我们不难发现，所谓的启蒙——教育，就是指的将真理告诉那些被现象所蒙蔽的人；而启蒙中的光亮——也就是比喻中的太阳，指的是本体性的真理；那么启蒙者就是指那些认识了真理的人。但是，在启蒙运动中，这里的光亮被置换成了人的自主性的理性；而启蒙者就是那些敢于使用自己理性的人；启蒙就变成了鼓动人要勇敢地使用自己的理性。这种差异就造成了这样的结论：人自主的理性是判断一切观念的绝对主体；但是形而上学传统中，恰恰是绝对的真理是认识经验的前提。这种将人的自主的理性上升到神——也就是亚里士多德哲学中的第一本体，以及形而上学传统所极力捍卫的最终本质——的位置，事实上就是要扼杀"神"，这一作为世界的最终来源和终极依归的最终本质和第一本体。在形而上学那里，其实也是十分强调个体以及个体与真理的关系的，但是它所强调的是个体对本质真理的认识以及个体生命本身的真理化，个体的自在不在于别的，而在于真理是否"在自"——亦即真理是否存在在个体的灵魂当中，或者说个体是否投入到真理的里面，而使用真理"在自化"的理性生命去认识经验现象就是个体的自主性的真意。因此，形而上学的自主性是理性使用真理的自主，而非理性的绝对自主。柏拉图的洞穴比喻试图告诉我们的是：①我们在日常生活中所看到的只是现象，事实的真相在另一个世界；②要想认识事实的真相，必须灵魂的转向——从现象转向理念；③现象是感觉经验的对象，理念则是思想的对象。这些就构成了西方哲学很长时间的基本观念。怀特海不无夸张地说，2000 多年的西方哲学史，不过是给柏拉图做注脚。也可以不无夸张地说，洞穴比喻构成了西方哲学的基本观念。

---

① 柏拉图. 理想国 ［M］. 郭斌和，等，译. 北京：商务印书馆，1986：第七卷.

当启蒙主义将理性上升到绝对自主的地位时，就已经预设了真理是由理性所确立的，不是理性需要被真理所光照，而是理性自主地产生真理，这样一来真理也就被打上了自主性的印记。在启蒙主义者的眼中，个体的理性使用，成为确立真理的正当性的唯一根据：不论是谁，只要他用一颗诚实的心、不依赖于其他的知识来源来寻求真理，那么在最高贵意义上他就是一位自由的思想者。不管他知道多少，只要他知道的东西是通过为自己进行思考而成为他自己的财产的，他就是一个启蒙了的人。① 这个对启蒙的描述中，首先提出了理性是真理的唯一来源，这一点在上文已经详叙，不用赘言。

其次指出了人的理性是自由的——不但是一种哲学存在论上的自由，而且是一种实践使用中的自由，并且这种自由是绝对的。个体的理性自由是启蒙主义的自主性的基本设定；启蒙主义的自由的基础就是反对真理和反对崇高。因为如果形而上学的真理存在，那么也就意味着它是超越于人以及人的理性的，这样一来，就将人和理性的绝对至上的地位消解了，因此，要想使得人以及人的理性不受任何的束缚和限制，达到自身绝对的自主性，首先需要的就是清理形而上学的真理观和一切的崇高之物。这样，人的认识和行动就没有任何的障碍，从而使得它自身的任何行为都具有自身所确立的正当性和合理性——也就是说个体的自由和开放的世界。因此有评论者说，启蒙特别承诺一个开放的世界：自由。启蒙把虚假的崇高事物还原到平常事物，这些平常事物不妨碍人来的行动和理解。② 康德在他的文章中也指出，理性的公共性的使用是一个教师、牧师等的天然的权利和责任。当然若对康德的公共性进行解读，会发现它与古希腊意义上的城邦公共生活或公共性的政治是相左的：古希腊认为人在共同体生活中表达是他参与公共性的部分，而人在私下的思想恰恰是个体性的生活；但是，康德认为人在社会生活角色中的发言是他的私人表达的部分，而人的理性表达的自由恰恰成了他的公共性的权利。我们可以看出康德的这一反一正之间，就实现了这样一种置换，将个体理性凌驾到了公共性的责任之上，

① 巴尔特. 论出版自由及其限制：为统治者、检察官和作者着想 [A]. 见：詹姆斯·施密特. 启蒙运动与现代性 [A]. 徐向东，卢华萍，译. 上海：上海人民出版社，2005：101.
② 比特纳. 什么是启蒙？ [A]. 参见：詹姆斯·施密特. 启蒙运动与现代性 [A]. 徐向东，卢华萍，译. 上海：上海人民出版社，2005：366.

这也成为了他对形而上学所作的一个隐秘的颠覆。这成为了后来的自由主义思想的一个重要的哲学依据。之所以说启蒙运动的这种对"神"的扼杀将启蒙运动引向了歧途，最主要的是因为它缺乏根基、无原则地解放了人的理性的自由，打开了个人主义和结构式批判理性之门。理性作为个体存在的一部分，它要受制于人的本质，而人也不是自成本质的，而是与宇宙世界同自一个本质——人的来源与存在和宇宙一样，受制于绝对本体的存在。用亚里士多德哲学的眼光，人作为第二本体，从来源与目的上，他要受制于第一本体，即终极实体或最终本质。一个显而易见的事实是，人不可能是由人自身或者自身的一部分产生的，理性作为人的一部分，只能构成了人作为第二本体的特性，但是它和人自身的存在一样，在来源和目的上要以第一本体作为依据和归依。在这种意义上，人的理性一定不是绝对自主的，而是受制的。将人的理性设定为绝对自主的，也就意味着人的理性是绝对自在的，否定了它的根基，同时也是绝对自由，否定了它的目的性，这样也就使之成为一个无来由也无目的的莽撞的猛兽。

第三道明了启蒙主义的根本用心：理性不但是个体自主性的思考，而且也是个体"为自己进行思考"，从而使得真理成为一种"他自己的财产"，从而为个人主义、功利主义确立了重要的哲学依据。启蒙理性，其实就是一种自我负责的理性，它意欲为促进普遍和公平的幸福扫清一切障碍。边沁写到，接受功利主义原则的关键，是使"功利主义成为整个体系的基础，成为运用理性和法则建立幸福结构的目标。"① 启蒙主义的理性的自主性在这里就转化为了一种自我性，甚至就是为我性或唯我性。当说理性是为自己的时候，事实上就已经为理性思考设定了一个合理性的方向，同时也为真理的判断设立了一个正当性的标准。理性的自主性很好理解，但是理性的自我性从何而来？一个可能的解释就是理性本身就是人这一存在的属性，从人作为第二本体的角度，人的属性中就具有理性，从理性的角度，它本身就具有属人性。人如果缺乏理性，不可想象他仍是一个正常的人，但是理性如果不存在人性中，那更是不可想象的（当然对第一本体的考察除外）。正因为理性本身就具有这种属人性，那么它为人所规定，并向人（即为我），就是天然正当的了；从另外一个角度，理性作

---

① 查尔斯泰勒. 自我的根源：现代认同的形成 [M]. 韩震，等，译. 南京：译林出版社，2001：493.

为人的一种属性，它被人——它的主体为着自身（即自我）而使用，也可以说是天然合理的了。但是，说真理也是"为我"的，那就很难理解了——难道说真理也是人的属性？也是为人所规定的？这是很令人不可思议的，但这恰恰就是启蒙主义理性的前设。启蒙主义的视域投射到教育领域中，学生都是一些不能勇敢地使用自己的理性的人，而教师作为启蒙者，他本身是一个勇于使用自己理性的人，而教育——启蒙，就是教师鼓动学生勇敢地"为自己"使用自己的理性，其实在根本上，就是鼓动个人主义的膨胀。"一切为了学生，为了学生的一切"在某种程度上已经成为了现代教育的一个共识，如果把这里的"学生"改为"自我"，这恰恰不正是启蒙主义的形象写照吗？

因此，在启蒙主义者的眼中，理性的病症不是没有被真理所光照，而是不够大胆——亦即康德定义中的不能够勇于使用——不敢于做光。但是，正是对真理之光的这一错误预设，将启蒙运动实际上带入了一种黑暗的歧途。正如皮希特所言，"尼采宣布已死的那个上帝，就是帕斯卡尔所谓的哲学家之上帝，就是柏拉图洞穴比喻中的那个太阳——他在近代哲学中被转换成绝对主体，当自主的理性把自己的基础设想为它借以识别真理的那种光芒时，理性必须把这个绝对主体预设为自己的自主权的基础。一旦解放了的（或者用尼采的概念，自由的）精神认识到它的自由已经不可挽回地脱离了客观精神的普遍性，启蒙之光也就熄灭了。此后的启蒙之路变得越来越暗……启蒙已经误入的歧途不是导向光明，而是导向黑暗"。① 在拉普拉斯与拿破仑的一段著名对话中充分体现了启蒙主义者的这种态度：当拉普拉斯向皇帝解释了他的宿命论之后，拿破仑怀疑地问："拉普拉斯先生，上帝呢？你把上帝放在哪儿了？"拉普拉斯平静地回答："陛下，我不需要这个假定。"② 但是如果万物都是由第一本体所规定——上帝，那么来认识为它所规定的这个世界的时候，能够脱离这个规定者吗？目的性本身也是一种蕴含在客观世界中的客观精神，如果脱离了真理所规定的目的论前提的话，所有的客观性也就都失去了精神基础了。但是

---

① 皮希特. 什么是启蒙了的思维 [A]. 参见：詹姆斯·施密特. 启蒙运动与现代性 [A]. 徐向东，卢华萍，译. 上海：上海人民出版社，2005：384.

② 查尔斯泰勒. 自我的根源：现代认同的形成 [M]. 韩震，等，译. 南京：译林出版社，2001：496.

启蒙理性断然否定了这一基础，认为理性天然正当而无须真理的光照，那就使得它必定引导个体人走向脱离世界本质的总体性方向。在这种理念之中，教育的主要使命不再是开启真理之门，而是开启人的理性之门；不是使真理成为人之光，而是使理性成为人之光。从根本上说，没有一种理论真正认为人的来源是自身，哪怕是在这个问题上最为激进的进化论也都认为人是由猿进化而来的，至少说，人产生的土壤不是自己，而是另一个存在。因此，启蒙主义还不至于说人的理性产生了人，启蒙反对形而上学，是为了改变哲学思考的范域：它不再问"我是从哪里来的？"这一本体论的问题，而是问"我怎样成为面向这个世界的自主的我？"；不再关注这个世界的起源和归依的问题，而是关注这个世界如何成为我的世界这一问题。

因此，启蒙是人类妄图依靠自身统治这个世界的主体性尝试，但是在这里，它偷换了一个概念——以统治代替了世界的统一性问题。在古典的形而上学当中，最为重要的追问是包含人自身在内的世界的统一性问题，所以在许多的哲学家那里，基本的前设是人如何依靠自身的主体性投入到这个世界的统一性当中，但是启蒙却把问题引向了，这个世界如何统一在自身的主体性之内。这种哲学思维的转向充分体现了现代人盲目的占有或征服意识。因此，原先立心于寻求世界自身统一性的科学，自此蜕变成了对统治世界的工具理性的寻求。这种转向实在是现代性的科技哲学和知识论哲学的重要转向。在一脉相承于启蒙思路的维也纳学派那里得到了充分的体现。如果说古希腊的数理学派仍然是对世界统一性的（数实体）的寻求的话，那么维也纳学派将一切问题都还原为物理问题的努力分明就是在寻求人对这个世界的可操控性。而这也成为了这个世界现代性问题的集中纠结。

此外，启蒙在自证理性的合理性时，诚如上文所论，它是透过解构崇高而达到的。但是一旦将人类精神世界中的崇高性的部分取消了，那也就意味着世界意义和生命意义的消失。首先它取消了世界的意义，从而产生了一种世界的虚无主义，正如一位启蒙的辩护者对启蒙限度的回答：在光明遍布之后，没有什么更多的东西可看的了。① 这时候，无论个体有多大

---

① 克利斯朵夫·马丁·威兰. 废纸捞金，反对者对六个问题的六个回答［A］. 参见：詹姆斯·施密特. 启蒙运动与现代性［A］. 徐向东，卢华萍，译. 上海：上海人民出版社，2005：83.

的自主性，或者对这个世界有多大的认识能力和认识欲望，但是世界在他
这儿已经失去意义了。同时，启蒙把高等的还原为低等的，从而剥夺了我
们某种重要的东西……启蒙摧毁了我们的基本价值；它消灭了一切真正的
信奉态度，从而让所有的行为都变得武断了；它让我们的生活失去了方
向，混乱不堪，毫无意义……只有领悟到某个神圣事物，生活才值得过，
才是真正的人的生活；如果一个人只承认平常事物，那他就会缺乏敬意和
真正的爱，他的行为将没有热情和情意，最终是毁灭性的。这就是为什么
启蒙是件坏事：不管其论点多么充分，启蒙本身却通过铲除一切神圣的痕
迹而让生活丧失了人性。① 将形而上学意义上的真理从哲学的视域中除
去，将崇高从人的精神世界和精神感受中取消，最后所带来的只能是低级
的世俗主义、物质主义，从而也就产生精神上的虚无主义，相信每一个人
都能从启蒙之后的现代哲学和现代生活的走向中充分看到这一点。当把世
界终极存在的崇高性取消了之后，人的精神个体也就失去了意义的趋向，
从而导致了人性生命的虚无化，缺乏了敬意和爱。

　　启蒙的虚无主义后果不但表现在世界的虚无主义和个体人性的虚无主
义取向上，而且还体现为一种历史虚无主义。卡西尔在指出启蒙思想的经
验倾向和实证倾向之后认为，启蒙时代的主要缺陷在于，它对历史距离和
历史隔阂缺乏理解，出于天真的自信，它拿它自己的标准，作为评价历史
事件的绝对的、唯一有效的和可行的规范。② 这种在当时历史情境中的对
历史的解构，恰恰缺乏一种历史主义的态度，使得个人大大地，同时也
是无来由地凌驾于历史之上，从而产生一种蔑视的态度。这种蔑视的态
度事实上深深地暗藏在启蒙主义的内在自我认知中的：真理既然不是通
过他人获致的，那么当然更不是透过前人获致的了。在这种心态之下，
历史就失去了积极的知识和真理累积价值，那么它唯一的价值就是用来
供以批判，或者说就是用来对其价值进行解构。个体理性的绝对化与历
史和世界的虚无主义一结合，就产生了极端的个人主义，无论历史、世
界或他人都无法成为个人之师，唯有个体的一无所惧具有最高的合法和

---

① 比特纳. 什么是启蒙？ [A]. 参见：詹姆斯·施密特. 启蒙运动与现代性 [A]. 徐向
东，卢华萍，译. 上海：上海人民出版社，2005：362–363.
② E. 卡西尔. 启蒙哲学 [M]. 顾伟铭，杨光仲，郑楚宣，译. 济南：山东人民出版社，
1988：6.

正当。如果这样的话，教育还有任何存在的价值吗？在这种极端的个人主义者的眼中，是没有任何的普遍真理和外界权威的。正如恩格斯在《反杜林论》中所评说的，"他们不承认任何外界权威，不管这种权威是什么样的。宗教、自然观、社会、国家制度，一切都受到了最无情的批判；一切都必须在理性的法庭面前为自己的存在做辩护或者放弃存在的权利，思维着的悟性成了衡量一切的唯一尺度"①。是的，宗教、自然观、社会、国家制度，一切都受到了最无情的批判。这的确是启蒙主义所努力达到的，也成为启蒙之后的现代人的思想和现代社会精神状况的真实写照；唯有"自己"和"为自己"成为衡量一切的唯一尺度。启蒙确立了一种理性的教条，这一教条已经成为一种"启蒙的讹诈"，即一个人必须赞成或反对它的要求，它已经成为理性主义的权利话语的一个符号，反启蒙即是反理性的。福柯认为这样的启蒙遗产值得怀疑。能将我们同"启蒙"联系起来的纽带并不是对一些教义的忠诚，而是为了永久激活某种态度，也就是激活哲学的"气质"，这种"气质"具有对我们的历史存在作永久批判的特征。②在这种思想之下，唯一正当的教育就是鼓动儿童的个人本位思想的教育，就是鼓动个人挑战一切权威、批判一切社会和思想存在的教育。

　　3. 启蒙因着反形而上学的真理而有着诸多的遗患，但是在哲学上启蒙的最大困境还是其概念内部的矛盾。启蒙一词的基本含义是点亮。但是何为点亮？点亮了什么？当然还有最终的追问：谁来点亮？这最后一个问题涉及启蒙的正当性问题。启蒙所遇到的最为根本的问题是：这一切的根基何在？谁具有启蒙的正当性？在启蒙主义者的眼中，个体的正当性是不言自明的，无须形而上学的论证（谁叫它本身就是反形而上学的呢?!）但是，谁有资格对个体进行启蒙呢？对此，一位启蒙主义的辩护者说：不论是谁都能够对人性进行启蒙！——"但是谁能?"——我以一个反问题来加以回答："谁不能?"③理性的认识功能，这是毫无争议的。但是，如果脱离了人类的共同价值基础，理性是否能够真正得以使用？理性是否有

---

　　① 马克思. 马克思恩格斯选集（第3卷）[M]. 北京：人民出版社，1995：355.

　　② 杜小真. 福柯集 [M]. 上海：远东出版社，2003：536.

　　③ 克利斯朵夫·马丁·威兰. 废纸捞金，反对者对六个问题的六个回答 [A]. 参见：詹姆斯·施密特. 启蒙运动与现代性 [A]. 徐向东，卢华萍，译. 上海：上海人民出版社，2005：85.

其认识的对象？在经验之外理性是否有对形而上的真理的追求？除了"为自己"之外，理性是否有着更加崇高的认识意向？理性的存在，应该昭示着人有着崇高追求的责任和可能，但是，如果缺失了崇高精神的存在理性成为了什么？理性作为人的认识属性的一部分，但是缘何被绝对化了成为真理的产生的本体性的存在？如果没有光，蜡烛是不能自己点亮的；如果没有真理，个体怎么被点亮？除了这一切之外，一个重要的问题就是，谁有资格进行启蒙？如果谁都能进行启蒙的话，那么谁需要被启蒙？在严谨的康德那里，还有着谨慎的表达：由勇于使用理性的个体点亮那些惧于使用理性的个体。但是衡量这种"勇于"的根据在哪里？事实上只有承认形而上学的前设才会有这根据，所谓的勇于使用理性的人，就是勇于追求真理的人，并且被真理点亮的人，正如洞穴比喻中那个见到了太阳然后又返回洞穴的人一样。理性人皆有之，但如果没有真理，理性也就失去了使用的方向，启蒙也就没有了对象。如果说启蒙是要释放个体的捆绑而向世界的本质敞开的话，那么真正的启蒙在于"不成熟的人从一种高高在上的自我招致的监护中解脱出来。"① 而这种态度，在事实上就是鼓励人打破社会存在的人性禁锢，从而勇于追求真理，而不是否定真理，打倒真理。所以，启蒙主义达到形而上学的做法事实上就是在毁灭自身的正当性并且回避自身方向的合理性论证，最终走向一种无出路的死胡同。

　　启蒙主义反对本质主义的根本手段是反思和批判（或者说就是解构），但是这种批判本身由于其缺乏有力的前提和基础，因此将现代哲学不可避免地引向了现代性的路途。我们如何才能或有什么理由反思、批判现在呢？这是启蒙自身必须解决的一个问题。福柯认为，对于启蒙问题，现代哲学既没有能力回答又无法摆脱困境的后果就是导致了一种现代性态度：对现在的反讽的英雄化。福柯引用了波德莱尔的一句话：我们无权蔑视现在。所谓现代性态度就是对现在"英雄化"的意志。但同时，又没有确凿的证据彻底肯定是将启蒙与现代性连接起来原因，正是在此意义上，现代性才成为"启蒙的后果及其发展"，才可"将其视为相对于18

---

　　① 加雷特格林. 现代文化的成熟：哈曼和康德队启蒙根本隐喻的对立看法［A］. 参见：詹姆斯·施密特. 启蒙运动与现代性［A］. 徐向东，卢华萍，译. 上海：上海人民出版社，2005：308.

世纪基本原则的一种断裂或偏离"。① 这种断裂或偏移，是一种哲学的断裂和偏移，同时更是时代精神和人类精神的一种断裂和偏移。事实上，现代性正是启蒙将人类思想引向自己相反方面的一种显像。并且无可否认的是，这种现代性的态度，正是暗藏在启蒙主义思想本身之中，并且成为它的一种特质。不但如此，这种现代性特质，还导致了它的自我拆解。启蒙理性在其概念内部存在着自我破坏的倾向：对形而上学概念进行实证主义的消解，并把这种消解一直贯彻到理性概念本身。② 当反对了一切之后还有什么可以反对的？当批判了一切之后还有什么可以批判的？那就剩下了唯一的绝对者——理性自身了。这层意义上，启蒙主义必会走向自己的哲学渊源经验主义的共同命运——怀疑论了。

第三节　启蒙之后的转变与迷茫

启蒙主义，在根本上改变了从古希腊以来的形而上学对爱的核心表述：一种从高级到低级的运动；而将之变为由世界向自我的运动。前者是知识之爱的真理情怀，而后者则是现代主义世俗诉求；前者视世俗为精神领域，而后者视精神为世俗领域。不但如此，启蒙主义还改变了传统的精神世界里的思维品质：形而上学奉行由对世界本质的真理性追寻而形成对自我的反思，而启蒙主义主张透过自我确立而达到对本质真理的唯我性（以及为我的）批判。这种精神和思维的转向，导致人们不再追求确定性和世界的统一性，而是追求观念的适切性，甚至只是个体的适意性。也就是说，不再追求本体论意义上的真理，以及个体生命与世界的普遍连接的意义和价值，以及终极的价值和追求；而是只是追求个体的观念是否能够说得通所看到的世界，这是一种碎片化的思维，甚至只求这个世界是否符合我自己的意思，甚至设法刻意让世界来适合自己的意愿。这就导致了一种现代性乃至后现代的态度，导致了一个多元而分裂的世界观。这种态度源于，它颠倒了人与最终本质的关系，将人

---

① Foucault. "What is Enlightment?" Interpretive social science：A second look，edited by paul Rabinow and William M. Sullivan, University of California Press，1979.

② 马克斯·霍克海默. 反对自己的理性：对启蒙运动的一些评价 [A]. 参见：詹姆斯·施密特. 启蒙运动与现代性 [A]. 徐向东，卢华萍，译. 上海：上海人民出版社，2005：374.

看作第一本体，认为是人自主建构了本质和世界，而非本质生成人，由人建构出一个单子式的宇宙，而非人来认识自身和这个宇宙的本质。这实际上就将世界的本质由一元或二元观，走向了多元——或更准确地说就是无限元，因为每一个个体都可以成为单子式一元。这造成了现代社会迅速裂变的碎片化的后现代图景。

启蒙的现代性后果首先如同欧文白璧德所提出的表现在文学的领域，体现为现代性的浪漫主义文学的兴起，他说：在卢梭之前，人的观念是"因为它是真理，所以我认为它是真理"，而卢梭之后则变成了"因为我认为它是真理，所以它是真理"。而这股现代性的浪漫主义很快由文学领域弥漫到了政治领域，从而产生了施密特所发现的政治的浪漫派，根据鲍曼在《现代性与大屠杀》里的反思，20世纪所产生的大屠杀事件，不是一个民族悲惨或另一个民族的反常的偶然性事件，而是现代性本身的固有可能，这种现代性自身的固有可能就是政治浪漫主义泛滥的必然后果。的确，希特勒的思想不就是如此的吗？而与启蒙时代更加切近的法国大革命更是借着自由的旗号，而走向了各派力量你方唱罢我登台的车轮式的血腥屠杀和恐怖政策之中。这更证明了，启蒙内在的危机将社会引向了与之相左的方向。雅斯贝尔斯在《时代的精神状况》中说：法国革命"开始了把自己转变为它的起源的对立面的预想不到的历程。创造人类自由的意志转变为摧毁一切自由的白色恐怖。"[1]启蒙本身就带有着极强的社会教育运动的意蕴，这种意蕴在20世纪初中国的五四运动中有着极强的民族性的体验。那时候知识界的主流话语似乎都已经被"德赛"二位先生所掌控。当时特殊的时代背景和特殊的运动动机似乎很好地解释了启蒙一词所蕴含着的深切情怀。但是恰恰是在这种启蒙的腔调之中，将一种民族主义的话语诉诸为一种个体主义的话语的诉求，最终走向了弥漫整个世纪的独裁话语之中。国内张宝明博士尝以自由神话的终结来为之哀叹[2]！

启蒙之后的教育也走向了一种所谓的现代之路，从而向人本主义的所谓的科学化和人本化的方向迈进。在大树人的主体性和自主性的旗帜下，不断地抛弃传统的价值范畴，失去了价值引导的方向，而不断走向虚无主

---

① 雅斯贝尔斯. 时代的精神状况［M］. 王德峰，译. 上海：上海外文出版社，1997：6.

② 张宝明. 自由神话的终结——20世纪启蒙阙失探解［M］. 上海：上海三联书店，2002.

义之路，最终走向的必然是一种失去价值、失去根基、失去目标的无根无向的教育。这种教育对于培养什么样的人，尤其是培养具有什么样的价值的人，这一根本命题的思考越发阙如，导致的结果就是对于人的价值理解的失控，对于价值培养目标的失控，最终的结果就是一种失控的教育。这种失控的教育的后果极其可怕，因为对于人的目的的失控必然导致由人组成的整个社会的失控。

最后，我们不是要来以启蒙的方式来批判启蒙，而是要以一种自省式的态度来反思作为我们精神存在方式的启蒙：何为点亮？我们要被谁点亮？这正是切近启蒙的人性之思。对于教育而言，我们拿什么点亮我们的孩子？我们要将之引向何方？这正是切近人性的教育之思。

第四节　启蒙之后的回归

伦理学一直存在着规范伦理学与美德伦理学之争。现代道德哲学的主流是以边沁、密尔为代表的目的论伦理学和以康德为代表的义务论伦理学，这两者都属于规范伦理学的范畴。规范伦理学这一说法是相对于亚里士多德为代表的美德伦理学而言的。现代伦理学的讨论往往都是游走在目的论和义务论之间，绝大多数的伦理学争论也都发生在这两者之间。但是，规范伦理学忽视人的心灵问题以及知行脱节等弊病，导致了以麦金太尔为代表的哲学家们重新指向了美德伦理学，他们提出了"重新回到亚里士多德"的口号。规范伦理学与美德伦理学的理论分野和对立，主要表现在学术理路与道德教育模式的迥然相异。从哲学上来看，规范伦理学与美德伦理学的论争主要源于三个问题：道德实体的确立问题——Being 与 Ought to be；道德主体的确立问题——理性与心灵；道德与幸福的关系问题——好与善。从道德教育来看，两种伦理学的论争带来了理性道德教育与新品格教育的论争。这一论争引发了对德育目标及人学本质的反思，从而对我国德育带来有益的启示。

一、规范伦理学与美德伦理学之争

规范伦理学之所以被称为规范伦理学，主要是由于它所关注的核心问

题是道德的行为规范，无论是目的论还是义务论，它们所关注的都是
"什么样的行为是道德的？"这一基本问题。目的论伦理学认为，一个道
德的行为应该是能够最大程度上促进多数人幸福，所以目的论的另一种翻
译是"效益论"，因此密尔在其名著《功利主义》中的名言"功利主义者
的标准是全体人最大量的幸福"；而义务论则认为一个道德行为应该是服
从理性中"绝对命令"的行为，这种"绝对命令"是人必须服从的道德
法则。正如康德的名言"这个世界上有两样东西让我敬畏，一是头顶的
浩瀚星空，一是内心道德法则"中所言的。目的论和义务论的区分在于
道德的标准到底是行为发生之前还是行为发生之后？它们所勾连的是行为
与行为的规范（标准）之间的关系。而美德伦理学所关注的不是这种外
在的行为规范（哪怕是康德所言的内心的道德法则，其实也是针对人的
行为规范而言的），而是内心的道德品质。在伦理学史上，亚里士多德首
先确立了美德伦理学的基本原则：我们的美德使得我们的行动成为道德的
或正确的行动。美德伦理学是研究有助于美好生活的品质。如柏拉图总结
的公正、节制、勇敢、智慧四主德，以及亚里士多德所总结出来的勇敢、
节制、慷慨、自重、上进、温和、诚实、机智、友爱、义愤十德①，或者
《新约》所言的信、望、爱三主德。

　　总结而言从所关注的核心问题看，规范伦理学主要研究：什么使得
一个行动成为道德的行动？指导我们行动的原则或最高原则是什么？而美德
伦理学所关注的则是作为一个道德的人，我应该具有什么样的品格？美德
伦理学所采用的具体的美德概念所评价的对象主要是行为主体（品质和
动机），故也被称为是以行为主体为基础的伦理学，而规范伦理学所采用
的"正确"或"错误"等概念所评价的主要是人的行为，故也被称为是
以行为为基础的伦理学。它们之间主要的争论是，道德研究应该主要关注
外在的行为标准，还是内在的心灵品格？从哲学的层面上，造成这两大伦
理体系此种论争主要源于三个关键问题：

　　1. Being-Ought to be：道德实体的确立问题

　　在西方哲学史上，亚里士多德为我们奠定了实体思维的模式，他在巴
门尼德的基础上正式提出实体一物"是其所是"的问题，也就是说，实

---

　　①　亚里士多德. 尼各马可伦理学［M］. 苗力田，译. 北京：中国社会科学出版社，1990：
55－75.

体是一物"是其所是"的本质，并且使得其"是其所是"。那么将之简单套用到规范伦理学与美德伦理学的争论之中，就是到底道德是否"是其所是"（或者说有否"是其所是"的本质），还是仅仅是一种并不"是"着的规范？如果我们认为道德是一种"是其所是"的东西，那就意味着道德是一种实体性的存在，或者说道德是一种"是"（或作"存在"Be-ing）着的东西；但如果说道德仅仅是一种规范，而不是一种真实的存在，那么就意味着道德并不是一种实体性的存在，而仅仅是人们行动的方式（或作"规范"ought-to-be）。也可以说美德伦理学的理论是确立在道德实体这一概念的基础之上的，而规范伦理学则无须也没有确立这一概念。

　　麦金太尔透过对最主要的美德伦理的主张者的考察，发现了三种美德的概念：美德是一种使个人能够履行其社会角色的品质（荷马）；美德是一种使个人能够朝实现所特有的 telos（目的）而运动的品质，无论这一目的是自然的还是超自然的（亚里士多德、《新约》、阿奎那）；美德是一种有利于获得尘世或天国成功的品质（富兰克林）①。这三种概念尽管不尽相同，甚至可以说差异很大，但是它们之间一致的是都将美德看作为"品质"这一实在的存在，并且美德的存在是为了人的实现，所以在某种程度上，美德已经成为人的组成中必不可少的存在了。但是，像将美德表述为"美德是……的品质"的存在性表达的说法在规范伦理学中几乎难以找到。在规范伦理学中，只有"道德行为的标准是……"的状态性的描述，而非存在性的描述。当说美德是存在性的实体时，也是说在美德伦理学的视域中，道德品质是先于行为而存在的，它并不依附行为而存在，在行为作出之前，道德品质已经存在于人之中；而在规范伦理学的视域中，道德则是依附于行为而存在的。在道德行为发生之前，只存在道德的标准，而不存在道德本身。因此，美德伦理学的道德存在可以用来描述人，而规范伦理学的道德标准则只能够用来描述行为，指称"××行为是道德的或不道德的"这样的问题，如果脱离行为则不能够用来描述"××是怎样的人"这样的问题。这也从另外一个侧面说明道德的存在于人的存在是共生的。

　　总结来说，在实体性问题上，美德伦理学和规范伦理学的主要区别在

---

① 麦金太尔. 追寻美德［M］. 宋继杰，译. 南京：译林出版社，2003：235.

于：美德伦理学将心灵美德概念看成是道德评价中第一性的概念，对行为正确性的道德评价都是源自具体的美德概念。而规范伦理学则以行动效果（如社会幸福）或义务（如规则）作为道德评价中第一性的概念。

2. 理性—心灵：道德主体的确立问题

在规范伦理学中，人是道德行为的行动主体，这是没有问题的；在美德伦理学中，人是道德实体的据有主体，这也是没有问题的。但是，在这两种主体中，这种主体性关系的性质和构成并不相同。从性质的角度，规范伦理学的主体是人作为行动者的主体，而在美德伦理学中，则是人作为拥有者的主体。

从构成的角度，在规范伦理学中，人的主体性地位主要是由人的理性确立的。在目的论伦理学中，判断一个行为道德与否的主要是依据人的经验理性，这是由于整个目的论伦理学的经验哲学基础决定的。经验主义哲学认为，经验决定了知识的确立，一切的知识都是最初来源于直觉经验，然后通过理性归纳而形成知识。在伦理学上，秉承经验哲学衣钵的目的论者们认为，一切道德的行为只能在其结果显现出来之后方能够被人所经验而认识，这种思想具有强烈是实用理性和功利主义理性的特征，许多人常常说要理性地看待现实，某种程度上就是指的这种实用理性。而对于义务论者而言，确立道德的基础就是理性。康德认为，"全部的道德概念都先天地坐落在理性之中，并且导源于理性，不但在高度的思辨是这样，最普通的理性也是这样"①。因此在他的《道德形而上学基础》一书中，他确立了由道德形而上学向一般伦理学过渡的通路。康德的哲学是一种理性主义的哲学，他认为在人的理性中存在着固有的形式和范畴，这成为人们理性的先天质料，道德的概念也就坐落在其中，透过实践理性的推论，人们可以在道德的形式中生成道德的命令，从而成为理性所确立的天然义务。因此，总的来说，目的论伦理学注重道德结果中的实用理性，而义务论则注重道德概念中的实践理性。尽管两者分属经验主义和理性主义不同的范畴，但是依傍理性确实是他们共同的特征，同时人在道德中的主体性地位也主要体现在理性的使用上。

① 康德. 道德形而上学原理［M］. 苗力田，译. 上海：上海人民出版社，1988：62.

美德伦理学走的却是另外一条路，美德伦理学认为品质是人在道德中主体性彰显的主要因素。"知识即美德"，是苏格拉底首先提出的，并经由柏拉图和亚里士多德充分论证的一个元伦理命题。这个命题为美德伦理学提供了一个基本思维起点，即认为理性、知识同样处于德性范畴。这使得古典理性于启蒙以来的近代理性之间有着巨大的差别，古典理性是德性化的，而近代理性则是工具性的。在亚里士多德的思想中，理性时刻受着德性目的的制约，同时也是面向德性目的的。亚里士多德根据人们追求理性心灵的程度，将人类划分为四种等级：道德的、自制的、不自制的以及邪恶的。因此，德性地看待包括理性在内的人的心灵世界，是美德伦理学的一个基本特征。在道德和理性的关系上，美德伦理学走得是和规范伦理学相反的路线，它不是认为理性确立并判断道德，而是认为道德确立并判断理性。某种程度上，美德伦理学不是根据理性的能力，而是根据德性的品质来看待一个人。同时，人作为一个道德的主体，主要是由于他是道德品质的拥有者。

3. 好—善：道德与幸福的关系问题

"何为美好（good）生活？"这是伦理学思考的核心问题。但是，对于这里的"美好"（good）一词却有不同的看法，一种认为美好生活就是"好"（good）的生活，一种认为美好生活就是"善"（good）的生活。"好"和"善"体现了规范伦理学两种不同的思维方式。目的论的伦理学认同"美好"就是"好"，而义务论伦理学则认为"美好"就是"善"；前者体现了功利主义的思维，而后者则充满了道义论的色彩；前者认为世俗的幸福就是好的，所以认为所谓"道德应该能够促进最多数人的最大幸福"，而后者则认为，道德应该远离世俗幸福，反而要牺牲它，以至于达到维护道德的目的。因此，义务论伦理学有德福分离的倾向。但是，美德伦理学的主张则是德福一致的。亚里士多德说，"在实践中确有某种以其自身而被期求的目的，一切其他事情都要为着它，但不可能全部选择都是因它物而作出的（这样就陷于无穷前进，一切欲求就变成无益的空忙），那么，不言而喻，这一为自身的目的也就是善自身，是最高的善①"。同时，这种自身自足的目的就是幸福，幸福不是为自身之外的目

---

① 亚里士多德. 尼各马可伦理学 [M]. 苗力田，译. 北京：中国社会科学出版社，1990：2-3.

的，是"人类行为所能达到的全部善的顶点"。这也就意味着，美德伦理学认为，道德本身就是幸福本身，一个人若是幸福的人，那么他必然是一个道德的人。这在一定程度上为幸福的定义作了一个很好的说明。

此外，规范伦理学和美德伦理学之争还表现在以下的方面。首先，如果从道德人格及其养成的角度看，规范伦理学与美德伦理学在两个方面有分歧：一是如何看待道德人格。"单薄"还是"厚重"？规范伦理学把道德人格看得很"单薄"，它关注道德行为，认为个体是权利承担者，他人必须通过正确的行为来尊重权利承担者。相反美德伦理学把道德人格看得很"厚重"，美德伦理学重视个体的道德品质超过其道德行为，认为个体有责任从自身发现并培育美德，"强调个人的内在道德目的之于其言行的重要的价值引导意义，而不是直接指向个人的权利诉求"①。二是对团体的需要。不同于规范伦理学，美德伦理学强调道德品格发展需要团体的支持。在个体自我实现的过程中个人需要融入一个能提供支持与鼓励的团体中。如亚里士多德认为每个个体实践美德需要获得朋友、同伴以及整个社会的支持，相反，规范伦理学几乎把具体的团体看作个人发展的障碍物。

另外，如果将视角降低到规范伦理学所处的伦理规范的层面，同传统美德伦理学相对比，规范伦理学在两个方面有所不同：第一，道德简化。规范伦理学尽量缩小生活中道德评价的范围，为生活中的非道德领域留有余地。第二，对个体道德责任的消解。②规范伦理学的缺陷在于以社会公正为着力点的确容易造成"公正的社会与不道德的人"的现象。而美德伦理学则坚持：第一，所有的人类行为都是道德相关的，日常生活的每个选择都影响和反映个体的品格发展。第二，个体对他的自我实现与品格发展承担责任。

二、两种伦理学不同的德育模式之争

规范伦理学与美德伦理学的论争带来的是两种道德教育的论争，一种

① 万俊人. 关于美德伦理学研究的几个理论问题 [J]. 道德与文明, 2008 (3).
② Darcia Narvaez, Integrative Ethical Education, in Melanie Killen and Judith Smetana, Handbook of Moral Development, Lawrence Erlbaum, Associates, Publishers, 2006, pp. 706 – 707.

是规范伦理学推崇的理性道德教育，另一种是美德伦理学推崇的新品格教育，两种伦理学的分歧导致了两种道德教育在理论假设，结论和实施方式等方面都不尽相同。

1. 理性道德教育

理性道德教育的主要是指以义务论为基础的，以科尔伯格（Kohlberg，L.）为代表的道德认知发展理论。科尔伯格的理论假设认为："儿童是道德哲学家，儿童的道德观念不是直接接受教师与父母等成人的道德灌输，而是儿童对外部规则的自我构建"①。儿童的道德认知发展是沿着一定的顺序与阶段的，道德教育的目的在于在于促进儿童的道德认知发展水平向更高阶段的发展，形成道德推理能力与道德自律。科尔伯格主要关注道德自主判断能力以及根据公平的原则处理冲突的能力。他设计了道德两难问题，在大量观察青少年的道德推理方式的发展变化基础上，他提出儿童的道德发展经历三个水平六个阶段，结合道德心理学的实验与道德哲学的论证，科尔伯格也进行了大量的道德教育实践，他创立的道德两难讨论法与公正团体法在应用中获得了显著的成效。

持规范伦理学的人之所以会主张理性德育的路线，主要是因为他们视理性为生成并判断道德的主要依据；因此培养人的理性在此就变成了道德主体生成的主要教育形式。理性道德教育的优点在于承认道德知识是通过激发认知经验而建构的，成人辅导与学生反思的互动促成了学生的道德建构，培养的道德两难推理能力为学生成年后的公民参与培养了基本的技能。然而，理性道德教育的缺点也无法回避。其一，道德判断与道德行为之间的不一致导致其效果大打折扣。其二，只强调道德推理技巧，而忽视了道德行动中的人格维度。

可以说20世纪，对道德教育来说，乃是一个认知主义的时代。然而科尔伯格的道德教育模式也引起了质疑的声音。这种质疑并没有否定认知及理性的作用，而是对道德教育提出了新的视角，首先是詹姆斯·冯勒（James Fowler），他是科尔伯格在哈佛的同事，他根据科尔伯格的框架提出了信仰（Faith）的成长阶段，他把信仰界定为看待世界的一种方式，

① 科尔伯格. 道德教育的哲学［M］. 魏贤超，译. 杭州：浙江教育出版社，2000：16.

他提出了每个人信仰发展的六个阶段①。为了回应冯勒这一挑战，科尔伯格专门来讨论了信仰与道德的关系，并为道德发展阶段理论添加了第七阶段（宗教）的阶段，他最终认为在人的道德发展的每一个阶段都有赖于前一（宗教）信仰阶段的发展，并且道德发展也激励下一阶段（宗教）信仰阶段的发展②。其次是诺丁斯提出以关怀为取向的道德教育，她重视情感因素，把关怀作为道德教育的根本，把认知作为辅助手段，她认为道德教育的根本任务在于培养学会关怀的人。

2．新品格教育

新品格教育指以美德伦理学为基础的，以里克纳（Lickona, T.）为代表的品格教育理论。里克纳提出了有效的品格教育的 11 条原则，认为"品格教育要把促进核心的道德价值观作为良好品格的基础；品格教育应力图发展学生本身的动机"③。新品格教育的理论假设认为当每个拥有美德的个体能自然地过一个幸福的生活，这样的人才能组成一个健康的社区。新品格教育的目标在于形成一个人良好的品格特性，主要关注过一个好的人生所必需的美好品质。在新品格教育中没有像道德认知发展理论那样支配性的理论，对什么是好的品格，也有不同的观点。但是相对于理性道德教育强调的推理、自律和社会公正能力，新品格教育强调传统、权威与顺从，倾向于通过传统的教育方法与教育内容，帮助学生学到美德行为和展现道德品格的特质。新品格教育对道德内容的强调超过对道德推理的强调，它的最终目标是帮助个体社会化。

新品格教育的优点首先在于对内容的强调，通过"讲故事"来塑造道德榜样是其重要的形式之一。其次，新品格教育强调环境在塑造好行为的重要性。新品格教育避免了传统品格教育简单的灌输的缺点，提出注意培养学生的反省式思维。同时，里克纳认为科尔伯格忽视行为的观点导致美国道德实践中存在偏重道德讨论的"坐而论道"的现实。因此他特别强调行为的重要性，强调社会服务学习（Service Learning），强调学校应为学生

---

① Fowler, James. Stages of Faith: The Psychology of Human Development and the Quest for Meaning [M]. San Francisco: Harper & Row, 1981, p. 5.

② Walter E. Conn. Morality, Religion, and Kohlberg's Stage 7 [J]. International Philosophical Quarterly, 1981, pp. 53−54.

③ 杨韶刚. 西方道德教育新进展 [M]. 上海：上海教育出版社，2007：244.

创造道德实践的机会。同时，里克纳还强调理智向行为转化的中介——道德情感的作用。他认为理智、情感、行为相统一才构成完整的品格。

3. 论争之中的德育之思

规范伦理学与美德伦理学之争及至两种德育模式的发展，有利于我们对道德教育的目标、对象及本质进行重新的思考。他山之石，可以攻玉，论争也为我国德育发展带来有益的启示。

（1）德育真正的目标是什么

什么样的人才算一个受过教育的人？一个在道德上受过教育的人应该具有哪些品质？这是当代教育哲学家和道德教育哲学家所关心的问题。彼得斯认为"在道德上受过教育的人"是与"受过教育的人"密切联系在一起的，他把受教育的人描述为"出于内在动机，具有全面知识，而追求事物内在价值的人"[1] 从而把在道德上受过教育的人理解为："对道德规则的内容，原因和内在价值有充分的理性认识，对道德基本原则怀有理性热情，并且能够将它们自觉地运用与行为中的人"[2]。可见，道德教育应包含理性的认知、情感意志和行为习惯多方面的要求。意志指拥有一定的品格特征，德育不仅是要养成正确的行动理性，而且还要塑造具有一定道德品质的人。同时德育的本质问题也关乎德育背后人的本质的思考。

（2）德育中的人学本质之思

人是教育的培养目标，道德的人更是德育的培养目标。但是何为道德的人呢？人不仅是理性的人，还是具有更高的心灵本质的人？亚里士多德分析人的心灵并且将其划分为三个部分：营养的心灵（包含农作物、田地和人类）、知觉的心灵（动物和人类）以及理性的心灵（只有人类）。由此可见，在美德伦理学的视域中，心灵具有超越健康、感知和理性之上的更高的本质，人之所以有这些方面的主动的价值性的诉求，主要就是由于心灵这一本质的最高统率。因此，人不单单是由理性组成的，更是由品格、信仰等更高的心灵本质而组成的，这是德育中的关乎人的更高的认识。因此，德育的对象不仅关注人的理性，也要关注人的情感，关注人社交及心灵等全面品质的发展。

---

① 彼得斯. 道德发展与道德教育 [M]. 杭州：浙江教育出版社，2000：209.
② 彼得斯. 道德发展与道德教育 [M]. 杭州：浙江教育出版社，2000：210.

（3）论争对我国当下德育的启示

当前我国社会正处于激烈变革时期，道德教育也面临着社会多元化、人际关系冷漠化的挑战。规范伦理学与美德伦理学之争以及在道德教育上的论争对我国道德教育变革提供了理论与实践上有益的启示。

首先，道德教育本质的回归。道德教育是伦理学与教育学共同研究的对象。我国道德教育一直以来受泛政治化的影响，把道德教育等同与政治灌输。同时受苏联凯洛夫教育学的影响，把道德教育等同与知识教学。这严重偏离了道德教育的本质。"规范伦理与美德伦理，是两种水平不同但又互相联系的伦理。美德之卓越，始于规范之明确。没有明确的道德规范的指引和强制，就无从生成卓越的美德伦理。而不从规范伦理上升到美德伦理的水平，就不能实现道德的真正价值和功能"①。因此我国的道德教育一方面要教导学生学习社会规范，使他们能够清楚认识应该做什么和怎样去做，培养他们道德判断的能力。另一方面，道德教育要把社会道德规范通过道德实践逐步内化为个体的德性，凝练为个体的美德。

其次，道德教育对象的反思。重新关注心灵美，不是定位在口号上，乃是重新关注人的心灵世界。心灵美是真、善、美的统一，知、意、情的统一。心灵美包括气质、容忍、宽恕、接纳等的美德，而该美德实在是与爱心分不开的。当前存在的普遍的道德冷漠与人们缺乏关心、缺乏爱密切相关，因此关注受教者的心灵首先要培养其学会关心、学会爱。同时道德教育的对象要关注人的心灵，但并不轻忽关注人的理性。因为道德教育不仅仅是教导学生扶老爷爷过马路，更是应该培养学生给相关部门写信，建议增加对过马路不走人行道的批判性思考的能力。

最后，道德教育模式的多元化。我国中小学道德教育采取的主要模式是德育课，由于大部分思品课教师专业化程度不高，如常常由班主任兼职，在对道德教育方法基本上采取讲授法，传授基本的道德知识，而这与学生道德发展的本质不相匹配。综合发展学生的道德品质一方面可以借鉴理性道德教育模式——促进学生的道德发展，例如把道德两难法引入德育课中，激发学生对道德困境的思考，培养他们的道德敏感性、道德判断能力。同时在学校教育中参考新品格教育的模式，构建品格课堂、品格社

---

① 吕耀怀. 规范伦理、德性伦理及其关联［J］. 哲学动态，2009（5）.

区，通过社会服务学习等模式积极提高学生的道德实践能力。另一方面，冯勒的信仰成长模式与诺丁斯的关怀德育也值得探索。例如培养学生的自我批判能力，帮助学生在成长过程中跳出自我、拓展自我的空间，学习进入别人的视域，提高关怀他人的能力，懂得如何与他人建立互相依赖的关系等，从而提升和开拓学生的心灵空间。

第四章　多元主义下的德育转型与应对

第一节　现代性、多元主义与相对主义

启蒙之后的现代社会，由于取消了本质主义意义上的对终极价值的追求，从而必然带来价值多元的社会形态。那么在这种价值多元主义的形态之下，相对主义的价值态度就是一个必然的结果了。本章拟从现代性的角度出发，分析现代社会的多元主义与相对主义的现代性问题。

一、现代性的起源问题

"现代性"是什么？这恐怕和"现代是什么"的问题一样，是一个我们看似很熟识，但是却又非常陌生的话题。在某种意义上，作为专有名词的"现代"和"现代性"是很难被定义的。因为"现代"本身是一个时态的概念，确切地讲，每一个时代的人都可以称他自己所处那个时代为"现代"，也就是说，在词根意义上，"现代"这个概念并不能被某一个时代及其处在其中的人所专有。但是，确实存在着一个思想史意义上的"现代"以及"现代性"问题，它专属于一个特定的思潮。在这层意义上，"现代"以及"现代性"并不是用来指称一个时态，甚至一个特定的时代，而是指称一个特定的社会形态，以及一个特定的思想形态，在这种意义上，"现代性"的指称是超越于任何时代的。但是，随之而生的问题是，为什么这种特定的思潮要以"现代性"来指称呢？如果说"不变性"、"相对性"，等等，这些名词所表达的意涵可以一目了然的话，那么"现代性"到底是一个什么样的"性"呢？似乎非常含糊不清。似乎也正是因为现代性自身很难被确切地定义，因此只能够用这个似乎描述性的指

称了。所以本书也并不强求一个明确的定义，而是从历史的起源谈起。

　　列奥－施特劳斯曾经详细分析过现代性的兴起经历过三次的浪潮，这三次浪潮分别以马基雅维利、卢梭和尼采为代表。① 我想这个提法是非常有道理的。尽管启蒙之后有许多现代思想家都可以忝在现代性的推波助澜者之列，但确实是这三个人的思想在对传统的保守主义思想的颠覆上，具有决定性的意义。马基雅维利是文艺复兴时期的意大利人，他最著名的作品是《君主论》。他在《君主论》中，倡导建立统一的中央集权的民族国家。他认为，由于教皇和教会的存在、各城邦国家的彼此嫉妒和相互蔑视，使意大利丧失了中世纪时期在商业和贸易方面的领先地位，而且因没有形成统一的民族国家而备受其他国家的蹂躏。资本主义经济的发展，急切需要趋向稳定统一秩序的政治变革。马基雅维利主张建立统一中央集权的民族国家，结束意大利的分立状态。为了统一意大利，马基雅维利认为应该不受任何道德准则的束缚，可以不择手段去实现自己的目的。这种从民族国家的立场出发的政治思维也许无可厚非，但颠覆性的是，他提倡背离传统的一切政治道德，而可以不择手段地达到目的，这种唯目的论的思维本身就已经颠覆了传统社会的一切道德基础，把人类的自大推到了一个前所未有的高度。② 而卢梭则从历史哲学的角度，确立了人类中心主义的地位，他认为人的人性的形成，是"无目的"历史塑造的结果，历史所

---

　　① Leo Strauss, "The Three Waves of Modernity" [A]. An Introduction to Political Philosophy: Ten Essays by Leo Strauss, ed [M]. Hilail Gildin, 1989, pp. 81–98.

　　② 正如施特劳斯在分析他所带来的后果时所提到的，"在他的时代之后发生，却与其精神一致的两大变革。第一次是自然科学领域的革命，也即，现代自然科学的出现。对终因（final causes）的拒斥（而因此也就是对机运概念的拒斥）摧毁了古典政治哲学的理论基础。新的自然科学不同于更为古老的，各种形式的自然科学，这不仅是因为它对自然的新的理解，也因为，且尤其因为它对科学的新的理解：知识不再被理解为从根本上说是接受性的；理解中的主动在人，而不在宇宙的秩序；在对知识的追求中人把自然叫到他理性的庭前；他"对自然加以拷问"（培根）；认识是一种制作（making）；人类理解为自然立法；人力无限大于迄今为止人们相信（它所具有的力量）；人不但可以把败坏的人的质料转化为不败坏的（纯正的）人的质料，或者说征服机运——所有的真理和意义都起源于人；他们并非内在于某种独立于人的活动而存在的宇宙秩序。……第二次与其精神一致的后——马基雅维利的变革仅与政治或道德哲学相关。马基雅维利已经彻底地切断了政治与自然法或者说自然权利——也即，正义被理解为某种独立于人的武断（arbitrariness）的东西——之间的关联。马基雅维利式的革命只在那种关联恢复的时候才取得了它完全的力量：当正义，或者说自然的权利，在马基雅维利的精神中得到重新阐释的时候。"Leo Strauss, "The Three Waves of Modernity" [A]. An Introduction to Political Philosophy: Ten Essays by Leo Strauss, ed [M]. Hilail Gildin, 1989, p. 84.

塑造的人最终具有自由人性状态，因此他所引起的浪漫主义的现代思潮导致了真理观的颠覆性改变，正如欧文白璧德所提到的，在卢梭之前，人们的真理观是，因为它是对的，所以我认为它是对的；而卢梭之后则颠覆为，因为我认为它是对的，所以他是对的。[①] 而尼采，作为后现代主义之父，他则从形而上学的角度，从根本上重估一切价值，从而确立了权力意志的价值立场。正如施特劳斯所分析的，"真理——关于所有可能的思想和行动原则的真理——最终被（人们）发现了么？尼采看起来在承认这点和把他对真理的理解呈现为他的谋划或他的阐释之间迟疑不定。然而事实上，他做的是前者；他相信他已经发现了人的创造与所有存在之间的根本的统一：'在我发现生命的地方，我都发现了对权力的意志。'尼采试图完成的对一切价值的重估从根本上说为这样一个事实所证实，即，其根基在于最高的权力意志——一种比导致所有先前的价值的权力意志更高的权力意志。"[②]

如果从现代性这个历史形成的角度，也许对其的一个描述是对的：所谓的现代性就是启蒙之后，对传统真理观和价值世界的颠覆，从而建立人类中心主义的价值及价值确立的地位。

二、现代性导致的多元主义后果

一旦否认了真理世界以及人类的价值世界是建立在超越的共同的基础之上，而将真理以及价值的确立放逐到人的主体性地位当中，毫无疑问所带来的一个后果就是，真理和价值呈现出千面百化的多元局面。

首先需要说明的是，所谓的"多元主义"，首先是一个政治哲学的概念，它是在 20 世纪自由主义滥觞之下，逐渐提出来的一个概念，它是指着政治权力的多元说的，认为不是只有国家唯一具有政治权力，而且教会、工会、商会等也是政治权力的一元。本书所指的多元主义不是单一指这种政治权力的多元讲的，而是指作为人类共同体的社会存在中的价值形

---

① 欧文白璧德的观点和分析可以参见欧文白璧德. 卢梭与浪漫主义 [M]. 孙宜学，译. 石家庄：河北教育出版社，2003. 尤其是其中的导论与第六章。

② Leo Strauss, "The Three Waves of Modernity" [A]. An Introduction to Political Philosophy: Ten Essays by Leo Strauss, ed [M]. Hilail Gildin, 1989, p. 97.

态的多元而言的。这个所指正如盖雷对多元主义所作一个描述，"价值多元主义声明人类的福祉有许多冲突的形态，有些福祉无法彼此比较其价值。在众多实际的良好生活中，有些无法相互较量其高下、优劣，彼此也无法用统一价值的尺度来衡量，换句话说，即是无法共量——或者说，彼此等差有别——的价值。即是如此，我们不否认人们有充分的理由偏爱某些（而不是另外一些）无法共量的善。"①

　　从这个定义本身，我们很容易得出在启蒙之后的现代性社会中，这种价值多元的社会形态是一个必然的结论。从某种意义上，在现代性的社会中，多元主义也就成为了价值多元的社会形态看似唯一的解决路径了。在现代性社会中，个体人具有确立其自身价值体系的权力，由此，由于诸多主体的相殊，价值之间进行"通约共量"的空间也就越来越小。因此多元主义就肯定了人类的价值形态多样化的现实，并且言明这些价值之间不断冲突、对抗，永远无法获得最终的安顿和妥协。由此表面上看来，多元主义也是政治自由主义的一个必然的结果。

　　多元主义与自由主义之间的渊源首先是由以赛亚伯林论证出来的。在《两种自由概念》一文中，他提出了消极自由和积极自由的概念。所谓的消极自由指的是，"就没有人或人的群体干涉我的活动而言，我是自由的"，换言之，自由就是"一个人能够不被别人阻碍的行动领域"②。而另一种"积极自由"的"积极"的含义来自于"个体成为他自己主人的愿望"，因此积极自由就是"自己成为自己主人的自由"。③ 这两种自由共同作用，就形成了多元主义价值的社会形态形成的理据。因此在该文的最后，伯林热情地讴歌了多元主义的价值热情，他说"多元主义是更人道的"④。但问题是，假如所有的个体都在这两种自由的作用下，从而进入一种如伯林自己所言的"推举内在城堡"的境地，那么作为人类共同体生活的社会还存在吗？从这个意义上，多元主义的社会，自身还是一个作为共同体生活的社会吗？⑤ 这样的社会在本质上还是一个所谓的自由主义

---

　　① 约翰·盖雷. 自由主义的两种面貌 [M]. 蔡英文，译. 台北：巨流出版公司，2002：7.
　　② 以赛亚伯林. 自由论 [M]. 胡传胜，译. 南京：译林出版社，2003：189.
　　③ 以赛亚伯林. 自由论 [M]. 胡传胜，译. 南京：译林出版社，2003：200.
　　④ 以赛亚伯林. 自由论 [M]. 胡传胜，译. 南京：译林出版社，2003：245.
　　⑤ 对此一个更有力的分析是由艾伦·布鲁姆作出的。参见布鲁姆. 走向封闭的美国精神 [M]. 缪青，等，译. 北京：中国社会科学出版社，1993.

的社会吗？事实上，盖雷所得出的结论就是，多元主义的社会实际上就是一个后自由主义的社会。

三、多元主义所带来的相对主义后果

如果说，多元主义的立场从个体自身而言，还存在着个体的价值世界和价值追求的话，那么从社会整体的存在的角度，它必然要放弃价值立场。因为如果你要让各种相互之间是冲突、对抗的价值体系之间能够共存在一个相同的社会场域之中，并且还要为它们的这种共存寻得合理性理据的话，那么一个必然的结果就是承认它们都是正确的，这样为它们彼此之间的共存寻得理据。但是如此一来，不是更加加强了价值的真理性，而是更加削弱了。因为尽管你只能够承认各种价值体系存在的正确性，但是实际上这种承认本身产生的背后假设以及必然结果就是取消了绝对真理存在的可能性。因此这种相对主义的价值立场就会随着多元主义的政治立场应运而生。

需要说明的是，多元主义属于政治立场的范畴，它并不涉及最终的对于价值的判断。但是相对主义就已经进入到了价值确立的本体性的范畴，它实际上已经是一种否认本质主义以及绝对价值，甚至普世价值的形而上学范畴。

本章主要试图在多元价值社会的现实存在中，作出反对相对主义的努力，从而实现社会思想意义上的教育价值的回归。

第二节　多元价值背景下道德教育的地位和使命

在当今世界，一方面"现代"这股力量对传统社会所形成的巨大破碎，使得不同的社会传统之间搭建起了一座座交通的桥梁，另一方面哲学这一古老而常新的学科在对幸福和美德的探索中，不断揭示了作为人或社会所本有的价值资源和类型，在这两方面力量的合股之中，现代社会越发显现出多元价值汇聚的现象。在这种情形下，个体面对如此纷繁的价值信息时，必然面临一个选择问题。在这一时代性、社会性和个体性的遭遇中，道德教育所担负的角色和使命是什么？这正是本书所着力探索的问

题。在现代社会价值多元化的背景下，从职业伦理的角度，教师应当持"道德中立"的立场，而从教育的社会功用和教师自身的伦理结构来说，德育活动不可能脱离一定的价值前提，道德教育就是在这样的张力之下思考自己的地位与使命。多元价值社会的各种价值体系对道德教育本身的价值众说纷纭，这就有必要对价值的本体进行思考，重新给道德教育一个合适的定位。透过价值现象学的分析，人的内部实际存在一个价值系统，这个价值系统内的三类价值又是按一定的序列排列的。道德教育作为维护心灵价值的一种手段，就是为了捍卫人的价值系统中合理的价值序列，既要防止真善美本身的价值被侵害，又要引导人的心灵追求真善美的本质。它的实际使命是培养人有一颗健全的心灵，调整人的价值序列，捍卫真善美的价值领空（但不提供真善美的价值标准）。从这一视角来看，道德教育不是一种价值教育，而是一种心灵教育。

一、多元价值背景下道德教育的处境

多元价值并存是人类社会进入近代以来才开始显露的一种现象。在古代社会，由于地理的阻隔，人类社会的历史文化呈现出地域性的分布。不同的地域形成不同的文化传统，在不同的文化传统中，都有不同的价值信仰。到了近代社会，由于交通以及经济等近代生活方式的变迁，地域性的阻隔被打破了，不同的文化传统之间可以产生频繁的交流，这种交流就使得不同社会的价值信仰都得以传播，这种文化交流所带来的一个重要结果就是不同的价值信仰同时出现在同一个社会当中。这样，在一种原先单一的社会形态中就可能出现多种价值共同传播的现象，这是多元价值社会的基本定义。多元价值主要还是由于不同的社群生活和文化生活而产生的不同价值传统，既是传统，它们之间就难说孰优孰劣了。此外，在西方文明的影响下，哲学也成为一种传统以外的价值的来源。哲学所探讨的范畴是幸福和美德，尤其在对美德的探究过程中，哲学也依靠其强大的思辨力产生或明晰一些价值观，并用其理性的雄辩说服一些人追随它。

现在我们要思考的是，在现代社会价值多元化的背景下，道德教育在个体价值系统的构建中应当居于什么样的地位？发挥什么样的作用？它所关涉的范围应当有哪些？这些都是很难回答的问题。

　　首先，在现实的德育实践中，我们常常会发现道德教育面对社会风化时的无奈境地。在当前的中国，功利价值观成为社会追逐的主流，个体的好恶（而非个体价值）超越了传统的价值观念，在这种境况中，道德的言说甚至被排斥到公共话语之外了①。由此看来，道德教育似乎处于边缘化的地位，所起的作用也是不堪一击。

　　再从职业伦理层面上看，道德教育——发生在两个个体（教师和学生）之间的这种价值的影响是否正当呢？我们通常所理解的道德教育都是关乎道德价值内容传递的。道德教育是指一定社会或阶级依据一定的道德原则和规范，有目的、有计划、有组织地对人们施加道德影响的活动。一定社会或阶级的道德要求，最终需要转化为个体的道德活动，形成个体的道德品质，它的固有功能是向年轻一代传递一定的社会意识，使之转化为他们的思想品德②。这些对于德育的经典理解都带着很强烈的意识形态的色彩。在实用主义的哲学体系中，教育被认为是养成共同心理因素，形成有效的联系与交通的渠道③。这种定义把教育看作推行集体意识的方式或途径，实用主义的解释是站在社会学功能主义的视角来理解教育的功能和使命的，这种理解给道德教育所设定的关涉范围就应当是价值的内容，甚至可以理解为道德教育的主要使命就是推行共同的价值标准。

　　但是在现代社会的多元价值共存的背景下，这种推行共同价值标准的教育价值观是否正当呢？这种教育方式是否有剥夺个体自由、违背人权伦理的嫌疑呢？这是现今时代相当棘手的一个职业伦理问题。这一问题也促

---

　　①　现代社会的主流话语主要是经济、自由、权利、交流等充满商业气息和现代气息的词句，而传统的道义、正义、情谊等语汇却鲜见提及。本人认为，这种主流话语的流变是商业和现代性冲击的结果。这种道德被排挤出主流话语之外的情形，是道德遭受群体性拒斥的重要表征。这种背景下，德育一方面淡化价值言说的内容，一方面将自己的言说调整到大论权利与义务这样的公民教育的公共性领域，不断扩展实际丧失自己的言说空间。这是在中国这样一个几千年来一直以礼仪之邦著称的社会中发生的，几千年来德性教化的传统难敌一个时代的冲击，这也让德育学科失去了其本有的骄傲。
　　②　储培君，等. 德育论［M］. 福州：福建教育出版社，1997：164，43.
　　③　杜威在《民主主义与教育》中提出了与传统不同的教育概念。他说人类和一般动物不同，是社会性动物，而社会的组成不是因为人们同处一地，而是因为大家具有彼此互通的信仰、目的、意识和感情。缺乏这种赖以相互维系的精神因素，人们尽管密集一处，也难以形成真正社会；而一旦有了这些，便能天涯若比邻。怎样养成共同的心理因素呢？杜威说有赖于人们之间彼此进行联系和交通，而教育乃是有效的联系和交通的渠道。滕大春. 杜威和他的《民主主义与教育》［A］. 杜威. 民主主义与教育［M］. 王承绪，译. 北京：人民教育出版社，2001：14.

使我们有必要重新思考道德教育的定位和使命。

马克斯·韦伯为多元价值的问题设定了一个情境："我只想问一句：'在讲授教会形式和国家形式或宗教史的课程上，如何让一名虔诚的天主教徒和一名共济会信徒得出同样的价值判断呢？'这样的问题是不会有答案的。"论到在这种情境下教师的使命，他又说："从事学术教育的人，必须希望并要求自己，以他的知识和方法，使他对这两种人都会有所助益"①。教师应当以传授知识为自己的使命，而知识应当存在于脱离终极价值的中立领域里，因此他提出了"道德中立"（或译为"价值无涉"）的职业伦理原则，认为教师在师生关系中的角色不应当成为领袖②。站在这样一个视角，当教师面对一群有各种信仰背景和价值立场的学生时，他对自己的角色定位应当是一位科学的介绍者，而非精神领袖，他将自己所传授知识的内容应当设定在脱离价值前设的严格的科学领域。这种职业伦理观既然命名为"道德中立"，其约束力量当然也包括道德教育的从业者在内了。非但马克斯·韦伯，卢梭以及存在主义者等也都持这样的观点③，尤其是进入多元价值共存的近代社会以来，这种非强加的道德伦理观越来越成为人类学的主流认识。

然而，"道德中立"虽然作为一种伦理理想被提出来了，但我们知道，一个人妄图使自己的行为完全脱离自己的价值前提是绝不可能的。因为，人在本质上就是有智慧有灵气的存在，他不可能完全没有动机而去做

① 马克斯·韦伯. 学术与政治［M］. 冯克利，译. 上海：上海三联书店，1998：38.
② 马克斯·韦伯引用美国民主思想影响下的师生关系的理念说：没有哪个美国青年，会同意让教师卖给他有关行为准则的"世界观"。如果以这种方式说话，我们也会拒绝接受的。然而问题在于，我故意用稍嫌夸张的语言描述的这种感情，是不是含有一些真理呢？马克斯·韦伯. 学术与政治［M］. 冯克利，译. 上海：上海三联书店，1998：42.
③ 在卢梭的教育思想中，自然教育思想是核心。他认为对儿童进行教育，必须遵循自然的要求，顺应人的天性，反对成人不顾儿童的特点，按传统偏见强制儿童接受违反自然的教育、干涉和限制儿童的自由发展。存在主义教育思想提倡"个人的自由选择"。存在主义教育家坚持认为，人是由自己造就的。"人，不外是自己造成的东西，这就是存在主义的第一原理。"在他们看来，人就是自由，自由就是人的存在。但是这种自由只是个人的自由选择，即个人对自己所做的一切负责。这也表明个人的道德责任并没有减轻，反而增加了。因此，教育者应该允许学生"自由选择"道德标准。并承受自己行动的后果。道德教育的任务并不是要学生去接受一些永恒的道德原则，而是使学生学习有利于认识自我和发展自我的原则，使他们对自己负有责任。正因为如此，存在主义教育家提出："对真正的自由和个人的独特性的坚决肯定是存在主义为今日的教育哲学提出的动人的使命。"参见单中惠. 西方教育思想史［M］. 太原：山西人民出版社，1996：789.

某一件事，而动机的一个重要依据（或说来源）就是他个体性的价值前提。尤其对于道德教育的从业者来说，由于他直接的言说内容就是价值，因而就更难脱离自己的价值前提了。此外，一个道德教育的从业者，在其职业生涯中所产生的委身于职业价值感都有赖于对道德价值本身的热情，若非出于道德目的而从事道德教育，那是不可思议的。因此，更严格地说，要一个教师在道德教育的过程中完全站在"价值无涉"的立场更是不可能的。

二、多元价值体系中道德教育的价值

每一个价值主体一旦委身于一种价值，那么他看待世界中的一切事物都会透过价值这一面镜子，他将这一特定价值应用到每一类事物时，就会形成一定的价值体系；另一方面，每一种价值在其形成的过程中，也必然形成一整套成熟的对各类事物的看法，这也是形成一定的价值体系。因此，在多元价值社会中，各种价值都是以价值体系的形式出现的。对教育的不同看法是这些不同的价值体系中非常重要的一个部分。

人文主义者说，教育应强调培养身心两方面和谐发展的"新人"；自然主义者说，教育要服从自然的永恒法则，尊重儿童天性的发展，把儿童当作儿童来看待；唯物主义者说，教育和环境对人的个性发展起决定作用，要反对宗教愚昧，通过"新"的教育培养"新人"，以实现"理性王国"；国家主义者说，教育是改造社会和国家的一个主要手段，通过国民教育，可以使每一个公民具备他应有的最低限度的知识，这样社会进步才得以继续；唯实主义者说，教育应培养适应资本主义工商业发展的实用型人才，这种人才既有良好的道德品质，又有经营工商的真才实学；存在主义者说，教育的根本目的是促进人格的完成而不是知识的掌握。从这个意义上来说，真正的教育实际上就是品格教育①。

这些对教育的意义和价值的阐述都是站在不同价值体系各自的价值立场下进行的。它们对教育的定义，不单单是一个解释学的问题，透过这些定义表述本身的意指，我们可以窥见这些价值体系对教育本身价值的认识

---

① 参见单中惠. 西方教育思想史 [M]. 太原：山西人民出版社，1996.

和认同感。如，唯实主义价值体系对教育的定义强调实用立场，这就说明在它的价值体系中，教育是工具性的，并且这种工具性指向实用技能。由此可以看出，在它对教育价值的认识中，缺乏对教育的超越性价值的认识，在这种情形下，它对教育的认同感是低的。假如一个教师对自己的职业持这样的认同感，那么他以教育为职志的委身度势必是浮浅的。在一种价值体系中，它对教育的价值认识和定位越与超越的价值层面靠近，它对教育价值的认同感就越深，它所激发起的教育的从业者对教育的委身感和探求意识也就越强烈。需要特别指出的是，这种委身感或探求意识的不同不是一种量的差异，而是一种质的差异，因它来源于不同的教育价值观。

　　道德教育是教育中最直接面对价值问题的一个门类。教育本身是关涉人的培养的，它的目标是培养健全、有用的人，至于何为健全、有用，则源于不同价值体系的判断，因此对教育的价值体认很能反映一种价值体系对人的价值的体认。道德教育最直接涉及价值，因此对它的价值体认本身也体现了价值体系对价值本身的体认度。如，唯实主义的教育定义几乎没有对道德教育的体认，那么，它对价值的体认度也只是停留在实用层面，只把人的发展围于工具（物理）的层面；而存在主义明确提出教育应帮助学生"真正领会生活的价值"，特别看重教育的价值引导的层面，它对价值的体认度就高，认识到价值本身在"人的存在"中的重要性。

　　站在这些职业意识和人观差异的视角再来反观它们的来源的时候，我们不得不再深一步地追问：这些差异的来源——不同的价值体系，它们是由谁确立的？是道德教育吗？这个问题难以回答。但有一点是确实的，就是道德教育应当极力摆脱这样的地位，否则，道德教育实际上就是处于自我消解和自我证否当中。

　　多元价值背景下，当我们来审视不同价值体系对教育的判断时，道德教育这一本来以价值教育为主体的教育门类，也遭遇了自己所关怀的对象——价值本身的屠戮，而难以找到自身的价值。这就使得道德教育的地位和处境十分艰难。在多元价值背景下，对道德教育如此紊乱的定位，就使道德教育难以采取一个中立的立场定义自身，因为任何人类个体或社会的活动都难以逃脱其价值前提。这样，仿佛道德教育面临这样的境地时就应当无话可说，因为它本身不能另创一套价值标准。在这样的境况中，道德教育如何确立自己的使命呢？难道道德教育的使命只能沦落为一种工具理性层面的功用吗？

三、个体价值系统的价值类型及其排列

　　既然从各种价值体系中，我们难以确立道德教育本身的价值，那么，就有必要对价值的本体进行思考，这种思考让我们发现个体内部也存在着一种由不同的价值类型所组成的价值系统。

　　根据价值现象学，价值之为价值的本质在于：它是在我们的情感感受中被给予，又在具体的事物或行为中呈现出来，同时又独立于价值主体和价值载体的先验事实①。从这一界定中我们可以发现，价值的定义至少有三个方面：首先它是一个先验事实。这就是说价值本身是超越地存在着的，就如同情感感受一样，并不会由于无人感受它就不存在。其次它又是在情感感受中被给予的。这就是说如果不通过情感感受，价值这一超验事实就不会到达我们的生命当中。最后它又是在具体的事物或行为中被呈现出来。这就是个体之间进行价值交流的途径是透过具体的事物或行为。透过现象学的本质直观②，把价值分为三种类型：（1）感官价值（sensible value）；（2）心灵价值（spiritual value）；（3）神圣价值（holy value）三种类型③。

　　价值现象学依据以下五个标准对这三类价值进行等次排序：（1）空间性、可分性和可量化性；（2）持久性；（3）独立性；（4）满意度；（5）价值的相对性层次及其与绝对价值的关系④。这五条标准将这三种价值排成了一个价值序列，作为人内部所存有的健全的价值序列：神圣价值→心灵价值→感官价值（由高到低）。

　　在这三种价值当中，依照这五个标准，感官价值的地位很容易确立。但是，心灵价值和神圣价值的地位应当如何排列呢？因为在以上我们对不同价值的定义中发现，它是关涉美丑、对错和真假的，而宗教价值是关涉形而上学的精神感受的。那么美丑、对错和真假的问题为什么不比一种

---

①　参见 Manfred S. Frings. The Mind of Max Scheler ［M］. Marquette University Press，1997．p. 23.
②　本质直观是现象学还原的一种方法，其旨在对具体的价值载体以及人的情感感受存而不论，而在其中发现作为本质之物的先验价值。
③　对于这三种价值的定义与分析，详见本书第一章第二节。
④　张志平. 情感的本质与意义 ［M］. 上海：上海人民出版社，2006：74，78.

（形而上学的）精神感受更超越呢？反过来，神圣价值既是一种精神感受，那它为什么不被归入心灵领域呢？神圣价值作为一种精神感受，它首要的特性就是形而上的，即超越一切的实体和经验而存在着的；而作为一种精神感受正是说明它超越了逻辑、理性和判断，而直接存在于人的先验意识之中。但心灵价值却是一种基于判断的价值，出于一种权衡。那么，它权衡的依据是什么呢？就是神圣价值。神圣价值作为超越和先验的存在，对特定的个体而言，它本身并没有任何的怀疑和权衡，是其他一切价值的皈依和依据，也是心灵价值进行美丑、对错和真假判断的依据。因此，在心灵价值和神圣价值之间，神圣价值更加超越，其等次应当高于心灵价值。

　　如果把不同的价值体系放在这一价值等级次序中，我们发现，它们并不处于同一等级之中。因为价值是在人们的情感感受中被给予，亦即某种价值的实现表现为满足了其对应的情感感受，因此，不同价值所处的价值等级可以由其所对应满足的情感等次来进行定位。例如，享乐主义是在人的感官享受中得到实现的，因此，享乐主义的价值观当归入感官价值的范畴；而存在主义强调人心灵层面的满足感，因此，当纳入心灵价值之列。按照这样的纳归方法，我们可以将所有的价值体系都客观地归入感官价值、心灵价值和神圣价值这三种价值类型当中。

　　对一个个体而言，在他的生命结构当中，神圣价值、心灵价值和感官价值都是存在的，因为对一个个体而言，神圣、心灵和感官层面的情感都同时具备，而价值又是和情感联系在一起的，即一个个体有这样三种情感感受，也就必然具有这三种对应的价值。但是在不同的个体的生命当中，这三种价值所排列的次序却可能不同，因为个人所持有的根本价值观不同。一个人所持有的根本价值观所处的价值类型将决定该个体的价值序列中的第一位的价值类型，价值序列中的第一位的价值类型确立了之后，其他两位的价值都是在它的统率之下，也都是为了实现这根本价值服务的。例如，对于功利主义者而言，他的根本价值观功利主义所处的感官价值就是他的价值序列中排在第一位的价值，那么，他的生命感受中的神圣价值就是为了实用这一感官价值的实现，如民间宗教中通过祈福的方式达到丰收，这种活动本身就体现了宗教神明所存在的意义就是祝福收成（感官价值的实现）；而对一位虔诚的基督徒而言，信仰所处的神圣价值是他奉为第一位的价值，而心灵价值和感官价值也都在它的统率之下，如圣经说"你们或吃或喝，无论做什么，都要为荣耀神而行"（圣经·哥林多前书十章三十一节），因此在他的生命当中，哪怕"吃喝"这样的感官价值的实现也都是为了"荣耀神"这一神圣价值的实现服务的。

因此，尽管情感现象学的分析方法让我们看到一个合理的价值序列，但是在不同个体那里，由于其所持有的根本价值观的不同，他的价值系统未必就合乎这一价值序列的排列次序。

四、道德教育是一种心灵教育

从另一个角度讲，对于人的生命而言，神圣性的情感是最为根本性的情操，因此神圣价值也应当在个体的价值系统中处于最高的位置。倘若它处于感官价值之下，将会造成人的感官享受对神圣性的践踏。一个人如果失去了神圣性感受，就容易变得唯利是图、为了目的不择手段，使人的生命建基于欲望之上；同样，若神圣价值处于心灵价值之下，神圣性本身也就降格为一种心灵体验，并不能产生古老而深厚的生命敬畏感，心灵价值若没有神圣价值的统帅，就会变成一种无根的体验，而这种体验就是滋生生命虚无感的温床，现代社会中"小资"式的生活就是这种生活的典型方式，这种生活其实是现代社会浮华背后的暗流，是一种"巴黎的忧郁"（波德莱尔语）。倘若心灵价值处于感官价值之下，就更能显露欲望对心灵的蹂躏，迪斯科、吸毒、红灯区等，都将心灵的感受放逐在肉体的刺激当中。由这些现代社会所表现出来的痼疾当中，我们可以看到，对神圣价值→心灵价值→感官价值（由高到低）的价值序列的颠覆，是道德问题所产生的内在的机制。因此，捍卫这种健康、合理的价值序列，就是捍卫良好的道德秩序。

再来省思，道德是关涉价值的，但是在价值本身的序列当中，它应当处于何种价值当中呢？道德本身是一种引导人弃恶扬善、好美恶丑的行为力量，它的主要目标是引导人在这些价值集合之间作出健康的选择，就是在人的个体价值系统中捍卫健康、合理的价值序列。因此，道德活动本质上是人们在真假、善恶、美丑所作的判断和选择。然而，何为美丑善恶的标准呢？这个标准从终极意义上，已经属于信仰的范畴。在当今价值多元的世界中，道德本身无法评点或指责神圣价值层面的信仰，它只能引导人追求真善美，但却不能给出真善美的标准，否则它就僭越了信仰的范畴。对真善美的热爱和追求属于心灵价值的范畴，这一热爱和追求直接将人引向神圣价值，并捍卫健全、合理的价值结构。

　　当道德教育被一些实用或功利性的价值理念边缘化时，道德教育并非无话可说，从价值现象学的眼光，道德教育就应当发挥其心灵调整的功用，将实用回归到其应有的价值序列当中，以免其僭越神圣价值的领空①。因此，道德教育作为维护心灵价值的一种手段，它的使命就是既要防止真善美本身的价值被侵害，又要引导人的心灵追求真善美的本质。它的实际使命是培养人有一颗健全的心灵，调整人的价值序列，捍卫真善美的价值领空（但不提供真善美的价值标准）。从这一视角来看，道德教育不是一种价值教育，而是一种心灵教育②。再次回到本章第一部分所提到的"道德中立"的伦理立场，站在心灵教育的视角，道德教育所关涉的是客观的价值秩序，既是客观的，那它就属于知识的范畴；道德教育又不关涉价值的内容（即标准），那自然在多元价值之间就处于中立立场了。因此，道德本身的力量就是在培养人健全的心灵，即神圣价值→心灵价值→感官价值（由高到低）的价值结构中体现出来。

第三节　多元价值背景下价值教育的挑战及其转向

一、多元价值背景下价值教育所遭遇的挑战

　　传统意义上的价值观教育主要涉及"三观"（世界观、人生观、价值

---

　　① 实用作为一种价值并非不可，也并没有否定的意思，本书所反对的是将其作为终极价值来判断善恶美丑，这样就超出了它所本有的价值序列。

　　② 胡塞尔在《纯粹现象学及其研究领域和方法》一文中区分了作为心理哲学的纯粹现象学与心理学的分别：纯粹现象学是关于纯粹意识的科学。这说明，它仅仅来源于纯粹反思，这种反思本身排斥任何外在经验，即排斥任何未被意识的对象的混杂。而心理学是关于心理的自然——其中包括作为自然界或作为空间和时间的世界中的现实存在的意识——的科学。心理学起源于心理学的经验，这种经验是一种将内在反思与外在经验连接在一起的统觉（参见胡塞尔选集［M］. 上海：上海三联书店，1997）。本书所提出的道德教育是一种心灵教育也是站在排除道德经验的价值立场，单单从纯粹反思的角度，思考超验而客观的道德秩序，依此来建立人的健全的心灵。

观）方面的内容，这在一元化的社会中，具有当然的合法性。因为一元社会中"存在着一套值得我们去追求的价值体系，而这套价值体系并非人生而知之的，也并非一定能够自己体悟到的，或者并非个体在一定时间内（比如，过自主的社会生活前）就能够认识到的，所以，有必要对人进行教化和引导"①，这就是一元社会中价值教育正当性的合理理据。但是在多元社会中这种价值教育的合理性理据却受到了种种挑战。当代中国社会正面临着价值形态由一元向多元的转变，价值教育也面临着前所未有的挑战。当多元价值成为社会存在的一个不争事实时，一元价值社会中价值教育存在的合理性理据就丧失了。三十年来，我国社会价值模式的转变也必然导致了对灌输式价值教育模式的否定，然而在转变后的多元价值社会中，价值教育不可能支持价值中立和完全宽容的立场。因此，多元价值背景下，价值教育需要向培育价值理性和捍卫客观的价值秩序，以及促进价值分享和价值对话方向转变。这不但是捍卫价值教育自身的需要，同时也是捍卫多元价值社会存在的需要。

（一）我国社会价值模式的转变对灌输式价值教育模式的否定

新中国成立以来的相当长的一段时间里，我国的整个社会都处于以阶级斗争为纲的高意识形态的统摄之下。在这样的情形下，社会的每一个毛孔都流淌着意识形态的血液，上到国家政治，下到人际交往，整个国家和社会的方方面面都被由意识形态所主导的价值观念和道德意识所主宰着，整个社会的整体价值观念呈现出高度的一致性，作为国家上层建筑的教育固然也受这种单一价值力量的宰制。不但如此，作为价值传递和意识灌输的主要手段，教育尤其是价值教育在这样的社会形态中，发挥的是灌输"极左"的意识形态影响下的"三观"（世界观、人生观、价值观）的工具性功用。当然，就教育本身的特征而言，在这种呈现出强烈一元价值特征的社会中，教育的这种工具性功用有其正当性的理由。作为蕴含着价值传递使命的教育，要完成其使命或履行其职能，就必须传递这种价值体系，因为整个社会只存在着一种价值体系（即由意识形态所主导的价值体系），并无其他的选择。

---

① 孙彩平. 多元价值对道德教育正当性的挑战与要求 [J]. 教育科学研究. 2007 (4).

　　1978 年中国共产党的十一届三中全会的召开，对过去以阶级斗争为纲的国家路线进行了清理，扭转了国家的发展方向，将党和国家工作重点转移到以经济建设和社会主义现代化建设中来，同时也对共产主义和社会主义的价值内涵作出了新的更丰富的解释。此次会议还确立了改革开放的基本国策，随着改革开放的施行、国门的打开，许多异域异文化的优秀思想也传播进来了，它们当中的许多优秀成分也被吸收作为我国社会主义价值体系的补充，尤其在市场经济的条件下，更是借鉴了许多资本主义业已成熟的市场经济价值观念来建立和发展我们的经济文化和市场价值，以发展市场经济。

　　改革开放以来，在经济和社会发生巨大变化的同时，教育在现代化建设中的战略地位也被确立，教育方针在改革实践中得到发展并逐步完善。1978 年，邓小平同志《在全国科学大会开幕式上的讲话》中首次提出培养科学技术人才是教育战线的重要任务，并在 1983 年提出了"教育要面向现代化，面向世界，面向未来"。后来又规定了新的历史时期教育工作方针："教育必须为社会主义现代化建设服务，必须与生产劳动相结合，培养德、智、体等方面全面发展的社会主义建设者和接班人。"由"教育为无产阶级政治服务"改变为"教育必须为社会主义现代化建设服务"，反映了教育在经济建设中的地位和作用，并适应当时党的工作重心转移的需要。在这样的转变中，教育也随着整个国家从原来的阶级斗争路线中走了出来，在相当长的一段时期里，教育不再以作为意识形态灌输的国家机器为主，而是履行其科学普及和知识传播的功能。在这一段时期里，科学教育得到了空前的重视，也达到了前所未有的繁荣。但是，相形之下，道德教育尤其是价值教育却受到了忽视，这种忽视一方面表现为德育课程的内容尽管脱去了阶级斗争的色彩，但在价值内容上依然保持了原来的高意识形态的特征，一方面表现为德育模式依然保持了高意识形态特征的灌输式、说教式的模式。当然，很明显的表现还有学校教育中，德育课程的边缘化等问题。

　　改革开放以后，尽管仍然在社会主义社会的大蠹之下，但是我国社会与以前的高意识形态时期不同，呈现出多元化的特征。在多元化的社会中，各种新的群体，新的阶层不断出现，他们的生活体验不同，利益诉求不同，文化背景不同，也带来了他们的价值皈依上的不同，这些价值上的诉求只要有益于甚至不违背社会主义核心价值观，都得到合理的保护。因此，与一元社会不同，在多元社会中，不再是一套价值体系主宰着整个社会，人们的价值追求也呈现出多样性。这种多样性在某种程度上，是经济发展、文化交流、社会进步和政治开明的必然结果，是时代发展不可阻挡的趋势，更是现代社会的一个基本特征。

多种价值体系同时呈现在人们的面前，意味着人们必然"有了"，当然也"有着"选择不同价值体系的权利，在这样的背景下，意识形态在除了国家政体层面之外的领域中，不再具有当然的权威。① 但是，人们所遇到的价值问题绝大多数都处在常常与之接触的社会生活的范畴内，因此，作为以"教书育人"为本的教育，必然要回答人们在社会做人中所遇到的种种问题。这个时候，道德教育和价值教育转变其论域成为一件不可避免或不得不为的事。在现代社会中，人和人之间的交往远远强烈和明显于人和国家之间的交往，因此，由以培养"阶级人"为主的德育必然要向以培养"社会人"为主的德育转变。因为，一方面，如果当下的社会形态都发展不好，如何能达到意识形态所描绘的更高的社会形态？因此德育需要关注当下。另一方面，如果作为以人的发展为对象的德育，必然要以满足人的发展需要为使命，作为历史性存在和社会性存在的个体人而言，其社会性的需要是其第一需要，因此德育需要关注人的社会性的需要。

既然承认不同的价值体系合法地在一个社会中共存，那就意味着：一方面要尊重不同价值体系，另一方面要尊重个体选择不同价值体系的权利。那么教育也就不能再通过原来的价值灌输式的德育模式进行价值教育，因为教育不能在不同的价值体系之间进行扬弃，那样做也是对个体选择价值体系权利的干涉和践踏。然而，固然不能进行价值灌输，那么进行价值传递和价值评价难道就合法了吗？按照上述的逻辑诚然也是不合法的。因为这类行为同样有干涉价值平等的嫌疑。问题推及极端就是：价值教育不能够关涉到具体的价值内容。如此，价值教育还有存在的空间吗？这样看来似乎在多元社会以及人们的选择自由面前，价值教育根本没有存

---

① 作者认为，作为意识形态的共产主义是人类的一个整体的远期的目标，是一种宏观视野，但是作为当下所存在的市场经济内部的短期的、局部的情景化的问题，相对而言属于微观的问题。因此，作为长期的宏观的意识形态眼光，对微观的场景化的问题，必然有诸多的不逮之处，因此，其宰制权会弱化。

在的合法性了。至少，这样的社会理解包含着这样的意思：多元社会中需要价值教育给出一种包容的姿态，或者说站在一个中立的立场。

（二）价值中立以及完全宽容的价值教育之不可能

我们仍然回到本书的一个最基本的问题：在多元价值社会中，如果价值教育应当存在的话，那么它存在的合理空间在哪里？无疑价值教育必须首先关注这个关乎自身命运的问题。一种努力就是寻找"价值中立"的价值教育的可能性。

"价值中立"这一原则首先是由马克斯·韦伯提出来的。在他的《以学术为志业》这篇演讲中，他如此描述："教师不应当是领袖"，"讲台不是煽动家应待的地方"，教师无权将自己的价值观强加给学生，尤其是政治和宗教信仰，"真正的教师会保持警惕，不在讲台上以或明或暗的方式，将任何态度强加于学生。"① 这一个原则本来是马克斯·韦伯为社会科学研究所设立的，但是在这里，韦伯也用之指称课堂上教师和学生之间的关系。就社会科学研究的立场而言，所谓价值中立，是指社会科学家在研究时，应当遵循他所研究的对象本身的规律和特点，而不应以自己的价值判断为指导去研究。另外，价值中立也指在事实领域的经济科学中，应当尊重存在本身而不要将它们都价值化。这样的立场正如韦伯自己所言，是建立在"科学不关涉终极关怀"的假设的基础之上的，也就是说，是为了科学研究的需要，将自己的思路严格限定在研究对象的实存中，这种立场某种程度上是为了保持研究的客观性，但是并不代表研究的结果并没有价值性判断或结论。而上文所说马克斯·韦伯为课堂情境所设置的价值中立原则却是在多元价值的背景之下的。他为了解释多元价值，用了一个情境化的描述："我只想问一句：'在讲授教会形式和国家形式或宗教史的课程上，如何让一名虔诚的天主教徒和一名共济会信徒得出同样的价值判断呢？'这样的问题是不会有答案的。"在这样的情境中，马克斯·韦伯其实同时揭示了多元价值社会的一种无奈：在一般性的社会交往中，不同价值个体之间的观念认同是多么的艰难啊！

价值教育最基本的意义在于，引导青少年用正确的价值标准来看待社

---

① 马克斯·韦伯. 学术与政治 [M]. 冯克利，译. 北京：生活·读书·新知三联书店，1998：41 - 43.

会、人生以及自己的生活、生命，教育他们正确看待社会的作用和认识人生的意义，正确理解生命的价值，懂得关注自己的灵魂，形成自己坚定的信仰，具有健全的人文精神，养成自己的关爱情怀，学会过现代文明生活。① 因此，价值教育最根本的根基在于"正确的价值标准"，倘若失去了这一根基，不存在所谓"正确的价值标准"，即所有的价值只要是存在的就是合理的，并且都是"善的"（good），那么还需要进行价值教育吗？因为人作为精神和意义的存在，无论怎样，只要他是健全的，就必然拥有其自己的价值观念。如果每个人都必定拥有自己的价值，而这些价值都是无差别的"善的"（good），那么价值问题只需要承认一下就可以了，还需要教育吗？因此，价值教育如果完全处于中立而失去其明确的价值立场，可以说就是在消解其自身的意义以及存在的合理性理据。

如此看来，如果站在社会科学研究的立场来对待价值教育，我们会发现，"价值中立"是不可能的，因为，在此"价值中立"仅仅是一个研究的起点，最终还是要透过现象研究、价值澄清等手段得出一定的研究结论，形成价值判断。② 如果站在马克斯·韦伯为多元价值设立的课堂情境中，价值中立的教育也是不可能的。这样的情境无疑假设了一种不包含任何内容的价值教育，因为价值中立就意味着价值教育本身在"价值为何"这一问题上采取缄口不言的立场。这样的情境无疑显示出了价值教育的"无能"，规定了一种"无所作为"的价值教育，"无所作为"的教育还有存在的必要吗？

为了将这一问题继续深入地讨论，我们再来思考一个与"价值中立"的观念相和的立场，即在多元价值社会中，完全宽容的价值教育是否可能。

首先一个需要思考的问题就是何谓宽容。自从以赛亚·伯林奠定了多元价值的理论以来，宽容已经成为这个时代最能称得上"共识"的共同价值观了（严肃地说，宽容也因之成为这个时代的顽症）。在多元价值社会中，由于受相对主义等现代思潮的影响，瓦解了原来对终极真理的相信，同时也带走了对价值正当性的判断。在这样的思想之下，任何价值之间都不存在好坏之分，一切的价值都"存在即是合理"，任何人都有自由

① 石中英. 价值观教育 [M]. 北京：教育科学出版社，2007：2.
② 这个结论的必然性，是因为这种"社会科学的研究"的对象是价值或价值事件。

选择的权利，甚至父母都不能干涉。这样的情形就是剥夺价值判断的权利；而对于个体的选择，则要求一个宽容的态度。这种语境之中的宽容，实际上就是放弃发言的权利，甚至放弃判断的权利，因为这个时候的宽容不仅仅是不能反对（这意味着对人的行为的不宽容），同时，也不能判断（这意味着对价值的不宽容）。这样的思路中，必然蕴含着这样的逻辑，我们应当放弃任何的价值事件，不但包括价值判断，甚至包括价值选择，因为如果所有的价值都毫无分别那选择有什么意义呢？这样的话，不但任何的价值内容失去了其存在的正当性，就是价值本身也失去了其存在的正当性。

而事实上，宽容这个词首要的意思包含着相反的意见，因为只有你的意见与别人有冲突时，才谈得上宽容这一回事，否则何谈宽容呢？因此，宽容绝不是无立场，而是有自己的立场，而且是别人的立场和自己的相反之时，仍然接纳对方时所表现出来的一种品格。宽容绝不是"我没有任何意见"，而是"尽管我不同意你所说的每一句话，但是我誓死捍卫你说话的权利"。然而这种对宽容的理解，又为时下所流行的对宽容的理解所不容。①时下所流行的宽容已经狭窄到了限制一切价值言说和交流的羁索。

另外一方面的问题是，各种有益的（或者好的）价值观传播的同时，拜金主义、享乐主义等种种挑战人们的道德观念的价值观也流行了起来。如果各种"和谐的"价值体系有利于意识形态所指称的人类共同体的形成的话，那么，若干年来已经显明这些价值观是有害于人类共同体的形成的。不但如此，这些价值观，还否定了人与人之间的关系赖以维系的道德力量，违背了人的社会性的本质，同时也瓦解了现代社会的基本形态。因此，在这样的精神状况下，以无立场的姿态，放弃价值教育的价值引导的功能无疑会带来社会放纵性的毁灭；完全宽容的价值教育有悖于价值教育本身的要旨，在根本上是不可能的。

二、多元价值背景下价值教育的转向

马克斯·韦伯在讲述多元价值的那个情境之后，他仍然提出："从事

---

① 时下所流行的对宽容的理解是一种无立场的宽容，或者更准确地说只剩下了一个立场，就是只有不宽容不能被宽容，其余的一切都可以宽容。

学术教育的人，必须希望并要求自己，以他的知识和方法，使他对这两种人都会有所助益。"这在某种程度上已经成为作为教师的一种志业本分。但是面对多元价值的背景，教师如何来践行这样的本分呢？这实在是一个问题。

在多元价值的时代背景下，价值教育的使命和生存空间在哪里呢？

（一）培育价值理性，捍卫客观的价值秩序

于人而言，价值是一个极其严肃的问题。因为在万类当中，唯有人是价值地存在着的。同时，我们只要活着，就一定处在价值地生存着的必然性当中。这是由人的生命中的灵魂性结构所决定的。教育是一项专注于人的事业，甚至有学者将之称为"成人之业"，因此她不能够逃避人的本质中所蕴含的价值问题。甚至要站在"立人"的立场上捍卫价值的实在性。从本质上讲，如果教育失却了对价值问题的关注，她就失去了她自己的本真性，就不能称为"成人之业"。也可以说失却了价值关怀的教育，就失却了自己的"根"，而成为一种无根的事业，空洞的事业和虚无的事业。因此，无论在怎样的社会当中，教育都不能放弃其价值关怀的角色。但是在多元社会当中，各种价值体系的出现，加之人的自由的当然性，教育尤其是公共教育就失去了其代替个体进行价值教育的合法性。并且在多元民主的社会中，信仰自由以及消除歧视的原则也剥夺了教育对教育对象的价值选择，尤其是牵涉信仰的价值，选择进行评判的正当性。那么在这样的处境中，价值教育还能有何作为呢？

其一，培育价值理性。无论人们处于怎样多元的价值处境中，最终而言，在一定的时间，人们都要也只能委身于一种价值。因此，在绝大多数时候，人们所要面临的并不是价值选择问题，而是对事件的价值判断和对价值的践行。而这是每一个人的人生中，时时都要面对的问题。甚至可以说每一个人一生都必须面对价值现象，并且甚至每一件事都涉及价值问题。这个时候，作为"科学"的价值教育就有责任教给儿童，如何看待自己生命中所客观存在的价值现象，并且也得告诉儿童，如何使用理性分析事理，使价值的清泉流进事物的肌理，好使生活和价值在个体的内部实现统一。这种统一某种程度上是人的实现的一个重要的标志。

其二，也是更为重要的一点，就是要研究客观的价值秩序，为价值的

客观性以及价值秩序的客观性辩护。德国著名的哲学家马克斯·舍勒在这方面做出了开创性的贡献。他透过现象学的眼光与方法，发现人的内部客观性地存在着五种价值，即：神圣价值、精神价值、生命价值、实用价值和感官价值。他又透过对人的存在本质的分析，将这些价值类型由高到低排列为神圣价值、精神价值、生命价值、实用价值和感官价值。在某种程度上，价值教育需要为这个客观的价值之序辩护，这甚至应当被看作为多元价值背景下道德教育的地位和根本使命。[①]

如果我们仔细地来分析当今所产生的社会性道德问题，就会发现这些问题的产生主要不是由于价值的冲突造成的，而主要的形成原因却是价值的错位，也就是说由于将人的低等欲求诉为最高的价值吁求。或者说，当今突出的道德问题，主要并不是由于在同一价值层次之中人们的选择冲突，而是由于人们将一种价值观念放置在错误的价值等次上，由此而造成的价值秩序的混乱。

从另外一个方面来说，如果价值教育不是一个伪命题，而是一个实实在在存在着的教育实践或教育形态的话，那么就不能否认价值也是一种实实在在的存在。如果我们承认人的欲求有不同的等次的话，那么我们也必须承认满足这些欲求的所对应的价值也有不同的等次。那么，如果我们无权对价值的优劣进行评价和研究的情况下[②]，捍卫这种客观存在的价值秩序，就是捍卫价值以及价值教育本身。

（二）促进价值分享和价值对话

尽管在多元价值社会当中，每个人都拥有选择自己所委身的价值的权利，但人终究还是社会性的存在，人总是无法逃脱与他人的交往，并且也无法逃脱与不同价值个体之间的交往。对作为意义性存在的人而言，他在做每一件事情的时候，都意味着一定的意义判断，而判断的依据就是他自己所委身或皈依的价值。从这层意义上，人在每一个与其他个体的交往中，都无法回避自己的价值判断。这就造成了不同的个体在不同的价值判断中竟然在同一件事上彼此交往了！这种交往如何可能的呢？作者认为，

---

①　这方面的观点可参见本章第二节。
②　等次与优劣是不同的概念。讲优劣时意味着绝对的肯定和否定，而讲等次时，却是意味着在各自层次上的肯定。

这个时候所发生在人身上的事件已经不仅仅是一个物理性的事件，它同时更是一个价值之间的对话事件。尽管是同一件事情，但是一旦它发生在不同的价值个体身上，就意味着对此事件不同的价值判断之间的相会，这就是一种价值对话。尽管所发生的事情是同一个，但是，与此事相涉不同价值个体却是带着自己的价值预设、价值判断和价值逻辑来对待和处理这一件事件的，同样，不同的价值个体对同一个事件的结果也有不同的价值评价。这样的情形之所以会发生，主要是由于不同的价值主体在同一个中性的事件中，实现了自己的价值目的。但是，只要他们各自的价值皈依不同，就必然导致他们在同一事件中的价值性的目的不同，如果这样的话，他们就必然是以对方作为达至自己目的的手段。在这种发生在同一事件里的两个不同价值体系之间的相遇中，不同的价值思维、价值判断、价值动机和价值目的之间的对弈，促成了事件本身的发生和发展。因此也可以说，不同的价值主体在不同的价值体系中，利用同一个事件进行着价值的际会和"对话"。

但是，这种"对话"常常是隐性的。因为在实际的事件发生过程当中，主体之间常常不发生实际的价值分享或对话。不同价值主体各自的价值动机、价值判断以及基于价值判断之上的谋划，常常只是在主体的内部完成，并没有在主体之间发生实际的语言意义上的价值的实际交流与对话。因此，虽然在主体和事件之间真实地发生了价值的言说，但是在事件当中也必然蕴含着这两种言说之间的相遇，然而在主体之间却没有发生实际的直接的价值交流和沟通，因此，作者将之视为一种隐性的"对话"。作者认为，只要不同的价值个体之间发生交往，那么这种隐性的"对话"就是在所难免。

既然"对话"在所难免，但是如果双方都是在对方不知情的情况下将对方纳入了自己的价值思维当中，那么这种对话就是隐性的，这种"对话"的发生就意味着其背后蕴含着两场"宗教性的暗谋"①；同时只

---

① "宗教性的暗谋"这一概念所反映的乃是这样一种情境：双方的价值前提不同，而人的行为往往是带着自己的价值印记的意义行为，因此也就必然在双方的交往中将交往本身以及其所涵摄的事件也纳入了自己的价值范域之中，而这种纳入又是在对方完全不知情的情形下发生的（如果没有进行实际的价值上的交流的话），因此就是一种"暗谋"，因为各自都在自己的价值前提中看待同样的事件，也在有不同的价值主体参与的同一件事件中达到自己的价值诉求。而这种暗谋由于牵涉到宗教性的价值前提，因此就是"宗教性的"。

要事情发生并达到了双方所谋取的结果，那么站在一方来看，都是使得对方以为是自己成就了对方的价值目的，然而，事实上却是对方成就了自己的价值目的，因此，这种"对话"在某种意义上也是一种撒谎。这样看来，这种隐性的"对话"背后隐藏着的却是更大的道德危机。因此，与其让这种"对话"隐性地发生，不如促进健康的显性的对话。也就是不同价值之间的直接交流与分享。

现代社会是一个价值多元的社会，同时它更是一个被诸如工具理性之类的现代性顽症所宰制的社会。我们常常看到，现实社会中的主体之间的交往常常被挟持为这种隐性的"对话"，使得主体之间的交往越来越走向这种隐性的"宗教性暗谋"以及显性的去价值化的状态。那么我们要反思的是，在这样的一个多元价值的社会当中，我们教育，尤其是价值教育的使命仅仅就是教会儿童们在所谓"尊重"的旗号之下将价值感隐藏在个体内部，而在主体间的交往中隐藏自己的价值感吗？价值教育不能仅仅囿于内部，更要体现出一种社会担当。

从某种意义上，显性的价值对话符合人的价值性存在的本质。因为人作为价值性的存在，他一定是选择自己认为最值得皈依的价值，如果这种皈依是真实的，那么他的分享的冲动也必然是真实的，因为这是他所认为的最正确的东西（哪怕是怀疑主义和相对主义）。因此，从某种程度上来说，抑制儿童的价值分享，就压制了儿童真实的价值流露，对儿童而言，这无疑就是在压制他的价值感，这样的教育也是在对儿童进行另一种价值宰制，就是剥夺其价值权利的价值宰制。不仅如此，既然价值流露是一个人形成和表达的重要因素，那么，限制对话的价值教育也极易型塑出价值感不健全的人，极易导致虚化甚至虚伪的价值皈依。因此，促进儿童的价值对话是价值教育不可回避的内容。就是对一个社会而言，人与人之间的交往如果回避价值分享以及价值对话，那么也将使整个社会的运转回避价值问题，而使得社会成为一个价值或价值感缺失的社会。因此，促进人与人之间的价值分享与对话，也有利于形成一个尽管多元但仍极具价值感的社会。

甚至可以说，正因为有个体之间的价值分享和价值对话，才使得价值问题由个体现象变成一个社会现象。如果没有个体之间的价值分享和对话的话，那么，价值的选择和皈依，以及价值的判断，等等，这些只存在于个体内部，而对这个社会而言毫无意义。可以说，如果只是一个个孤立的价值体在同一个空间疏隔地存在，这绝不是多元价值社会的原意，真正的多元价值社会必然是多种价值在同一个社会中自由地汇聚与交流。如果缺乏价值分享与对话，价值也很容易湮灭于个体内部，而不能在社会中存在，同时，对儿童而言，他也无法进行价值的选择，因为他所面对的社会或他人并没有给他提供可供选择的价值资源。那么多种价值观念同时出现在"一个社会"之中，成为一种社会性的存在，这本身就是价值分享和价值对话的结果。如果价值一直被理解为一种个体的行为的话，那么就更容易造成个体的价值独断，也只有在一个个体对不同的价值都理解的基础之上，才有可能养成真正的多元价值社会最需要的不同价值个体之间的尊重①。可以说，价值分享和价值对话同时也是多元社会得以可能的重要依据，也是保护多元社会不沦为"无价值社会"的根本因素。因此，促进不同价值之间的对话就是维护多元价值社会本身。对教育而言，促进各种价值在教育的场域中相遇和对话，本身就是促进儿童个体价值生成的重要方式，也是儿童真实地参与多元价值社会的重要手段，也能在合理的分享和对话中，真正培养儿童对不同价值个体的尊重，它本身就是在培养"多元价值社会的公民"。

同时，价值之间的对话使得不同的价值体系在同一个社会场域中相遇，本身就造成了价值之间的碰撞，这种碰撞也有利于促进价值之间的辨别与明晰，这种辨别与明晰有利于健康价值的传播，而遏制不良价值的传播，实现价值本身的"优胜劣汰"，作为"成人之业"的教育，这尤其是她要在自己的场域中践行的使命。另外，对于某个价值体系而言，在一个场域当中与不同的价值体系相遇，在对话之中也有利于价值体系自身的完善和发展。

因此，在现代社会的多元性无法回避的背景之中，价值教育不以狭义的"宽容"限制人的价值性的存在本质，而以促进对话和分享的方式，来建立儿童更深层次的接纳和包容，实在是一种必要的转向。这种转向不

---

① 与宽容不同，尊重意味着真正理解基础之上的接纳，是一种真正意义上的个体之间的宽容和接纳。价值宽容这个词，被时下的许多"宽容主义者"用成只针对价值以及价值选择事件，而使用尊重这个词的时候，强调的对象不是价值以及价值选择事件，而是价值以及价值选择的主体。

但是价值教育在多元化社会中捍卫自身存在的合法性和合理性的需要，也实在是捍卫这个多元化社会存在的需要。

第四节　现代主义语境下的公民教育

现代社会的内在特征决定了它必然是一个公民社会，在公民社会中，公民是社会独立、自由而又主动的参与者；但是，现代社会又必然产生现代性问题，现代性使人们远离公共领域而活在自我的空间内，使现代社会失去公民社会的真义。因此，现代性本身又是颠覆现代社会的，这就需要公民教育承担保卫公共性、捍卫公共价值并引导作为人之本质的公民身份体认的功能，以便弥合由于现代性问题给现代社会所造成的断裂。我国公民教育的特征表现为：集体主义与个人主义两方面的影响下产生权利与义务的分离。为了抵制这种分离给公民社会所带来的现代性断裂，公民教育亟须向引导学生由社会层面来理解权利与义务的方向转型，以培养拥有健全而统一的权利与义务观的现代公民。

一、现代社会与"公民"的缘起

"公民"这一概念早在古希腊就已经出现，那时"公民"这个词是和城邦有关的，因此，有时也会和城邦的名称联系在一起称呼，如"雅典市民"。可见，"公民"这一社会群落从发源之初就和城市紧紧联系在一起。当雅典的城邦崩毁之后，这个词就几乎很少出现，一直到近代化时期，一些新型城市出现之后，才有市民这个词；现代意义上的"公民"更是现代西方社会初步形成之后才有的产物。在古希腊，"公民"是自由民，地位高于臣民和奴隶，亚里士多德在其《政治学》一书中认为政治权利是公民资格的真正条件，凡是有权参加议事和审判职能的人，就是一个城邦的公民。在现代社会，"公民"这一概念是指具有本国国籍，并依据宪法或法律规定，享有权利和承担义务的人（见《辞海》）。可见，在古希腊，公民资格是一种政治地位，更是一种人身地位；而现代社会所讲的"公民"概念更有宪法和法律意义上的权利与义务的关系。

1. 现代社会公民的产生

虽然公民资格作为一种制度和理论与古希腊和罗马的政治体系有关，

但正如特纳（Bryan S. Turner）所指出的那样，"公民资格实质上是现代政治的产物，即法国大革命与工业革命的社会政治结果……完整意义上的公民资格是封建与奴隶社会衰亡的后果，因此与现代工业资本主义社会的出现直接关联。用更具社会学意义的术语来说，公民资格既是现代的构成要素，也是现代化过程的结果"①。本书所讲的"公民"都是指现代意义上的，即伴随着现代社会所产生的这一概念。那么，现代社会为什么会产生"公民"呢？作者认为有以下几个原因。

第一，现代社会的分工越发细致，人与人之间的联系也越发紧密，因此，公权力②调节的面也越来越广，人们与之的关系也越来越密切。在传统社会，社会生产主要以家庭为单位，一户家庭的所需一般都是靠自己的农业生产或手工制作而自足，在这样的社会中，人们之间的分工合作非常少，因而联系也很稀少和松散。而现代社会却不是这样。现代社会开端的一个重要的标志就是由英国开始的工业革命，工业革命拉开了近代产业世界的大幕，使得人类的物质生产条件得到了前所未有的超越，同时，工业化的生产也使得生产日益专门化，分工日益精细化。在这种日益精细化的社会分工中，要完成一件产品的制造往往需要若干个不同部门之间相互配合，这样人与人之间由于分工而产生的交流和接触也越来越多，关系也越来越密切。在这样一种日益紧密的社会化的联系中，自然就形成了一个日益紧密和精细的新型现代社会。这样的现代社会最典型的特征，就是成员的联系更加紧密，属于一种密集型的社会。因此，其中公共的事务也越发的增多，公权力在人们的生活领域里的调节面（介入面）也越发的宽广，这样的情形增强了个人与公权力之间的联系，促进了公民社会的形成。

第二，现代社会交换的发展和私权利的强化，越发要求公权力的保

---

① Bryan S. Turner and Peter Hamilton. Citizenship – critical concepts. General Commentary [C]. London and New York：Routledge，1994．8．

② 本书所说的公权力是基于社会契约论的基础之上的。卢梭说：要寻出一种结合的形式，使它能以全部共同的力量来卫护和保障每个结合者的人身和财富……这是社会契约（初稿作"国家的创制"）所要解决的根本问题（参见卢梭．社会契约论 [M]．孙宜学，译．商务印书馆，2003：19．）。我认为，现代社会有限政府、服务型政府的理念，背后都是以社会契约论作为理据的。而本书之所以用"公权力"而没有用"政府"一词，主要是因为本书不是强调有形的政府，而是强调在公共空间中所存在的一种法律性或契约性的调节力量，即本书的公权力是指卢梭这里所强调的"一种结合的形式"所产生的"共同力量"。也可以说本书不是在政治层面上言说，而是在社会层面上言说。

障，因此，人们与公权力的关系就越发的密切。社会分工的细化必然带来市场交换的频繁。市场交换有一个前提条件：私人产权及其自主运用①。正如 R·Coose 所指出来的，"明确的产权界定是市场交易的先决前提"（科斯定律）。因为倘若所要交换的产品不是你的，你就没有权利对它进行交换，就是说如果你对一物没有所有权，你就无法对其有自主性，如果没有自主性当然无从谈起交换了；从另外一个角度，在某人对财产拥有完全的产权时，他人就不能享受产权所带来的效益和成本，此时这些效益和成本才有可能被"内部化"，即对财产所有者的预期和决策产生完全的直接的影响，只有那样才能将他人对该财产使用的估价传递给所有者，所有者也才有动力将其财产投入他人欢迎的用途②。例如，一个地主在其土地上的部分作物常被盗贼偷走，就不会像一个其土地和作物都受到保护的地主那样努力地种植和耕耘其土地。再者，市场交换在本质上可被看为产权的转移。因此，在市场交易中产权的界定和保护是必不可少的。而产权的界定和保护所依赖的是公权力所保障的产权制度，因此在几乎每个人都必须参与交换行为的现代社会中，个体与公权力之间的联系也必然密切，这种联系也促进公民社会的形成。

　　第三，现代社会市场经济的发展呼唤独立、自由、平等、理性的价值观，这些价值追求决定了现代社会是一个民主社会，产生人们对公权力的参与机制。市场经济的一个目标就是建立健全而自由的交换机制，交换所要求的必然要素就有独立和平等。因为只有独立的个体才能有自主性，才可以成为交易的主体；而交换的得以实现的一个必要条件就是交换的两物应当是等价的，合理而健全的市场经济应当消除特权等因素的影响，创造一片自由而平等的空间，保护这种等价性。而从个体而言，这种等价性依赖于自己理性的判断，即之所以愿意参与到交换当中去乃是基于对自己和对方所拥有的交换品的等价性的判断。因此，市场经济的内在机制本身就呼唤独立、自由、平等、理性的价值观，而这种价值观本身就是构成民主社会的价值基础。当这种价值观影响到更广泛的公共性领域时，民主社会就自然而然地产生了。同时，这样的价值观也是人们参与公权力的基础，民主社会很重要的一个特征就是它有健全的公民参与公权力的机制。只有

---

　　①　柯武刚，史漫飞. 制度经济学［M］. 韩朝华，译. 商务印书馆，2003：214.
　　②　柯武刚，史漫飞. 制度经济学［M］. 韩朝华，译. 商务印书馆，2003：214.

在这样的机制之下，才有可能产生现代意义的"公民"。

第四，现代社会需要建立一个健全的公民社会。上文已经论及现代社会的一个基本特征：经济社会，并且也论到经济社会呼唤独立、自由、平等、理性的价值观。而与现代社会相对的传统社会却体现为权力的高度集中与权力的泛化①，这样的社会首先违背上述的价值观，更重要的是在这样的社会形态下，只有少数人在公权力中拥有充分的自主性，而绝大多数人都是被动地处于公权力的管束之下；但是现代社会市场经济却要求社会中尽多的成员有主动的活力。因此，现代社会必然要求打破僵化的传统社会，需要建立健全的公民社会，增强社会的民主性和成员的自主性。

2. 现代"公民"的基本特征

因此，现代社会必然是一个公民社会，在它的机体内生存的人们必然与公权力产生比以往更紧密的联系。我们再来考察现代社会背景下所产生的"公民"，发现具有如下特征：

第一，处于一定的政治共同体内。从辞海对公民的定义中我们就可以看出"公民"首先是相对于一定国家而言的，国家就是公权力的施行主体；从另外一方面，公权力的产生是处于公民对自己私权力的让渡，这让渡出来的私权力就形成了一个权力共同体，因这权力的让渡是出于政治的目的，因此也称政治共同体，这一政治共同体就是国家。因此公民就必然处于一定的政治共同体内。

第二，权利与义务。国家这一政治共同体的一个显著的标志就是宪法和法律，宪法和法律也是所让渡出来的公权力所产生和行动的依据②。公民社会又是一个有机体，它的实际运作表现为国家与公民之间鲜活的关系——权利与义务，即公权力与私权力各自的行动。它们行动的依据就是宪法和法律。因此，公民与国家的关系实际地存在于宪法和法律所规定的公民的权利与义务中。

――――――

① 笔者认为这是集权社会的两个必然表现，一是权力所管束的范围几乎可以延伸到社会的每一个方面，一是权力集中于少数人甚至一个人的手里。这样这少数人或一个人就很容易影响整个社会环境。

② 当然宪法和法律本身也是产生于公权力，但是在一个已经成型的公民社会中，宪法和法律却是要加入该社会的公民需要让渡哪些权力的依据。

第三，独立、自由、平等。现代意义上的公民社会实际上也是一个民主社会，"人人生而平等"是它的一个最基本的原则，同时民主社会中公权力存在的一个理想就是为了保障个人的自由，这些都规定了民主社会中的公民最基本的地位：独立、自由、平等。

第四，主动而又自律。权利与义务是公民面向公权力的基本规定性。从公民的角度来说，权利和义务又蕴含着主动而又自律要素在内。从权利方面说，公民当然乐意主动地行使，而这种行使又有一定的界限，因此在这种主动的行使当中应当包含着自律；从义务方面说，义务的履行是出于公权力面前的自律，但由于这种自律一方面是出于自己对公权力的让渡，一方面也是出于公权力对私权的保护，因此也有一定的主动性①。因此，主动而又自律是一个有约束力的公民的一个特征。

二、现代社会与现代性问题

一般意义上，现代性是指从文艺复兴特别是启蒙运动以来的西方历史和文化，其特征就是"勇敢地使用自己的理智"来评判一切②。

1. 现代性的产生

现代社会是现代性生长的土壤，不但如此，现代社会的诸多特征也都促进了现代性问题的加剧。何以造成这样的状况呢？

第一，现代社会最典型的特征是对物质的追逐，人们相信物质的丰饶是"解决一切问题"，包括善的问题的关键。因此，控制自然、改造世界成为一种当然的欲望，评判一切进步的标准就是物质生产的进步。现代社会诞生于工业革命的号角之中，它对人们所形成的第一个思想冲击就是，原先一直辖管着人类的物质现在开始被人类驾驭。在这一个关系的变迁中，人类看到了自己的力量，并建立了自信。当这种自信被扩大到一定程度，就成了"我们可以解决一切问题"。而事实上，这一自信的开端仅仅是因为人们开始解决一个问题，这两头之间的对接就成了解决这一个问题

---

① 在分析这一问题时，之所以没有把义务的履行说成是法律面前的被动，而是出于一种蕴含主动的自律，乃是站在公权力来源于主动契约（社会契约论）的视角。

② 佘碧平. 现代性的意义与局限 [M]. 上海：上海三联书店，2000：2.

也就解决了所有问题①，当然这一问题的解决程度就成为了评价一切进步的标准。

第二，现代社会生产的进步是基于科学技术的发展，由此给人们一种信念：技术产生进步，因而产生了推崇科学，迷信理性的风气，这使得人类走进唯科学主义的迷雾之中，认为只要掌握了科学，就掌握了整个宇宙。当人们树立了"解决了一个问题就解决了所有问题"的信念之后，自然而然地就要寻找解决这一个问题的方法，在现代社会的实践中，人们发现促进解决这"一个问题"的乃是科学技术的发展。因此，技术的发展成为人们最直接的追求，科学也成为评价一切的价值尺度，产生科学思维的理性更成为人类自己的宠儿。这些一同给人类的思想观念散布上了一层浓浓的唯科学主义的迷雾，让科学成为膜拜的对象、神话的写笔，产生只要掌握了科学就必然掌握宇宙的信仰。

第三，现代社会的发展显现出社会的机体性，日益显现出社会"技术"的一面，因此，也将社会当成一个"方程式"，认为只要有一个合理的解就当然地解决了一切社会问题。当唯科学主义的迷雾由自然领域弥漫到社会领域时，就必然产生这样的"技术思维"②。这种思维出于对社会的本质是物质性③的信仰，也是改造自然的信念系统在社会领域里的投射。

第四，现代社会是一个经济性的社会，它所奉行的独立、自由的价值观滋生和助长了个人主义的价值取向。上文已经论到独立、自由的价值观对于现代社会的重要性。从社会整体的角度，将独立、自由作为社会整体

---

① 几千年以来，由于受自然与物质的辖制，人类一直处于巨大的自卑当中，直到现代生产技术诞生以后，这种状况才得到了改善。然而一旦人们看到自己可以解决物质贫乏这"一个问题"而挣脱它的辖制时，半是由于看到这种改善的喜悦，半是由于人性自身的狂妄，觉得自己已经解决了最难的问题之后，就生出已经解决了世界上所有问题的现代性自负。但事实上，即使在现代技术已经发展了几百年的今天，贫困仍然困扰着人类，在自己的生存家园中，人们仍旧面对着巨大的未知世界，飓风、大气水体污染、臭氧层空洞等新问题的出现更显明了人们只不过抓住了自然和物质的一点点尾巴。所以说在解决物质与自然这"一个问题"上，人们也仅仅是开了一个头而已，更遑论宇宙、社会、心灵、文化等层面上所存在的更深的问题了。但是，"解决了一个问题就解决了所有问题"的自负思维却已经深深地烙在人的心里。

② 这种思想并不包含在"解决了一个问题就解决了所有问题"的信念系统之内。因为那种思想认为解决了物质问题也就解决了包括社会在内的所有问题，并没有将社会纳入问题的视野；而这里主要是将社会物质地看待，主要是从唯科学主义的眼光看待社会问题。

③ 这里的物质性强调的是固化的、不变的、可驾驭、可控制的属性。

的价值观时，它表现为尊重个人的选择自由，并且鼓励个人自由；但当这种价值观缩影到个人身上，成为个人的一种价值操守时，却很容易产生疏离社会整体的个人主义。

第五，现代社会的生产方式本身就是在推行"解构"与"重整"的逻辑理性。与传统手工作坊不同，现代社会的生产方式是社会化大生产。社会化大生产首先要把产品分割成许许多多个部件，分工到不同的部门或单位去生产，最后再通过一步或逐步的整合组装成完整的产品。这种"分割－整合"的生产方式本身就暗合了"解构－重整"的逻辑理性，这种技术化的生产方式的广泛应用本身就是在推行这种技术性的逻辑理性。

第六，现代社会所有这一切的特征和思维，都阻隔了人类与彼岸超越世界之间的联系之途，断绝了传统价值观对社会的影响，造成了所滋生于人们内心深处的价值危机，产生了最为深刻的现代性问题。从前几点分析中不难看出，现代社会的特征和思维把人们的信心和目光拘禁在此岸的物质世界，蒙蔽了射向彼岸超越世界的目光，并且物质地看待人类社会甚至人类自身，这不但与传统的价值观断绝，也完全偏离了传统的人性观。在这样的"新眼光"中所产生的对人和价值的看法，没有任何的根基，斩断了人的地位及价值与永恒的古老联系，产生了最深也最根本的价值危机，在人的内心深处产生最深刻的现代性问题。

2. 现代性对现代社会的"反作用力"

因此，现代性问题是现代社会的必然现象，并且现代社会本身对现代性的生长是起促进作用的。那么，现代性对现代社会的"反作用力"又是如何呢？本书试图从现代性所带来的几种价值表现谈起。

第一，个人主义。现代社会的民主和自由性使得人们有权利自由选择自己的生活方式或信仰，不再受传统社会中所谓神圣秩序的价值限制。传统社会的价值观是出于"因为它对，所以我认为它对"的思维，而现代社会所奉行的却是"因为我认为它是对的，所以它对"的价值思维①，这样的思维模式完全否认了价值判断的神圣来源，而确立了自我在价值判断中的正当性，这种对神圣价值的怀疑和颠覆被称为世界的"祛魅"。这种

---

① 白璧德. 卢梭与浪漫主义 ［M］. 孙宜学，译. 石家庄：河北教育出版社，2003：70－130.

"祛魅"也除去了神圣价值，使人们不再感到有某种值得"为之生，为之死"的东西，而寻求个人狭窄而庸俗的生活趣味，导致道德相对主义。在这种情形下，人们只顾个人生活而失去了个人以外的价值事业和生活领空。因此，民主的平等把人拽向自身，导致个人将自己完全封闭在内心的孤独之中的危险。换句话说，个人主义的黑暗面是以自我为中心，这使人们的生活既平庸又狭窄，使我们的生活更缺乏意义，更缺少对他人及社会的关心。现代社会中分工是为了提高生产效率，而分工带来的必然的活动方式就是合作，因为倘若没有合作，分工也就没有意义了；现代社会提倡独立、自由、平等的价值观就是为了透过交换促成这样的合作。然而，这种个人主义的取向却是走向封闭的自我，是对社会化合作的背离，因此，这种取向本身就成了对现代社会的拆毁和反动。

第二，工具理性。世界的"祛魅"还否认了社会安排和行为模式是立足于神圣秩序或上帝的意志；而在某种意义上现代性将之归结为人的意志，认为是人设计和安排了整个社会，目的是在社会的运行中获得最大的福祉；从另外一个视角来看，不但整个人类，就是个人也应当透过对社会秩序"力所能及"的更改而获得个人最大的收益，这样社会本身的运行也被当作我们用以获得目的的原材料或工具，产生工具理性。工具理性指一种在计算最经济地将手段应用于目的所依靠的合理性，这种合理性也扩展为人们衡量一切的尺度。在今天，工具理性几乎成为衡量一切行为模式的尺度依据，这就使之产生了控制人们生活的威胁。工具理性还加强了技术的"布魅"，使人们相信无论什么问题，都应该寻求技术上的解决，因为"工具"的使用只能在技术领域，由此产生技术万能的遮蔽。这种技术的支配地位遮蔽了一切其他的价值，因此也助长了人们生活的狭隘化和平庸化。在社会领域里面，工具理性将市场和国家看作为制度性的结构，社会的活动方式是一种无人情味的机制，韦伯将之称为"铁笼"。这个"铁笼"将整个社会变成了一台巨大的机器，而人们就只不过是这台机器上的一个个僵硬的零件而已。"零件"的一举一动不是自主的、主动的，而是受整台机器的机械结构（无人情味的机制）的控制。因此，在这样的"铁笼"中，人们不可能产生对社会的主动参与。而作为民主社会的现代社会，它需要其成员——公民的主动参与。所以工具理性所形成的

"铁笼"本身就是将现代社会囚禁在铁笼之中。①

第三，"温和的"专制主义②。一方面，工具理性以及工业 - 技术社会的制度和结构严重限制了人们的选择，既给个人自由也给群体自由带来极大的摧毁性；另一方面，个人主义使人们成为封闭的"自我"，宁愿在家里享受私人生活的满足，也不愿意参与公共事务之中，对一切公共事务失去了兴趣。在这两方面的政治生态中，极易产生一种"温和的"专制主义，这种专制主义不同于恐怖和压迫的暴政，它甚至可以保持民主的形式，但事实上一切都要靠一个人们所无法控制的"看不见的手"来驱动。在这样的专制主义下，个体公民就只能独自面对巨大的官僚国家，并因此而感到无能为力，这又使公民变得更加消极，并形成温和专制主义的恶性循环。这必造成自由的丧失，无人情味的机制减少作为一个社会的自由度，使人们的政治选择不是作为公民所作出的，而是由不负责任的"看不见的手"所作出的。这种"温和的"专制主义无疑是对以民主为特征的现代社会的巨大挫败。

第四，怨恨与现代伦理。舍勒用现象学的方法还发现了现代性所产生的一种特殊的伦理机制：怨恨③。在这种分析机制看来，现代平等观——无论是德性平等④、财富平等、身份平等、权利平等，都是基于怨恨，即本来在德性的或社会的秩序结构中处于低层者，要把高位者拉到与自己相同的水平⑤。怨恨伦理的产生，与现代化过程同构，在舍勒的分析中，现代性问题就可以归结为价值体验（价值偏爱）结构的转型（价值位移）。

---

① 泰勒. 现代性之隐忧［M］. 程炼，译. 北京：中央编译出版社，2001：9.

② 泰勒. 现代性之隐忧［M］. 程炼，译. 北京：中央编译出版社，2001：11.

③ 以美德为例，这种怨恨机制是：欠缺美德的实质价值的人承受不了与美德充溢者之间的品质差距，当处在这种品质比较之中时，难免恼恨（恼恨之源正是由于存在一个德性的品质等级），这时，对更高德性者的怨恨就转而肯定另一种德性原则。

④ 现代性的一个很重要的后果就是道德相对主义。在道德相对主义的眼光中，不同社群不同个体的道德价值和道德观点是相对的，是各种各样的，这个世界上没有绝对的对和错，也不存在客观的是非标准。在舍勒探讨的"怨恨"中，道德平等就是基于道德相对主义的观点，认为不同的道德——哪怕是利己的道德观与利他的道德观之间也是完全平等的，谁也不能批判谁，甚至持有利他道德观的人也不能批判持利己道德观的人不利他。

⑤ 例如，现代财富观（以洛克、李嘉图为代表）认为财产权当归于劳动，而非原本拥有、馈赠或继承，这种财富论源于"对不劳而获地获得财产的集团的嫉妒"。参见舍勒. 舍勒选集［M］. 上海：上海三联书店，1999. 496. 同时，在中国历史中这种低位者将高位者拉低的现代性怨恨的典型例子就是文革。

以启蒙思想的产生为例：从哲学上讲，是感性价值压倒精神价值，工具价值压倒生命价值；从社会伦理上讲，是职业价值、实用价值被推为普遍有效的德性价值；从文化秩序上，群众评价压倒精英评价。在这样的一种怨恨的颠覆秩序中，没有一种价值可以是绝对的，因为绝对就意味着地位的超越，因此就必然产生相对主义的现代伦理。相对主义又使一切的秩序、理念、价值处于不稳定的位置，甚至哪一种价值上升为公共价值，那也是要遭到怨恨的颠覆的。一定社会形态的存在一定有其稳定的公共价值基础，哪怕对现代社会而言，这种怨恨的颠覆也是彻底的摧毁。[1]

总结以上四点，不难看出：个人主义带来意义的丧失和公共视野的褪色，工具理性的猖獗带来目的的晦暗和"铁笼"的囚禁，"温和的"专制主义带来自由的丧失，而怨恨的伦理机制更是对一切形体和价值的销毁。因此，由现代性所带来的这些后果都直接造成了对作为公民社会的现代社会巨大的颠覆和反动。

三、现代社会需要怎样的公民教育

现代性就像一柄巨大的利剑横空劈向现代社会，使其自身形成巨大的分裂，不但如此，它还想漫天飞舞，将之剁成无以计数的碎片。这就是现代社会以及由其滋生出来的现代性所带来的意象，这种意象使每一个有价值感的人都会产生灵魂深处的恐惧与战栗。现代社会，一个给了人们无比信心又无比助长了这种信心的社会形态，就这样在一个生长于其内甚至概念上根本就无法与之对立的现代性的刀光剑影中血肉横飞。从另外的视角，现代性问题的存在是否就意味了公民社会意义上的现代社会的不可能性呢？答案是复杂的，却也是明显的，因为我们毕竟就是生活在现代社会，但这个答案也是微弱的，因为这个现代社会已经让我们对我们的公民身份有了陌生感。但这样一个答案足够吸引我们去探寻我们所处的社会得以存在的维系力量。

1. 现代性背景下公民教育的使命

公民教育，顾名思义就是以培养合格的公民为宗旨的教育，也可以说

① 刘小枫. 现代性社会理论绪论 [M]. 上海：上海三联书店，1998：371-379.

公民教育以合格的公民国家和公民社会的政治人和社会人为其培养目标，权利与义务是它的主要内容。权利与义务的界定建立在社会的公共价值的基础之上，同时，其关联性对象——公民也应当是此公共价值的拥护者，否则，在主观上他就是逃离这种权利与义务的关系系统的。权利与义务构成"激励－责任"的动力体系，是现代社会得以运行的"发动机"，激励人参与到社会性的关系之中，从而达到整个社会的机体性运行。但在现代性的价值体系中，社会成员之间的关系趋向于分离和断裂。即便在一些有限的联系中，也是以基于个体价值的工具理性作为联系的依据。因为，现代性所带来的个人主义的价值思维本身就是拆解公民社会所吁求的公共价值思维；从另外一个视角，即使抱定不同价值观的个体之间共同使用工具理性，也难以形成公共社会所需要的价值基础（公共价值），因为不同价值之间的理性"算计"很难发生交叉，即使工具理性的持有者双方都抱定与之最为适应的功利主义价值观，双方也是很难产生联结，因为功利性的个体之间只能产生公共的功利，却无法产生"功利的公共性"。因此，现代性的价值观是与公民教育所应当倡导的价值相悖。所以，公民教育要维护其存在的合法性，就必然处在与现代性的紧张之中。

现代性对现代社会最大的戕害就是使得作为社会主体的公民远离公共空间，并且在自我的禁闭中远离与公共空间连接的权利与义务。而公民教育的存在就是不断地提倡公共价值，以及公共本身的价值。公民教育应当挖掘各种资源，约束公民与社会之间的这种远离力量，使得个体价值建立在公共价值的基础之上，并且在公共价值中得到连接，达到个体之间权利与义务的关联。公民教育在另一方面也着力强调公民个体在社会中的责任与使命，用强大的道义力量来催逼公民参与社会，履行价值性的公共使命，由此产生一种更为强大的公共凝聚力。具体来说，公民教育应承担以下几项使命。

第一，保卫公共性。公民教育首先要与社会理念中的"去公共性"作斗争，为了公民社会的建构促进社会的公共善，通过多样化的形式培养受过教育的公众，即培养理性的、自由的、有德性的公民群体[①]。

第二，捍卫公共价值。首先要维护公共本身的价值，如"人人为我"

----

① 金生鈜. 保卫教育公共性 [J]. 教育研究与实验，2007 (3).

这样的社会善，这是公共空间本身存在的依据，这种维护主要体现在公民教育要引导教育对象认识这样的公共善，从而认识到自己正处于这样的善当中，由此体验到自己与公共之间的紧密关系。此外还要保卫公共价值，如"我为人人"这样的公民善，从而激发对象的公共责任感，主动地参与公共社会。

第三，政治性的身份体认。人的一个很重要的本质属性就是政治性，正如亚里士多德所说"人是政治的动物"，参与公共的政治生活是人的本质属性所规定的。透过对人的政治性本质的认识，有利于打破现代性的"囚笼"，体认自身的公民身份。

2. 当代我国公民教育的特征及其转型

在上世纪六七十年代，中国的国民一直都处于集体主义的话语体系当中，"公民"一词也只是在法律文本上"务虚"地存在着。而在现实社会中，与"国家"相对的概念为被政治化了的"人民"所替代，造成这种状况的原因主要是因为当时社会生活的主要依据不是法律，而是官员意志或行政命令。在这样的时代背景下，担当"公民教育"使命的中小学《思想品德》《思想政治》课程的主要内容都是以政治性的阶级意识，以及摒弃个人利益的集体主义意识作为主要内容。尽管在法律意义上存在公民的权利与义务，但在具体的教育实践中却强调"毫不利己，专门利人"、"舍小家，为大家"等集体主义价值观的内容，这种集体主义价值观的前提是政治性的阶级情操。在这种"公民教育"的熏陶中，学生所培养起来的"公民（人民）意识"中，"当家做主人"或"做社会主义事业的接班人"的主要表现就是将自己有限的生命投入到无限的共产主义或集体主义事业中去。这个时期，我国的公民教育是以集体主义的语体出现的。

中国共产党十一届三中全会之后，我国社会从以阶级斗争为纲的泥淖中走了出来，逐步确立了以经济建设为中心的社会发展目标，尤其是中国共产党十四届代表大会明确了建立社会主义市场经济体制的改革目标之后，整个中国社会迅速建立起了市场经济体制，融入到世界市场的大家庭中去了。众所周知，市场经济也是法制经济，随着经济社会的越来越发达，法律也越发在社会关系中成为主要的行动依据。中国的老百姓在短短的几年之间就一下子跨入了现代社会，而且其涉足程度之深，也属罕见。

在这种时代背景中，《思想品德》课程增加了有关市场经济以及法律意识的内容，并且其分量也日益加重。虽然这些课程仍然保持了一定的集体主义的话语特色，但是集体主义的价值热情难以经受经济浪潮的冲击，在现实教育和现实生活中，集体主义话语日益被边缘化，而权利语言却日益觉醒①。在集体主义言说的影响下，法律被赋予了"国家神圣"的色彩②，而在公民教育中，主要是通过强调法律的这种"国家神圣"，使学生透过对国家的敬仰而达致对义务的理解，从而也赋予义务以神圣的色彩；而在现实生活的功利取向中，法律成为维护甚至谋取个人利益的工具，而在公民教育中，主要是通过强调法律是维护自身权益的武器，使学生透过对利益的体察而达致对权利的理解，从而也赋予权利以功利的色彩。公民教育就是站在这样的立场，树立教育对象的权利与义务观的。在公民教育中，前种情形极易造成法律外在于个体的印象，产生个体与法律的疏离，后种情形极易造成个人主义。两者实际上造成了权利与义务的分离。而在一个不断被利益浪潮所冲击的社会中，在学生的思想中，前者实际的影响是个体与义务的疏离，而后者却造成了权利与个人主义的合流。这个时期公民教育的主要特征是树立个体的权利与义务观，而实际上却在无意中高扬了个人主义。正如前文所分析的那样，这种个人主义本身也形成了对现代社会的拆解。

从以上对我国公民教育阶段性的分析中，可以看出，我国的公民教育要么站在集体层面，要么站在个人层面进行言说，前者高扬义务，后者高扬权利，两者都实际造成了权利与义务的分离。而实际上一个健全的公民社会势必是如同教材上所宣称的那样"权利与义务是紧密联系在一起

---

① 在中国这样一个由传统走向现代的转型社会中，这种对权利的鼓吹本无可厚非，但是，由于中国社会经过"文革"之后，尚未完成文化和价值的重建，并且也由于市场和社会本身的不健全，导致两种关乎"权利"的倾向出现：一种是压服于社会中所存在着的种种"潜规则"，灰心地放弃维护自己的权利，一种是站在利益的角度强调个人的权利。前一种倾向表明了对公共的失望和无趣，后一种倾向其实是站在个人主义的立场对公共的漠视。这两种倾向都加深了中国社会现代性的裂痕，尤其是后一种情形，利用巨大的利益场形成基于个体利益的极端个人主义，这已经成为我国公民社会存在和发展的巨大拦阻。

② 在我国，法律的神圣性基本已经成为全社会的一种基本共识。但是法律的神圣性从何而来？我们既没有自然法传统，也没有教会法传统，但在封建主义以及集体主义的法律传统中，却可以找到"国家"的影子。因此，我使用了"国家神圣"的说法，以区别于法律的"自然神圣"或"宗教神圣"。

的"，那么究竟怎样才能够实现两者的统一呢？我国公民教育要实现怎样的转型呢？

本书认为，我国公民教育要向引导学生从社会的层面认识权利与义务的方向转型。如同第一章所分析的，现代社会必然是一个公民社会，生活在现代社会就意味着你必然是一个公民，权利与义务将你与社会紧紧地联系在一起；此外，站在功能主义的视角，社会的运行也是每一个个体参与的结果。因此，公民教育应当引导学生透过对自己与他人以及自己与社会关系的认识，来认识个体与公共的关系，认识到自己不可能脱离他人或社会而活着（权利），而且，社会的运转有赖于每一个个体的参与（义务）。从这样的层面上来理解公民的权利与义务的必要性，强调宪法所规定的权利与义务的社会组织功能，而非政治功能。透过这样的方法，引导学生从生存性的社会层面而非国家性的集体层面或现代性的个体层面来支撑公共空间，捍卫公共价值，保卫公共性，维护现代社会的基本生态。

第五章　生活论德育的虚无主义危机

第一节　中国德育思潮的嬗变

教育是育人之业。而在教育的一切门类中，道德教育无疑是首要的育人工程。自从两千多年前，孔圣人杏坛布教以来，中国教育的传统一直都把德性的养成当作教育的首要之务，甚至就当作教育本身。孔子说："德之不修，学之不讲，闻义不能从，不善不能改，是吾忧也。"（论语·述而第七）自汉代"罢黜百家，独尊儒术"之后，更是使中国这种带着深深德性特征的教育推广开来。因此，中国的道德教育是从来不缺乏传统的。

但是，在20世纪初叶，恰遭西风美雨的侵润，一些有识之士纷纷开始了对传统的批判，也从而开始建立一些新式的教育。新中国成立之后又遭逢"文革"，在"打倒孔家店"、"拔除毒草"等行动的蛊惑下，整个社会一下子与原先的传统发生了巨大的断裂，而上世纪80年代开始重建时又遭遇现代问题，于是这种重建又发生了转向，虽然与1949年以后相似，但也与1949年之前不同。因此，确切地讲，现在大陆的道德教育在一定程度上是与中国历来所讲的道德教育传统相断裂的，是另一种不同的理解。① 在这一部分，我拟就大陆百年来的道德教育理路作一个脉络性的梳理。在这个梳理当中，我企望达至一个用思想史自己说话的方式直接呈

---

① 也许无论是上个世纪初，新式教育的建立，还是80年代的重建，中国道德教育都是直接受着理性启蒙的影响，所以说，中国的道德教育似乎天然地就表现为与信仰的绝缘。这种绝缘似乎也造成了大陆学界对道德教育的特殊理解。当然这种特殊理解中还包含着其与其他地区的普遍理解之间的关联性。这种绝缘首先也是最明显的特征应当就是信仰在道德教育中的缺位，这种缺位也许是其他地区所无法深味到的。有信仰的道德教育与无信仰的道德教育之间一定存在着巨大的不同，也许在大陆视野中来进行这种比较可以提供一个清晰的模本。

现出我们对道德教育理解的总体特征以及沿革变迁。

一、1949 年以前的道德教育

1949 年以前的民国，中国处于新式教育的初创时期。在这个时期中，教育界关注的主要问题都与教育的体制和教育的方式的变革相关的一些"大"问题，而对于道德教育，专门的论述并不属于严格的显学。当然，在那个思想上类似于春秋战国那样一个"百家争鸣"的时代里，不涉及到道德礼乐，那也是不可思议的。笔者总结，这个时期的道德教育大抵有两个主要观点：一是对传统文化的宣扬，这其中较具代表性的论述是胡适在天津教育厅的讲演词《道德教育》[①]，此稿主要从《论语》、韩愈等的思想出发，指出德育为何，以及德育何为的问题；二是对西方德育的引介，这方面具代表性的是蒋梦麟所写的《杜威之道德教育》一文。此文主要从杜威的著作原文中摘译并简评杜威的德育思想，引介给国人。但本章想着力讨论的恰恰是第三种观点，就是蔡元培先生的"美育代宗教"说，因为一则此说与本章的主旨密切相关，二则此说的中西方之间，颇具原创性，实属彼时中国对德育近代理解的典型。

《以美育代宗教说》是蔡元培于 1917 年在北京神州学会的演讲。在这篇文章的开初，他就提出了宗教过时说，并以自己游学西洋的观感佐之。但随后所提出的两项理由却显示了他更为深刻的用意。其一，他说基督教之于西洋社会，已经过时，犹如长袍马褂之于中国社会，不可偏听传教士之言；其二，针对一些沿袭旧思想者，欲以孔子为中国之基督，遂建立孔教之问题。看蔡氏的宗教过时说，可见他更深的目的乃是一则针对当时的一些复古者讲的，二则也是针对宗教祛魅讲的，这一点在后面他继续论证宗教的起源时，是能够得到证实的。他从知识、意志、情感三个方面进行论述，他首先从万物缘起的角度证明"知识作用离宗教而独立之证也"，然后从道德之因地因时而迁移的角度证明"意志作用离宗教而独立之证也"，最后得出唯有情感作用与宗教最有密切关系，而这种关系与宗教的建筑、自然、音乐等有密切干系，其实就是所谓之"美感"。他又说

[①] 此稿收入《胡适遗稿及秘藏书信》第 12 册［M］. 黄山书社，1995.

其实啊，美育也不是宗教所独有的，其实还有许多是取自"自然现象和社会形态"，因而"已有与宗教分合之两派"，随后的论证更加有趣，"以此两派相较，美育之附丽于宗教者，常受宗教之累，失其陶养之作用，而转以激此感情"，继以宗教战争证之。所以他支持纯粹之美育。

这篇发表在 1917 年的《新青年》第 3 卷第 6 号的文章，用一种"狡黠"的逻辑方式，抽丝剥茧般地剥离了宗教对人的必要性。本章无意具体分析此文的逻辑方式，而只想分析它的思想根源。这篇文章正值所谓的新文化运动滥觞时期，彼时对东方思想的批判正如火如荼、热闹非凡，而对东方文化之批判最重要的理由就是所谓旧文化的"陈腐"，这种陈腐需要被打破，而打破的最为有力的武器就是刚刚由西方引入的理性的武器。作为数度留学德法的新派代表人物蔡元培而言，自然充当了打破旧式教育的思想先锋。因此，《以美育代宗教说》的提出，其背后的思想支持就是以理性主义铲除旧式传统。但是，理性主义要在确立了它的地位之后才能够真正产生"铲除"的作用，因此就必须在一切，包括宗教在内的一切思想范式中确立自己唯真的地位，这个过程其实就是一个"自圣"的过程，这个过程中，就无法避免地需要打破其他一切"沾圣"的东西。在教育家蔡元培看来，美育是属于理性主义的科学范畴，而宗教和其他一切非理性的东西被排除在科学之外，成为中国陈腐传统所形成的渊薮。正如儒学，原本为好，讲究义理，但是成为孔教之后，究竟显出其僵化。因此宗教一定需要被打倒。也在这一"战斗"的过程之中，理性的地位才得以被确立，然后再以其独尊地位扫除一切的"异己"。仔细分析，会很有趣地发现，这一过程其实走的是在"赛先生"的大旗下，先给理性"布魅"，再以之"祛魅"的路线。其实与传统的思路大抵出于一致。民国时期的德育最为蔚为大观的大多都是走的如此路线。

二、1949 年之后三十年内的道德教育

1949 年之后的相当长的一段时期，大陆的道德教育实际上都是思想政治教育，意识形态的话语体系宰制了德育的语言和发言。我想就利用这一阶段的几个明显的时期分段及其主要任务的林列，来呈现这一时期德育

的基本特征。①

第一段是新中国德育的初创时期，大抵为 1949 年—1956 年。其中又分为两段：1949 年—1952 年对旧德育的批判重建阶段，1952 年—1956 年社会主义改造阶段。这个时期主要做了五个方面的工作：一是学校参与到整个社会的社会主义改造运动，二是在学校中推行老解放区思想政治教育的经验，三是多种途径透过批判改造旧德育，四是开展形式多样的政治思想教育运动，五是全面学习苏联学校德育经验。

第二段是十年社会主义建设时期，大抵为 1957 年—1966 年。1957 年 1 月，教育部发出了关于"在任何时候，任何情况下，都不能放松思想政治工作"的通知，同年 3 月的全国行政会议上又提出："思想政治教育是学校教育的灵魂。"1957 年毛泽东在《论十大关系》中论及教育时也提出了"红"与"专"的问题，并且指出："没有正确的政治观点，就等于没有灵魂。"1957 年的整风和反右运动以及 1958 年的"教育大革命"、"拔白旗、插红旗"运动，更是使德育成为学校教育的核心内容。1958 年 9 月 19 日中共中央和国务院发出《关于教育方针的指示》，从此形成以阶级斗争和政治斗争为主要内容的学校德育。自此德育就是政治教育，德育就是阶级斗争。这种观念甚至渗入到了学术批判和个人生活方式等。例如 1958 年 4 月 13 日《人民日报》发表的《搞臭资产阶级的个人主义》社论，甚至把一切名利及其思想都归结为资产阶级而大批特批。

第三段是十年"文化大革命"时期，大抵为 1966 年—1976 年。这一时期的学校德育受整个大气候的影响，似乎进入到了一个"武装的道德革命"的阶段。从以下的"大字报"中可见一斑。

现在，"飞机头"、"牛仔裤"、下流照片和黄色书籍统治一些理发馆、裁缝铺、照相馆和旧书摊……的现象，再也不能让它继续下去了！我们向理发、裁缝、照相等行业的革命职工倡议：港式的发型不理！港式的衣裙不做！下流的相不照！黄色的书不买！我们要求在最短的时间内必须改掉衣裙、剃掉怪式发样、烧掉黄色书籍和下流照片。"牛仔裤"可以改为短裤，余下的部分可做补丁。"火箭鞋"可以削平，改为凉鞋。高跟鞋改为

---

① 孙少平. 新中国德育五十年［M］. 福州：福建教育出版社，2002.

平底鞋。坏书、坏照片做废品处理……①

此后的十年"文革"中，广大的中小学生以"红卫兵""知识青年"等各种形式参与到整个社会的"革命"中去了，而且一直都是充当鼓手、先锋和主力军的角色。学校教育也经历了"停课闹革命"、"复课闹革命"、"走向工农兵"等几上几下的折腾。学校道德教育也是处于无序的状态。

如果从另外一个角度看，也可以说这个时期的道德教育处于一种空前的"繁荣"状态，从上面所引用的"大字报"也可以看出，个人道德也纳入了当时"革命"的对象之列，而且中小学生俨然成为这种"道德革命"的主体和鼓动先锋。当时的"革命大批判"中，中小学生也纷纷拿起这把武器，对传统道德进行了彻底的"清理"，如 1974 年上海铁路五小组织了一场对《三字经》的批判，一个月内写出了 800 多篇批判稿，甚至将孔融让梨批为"忠孝仁义的骗人鬼话"……在"批林批孔"中，几乎仁义礼智信、温良恭俭让等一切传统的道德思想都遭到了彻底的否定。在当时的社会环境当中，这些"小将"们的革命举动，在舆论机器的鼓动下，纷纷输入整个社会的"革命"当中，最终与整个社会的"革命"汇为一体，甚至牵引着整个社会的"革命"。

"文化大革命"中所发生的这一切，其实也是对前十多年的社会主义改造的延续，是建立在社会主义道德观的基础之上的"越轨行动"。在一个高度政治化的社会当中，政治要想占有一个人，首先就是要占有他的灵魂，在他的道德观上抢占发言权。成功地控制住一个人的道德感，也就成功地对一个人进行了彻底的政治化的改造——无论这个人面对政治的道德感时是处于道德的优势还是劣势，只要他从心底是受它的肯定或审判，那么这种政治的道德抢占就成功了，它也就成功地控制住了这个人。在马克思·韦伯的理论中，这被归纳为以"正当性"来获得"合法性"，也就是说那个时候，政治是依靠自证其道德上的"正当性"而获得其"合法性"的。至今我都认为，那时候政治的"布魅"是依靠道德的"布魅"而达至的。这一点我们可以从对阶级的道德性分析得之。

从一个更深的层次来讲，那个时候的政治具有强烈的宗教性特征。因

---

① 北京二中红卫兵. 向旧世界宣战［N］. 人民日报，1966，8（6）.

为它统摄了人的一切的世界观、价值观和人生观。并且它还是一种强势的宗教，因为在那样的社会中，它是唯一合法的或正当的世界观、价值观和人生观，而其他一切的世界观、价值观和人生观都成为了必须遭受打压的"异端"。有了这样的宗教性前提，那么政治统摄社会与个人生活的全部方面就有了其正当性理据，当然它也就理所应当地统摄人的思想世界和道德世界了。这个被唯一"宗教"所宰制的社会中，当然，它自身就成为了道德内容（准则）的唯一来源。这个时期的道德教育的宗教性特征尽管是一种畸形的，但是如果可以深入研究的话，应该是一个不错的题目，并且，对于类似中世纪那样的道德教育的宗教性专制，应该是一个很好的儆醒。

三、发生在上世纪 80 年代道德教育的第一次转向

一直到 80 年代，德育界才开始逐渐开始了面向政治的"祛魅"，提出要正视德育的科学性，指出德育是超越意识形态的，这个时期的转向被称为德育的"科学化"。它的主要口号是科学化、现代化。"现代化"这个词，在大陆这样一个无神论的国度里，有它的特殊理解。要中之首的理解就是"科学启蒙"的意味。这是一种基于"五四"的理解。"五四"理解的基础是面对的是一个人治意味很浓的社会，在人治社会中，个人的思想或意愿往往被统治者所凌越，任何一个个人都被束缚在统治意志中，对于中国当时的社会情景而言，它的统治意志就是经统治阶级过滤和修正之后的以儒家伦理为基础的封建伦理的全部规模，这种社会中，每一个人都处在一种被"布魅"的状态。所以说，在这种状态之下的民众需要启蒙，用科学为之"祛魅"，用科学除去封建伦理的一切神秘性和正当性，从而使个人得到释放，或者说达到"人"的再发现。而当 80 年代提出"现代化"时，无疑是对以往的德育做出落后的封建专制主义的论断，这也与 1978 年中央工作会议上叶剑英所提出的"克服封建主义是解放思想的重要任务之一"是相一致的。

1978 年之前，不啻是思想界，就是整个中国社会都处于高意识形态的统摄之下，阶级斗争的政治伦理完全统摄了人们生活的全部领域，这一时期主政的第一代领导集体的教育方针，最典型的表述是，"教育为无产

阶级政治服务，教育必须与生产劳动相结合，使受教育者在德智体诸方面都得到发展，成为有社会主义觉悟的劳动者。"在这一段时期，就连小学所开的德育课程都叫作《小学政治课》。彼时，阶级斗争伴随着共产主义理想一同被看做为最高并且唯一的真理。直至1978年，伴随着党的十一届三中全会"解放思想"的春风，经济建设成为国家战略的中心，教育在现代化建设中的地位也被相应地确立下来了。1978年，邓公在《在全国科学大会开幕式上的讲话》中首次提出培养科学技术人才是教育战线的重要任务。而事实上教育的"拨乱反正"却是经历了一个时期才实现的，但是与政治意识形态紧密相连的德育更是如此。1979年4月，教育部召开了中小学思想政治工作座谈会，会议的主要定调仍然是中小学思想政治工作"对中小学生集中地进行必须坚持四项基本原则的宣传教育，并结合进行革命理想和共产主义品质教育"[①]。但是，此时已有不少的教育理论家试图脱离单一政治意识形态，从教育的本质、德育过程等来阐述教育以及德育的超越性和科学性。[②] 1981年教育部将《小学政治课》改为《思想品德课》，是时，德育的改革已经正式成为了主流，此后的德育改革也都是在这一次改革的基础之上进行的。

直到今日，我国还是称从事道德教育的国家编制体系为"思政序列"，这里所谓的"思政"就是思想政治的简称。这是德育政治化的一种遗留。也就是说，在德育政治化的语境下，其实是没有德育的，德育只是思想政治教育的一个代名词。发生在80年代的这一次转向还有一个重要的使命就是将德育从思想政治教育中脱离出来，使之成为一项独立化的专业化的专门学科。德育政治化在本质上其实还没有本来的名字来得直接——思想政治教育，其意思表面可以理解为思想政治教育就是道德教育，在更深的本质上其实可以表述为以思想政治教育代替道德教育，再深一层也许就要表述为不存在道德教育，而只存在思想政治教育了。那时候以一种"阶级的情感"和"阶级爱恨"为"阶级的道德"，而在一个高

---

① 《中华人民共和国教育大事记》（1949—1982）［C］. 北京：教育科学出版社，1983：547-548.

② 典型的理论作品如鲁洁教授1978年发表于《南京师院学报》的《试论教育对生产力发展的作用》，1981年发表于《教育研究》的《德育过程初探》，李道仁发表在《华东师大学报》上的《德育本质问题探讨》，李蒲弥发表于《中国教育学刊》上的《关于德育问题的讨论》等。

度政治化的社会中，一切都是阶级化地考虑的，因此，在这样的社会中，如果存在道德的话，那肯定就是阶级道德了，而阶级道德其实就是一个"思想政治问题"。因此，严谨地讲，在一个高度政治化的话语体系中，上述的关于德育政治化意思的推理，还是有严格的理据的。但是，如果这样的高度政治化的社会一旦被打破了，那么这种理据也就不存在了。从另一个角度讲，一旦进入到"现代社会"，科学、理性就应当取代阶级成为统摄这个社会的最高价值，那么社会的一切就应当科学地、理性地对待，那么对于道德而言也应当如此，需要科学的、理性的道德（教育）。而要达至科学的、理性的道德（教育），也就意味着需要研究道德（教育）的科学和道德（教育）的理性。这样在科学、理性的现代社会里，道德（教育）的科学和道德（教育）的理性就与政治的科学和政治的理性，处于对等而非被统摄的地位。这样就将道德（教育）作为一门学科从政治的宰制中解放了出来，而成为与政治学科对等的一门学科体系。这就是德育学科的独立和建立的过程，它使得德育走上了一条专门化和专业化的道路。

但是，与"五四"时期相通的是，此时，在给政治"祛魅"的过程之中，同时也给科学"布魅"了。此后，"五四"时期的"赛先生"虽然没有经过隆重的欢迎礼，但是也悄然游走在神州大地了。因为在无神论的中国大陆，要走出高度政治化的社会迷雾，唯物主义化的科学主义自然成了最为犀利的武器，在以客观科学标榜的马克思主义看来，这个武器也是现成的。

这个时期还是与"五四"有很大的不同的。最大的不同就体现在"祛魅"、"布魅"的次序上。"五四"的时期，中国社会经历的是将近几千年的封闭时期，那个时期，科学、理性等，对国人而言还是很陌生的概念。最初的留学生大多是清府或庚款派送的，只是少部分的人。而同时对大多数的国人来讲，还是处在蒙昧的状态，并不知道什么欧风美雨，天国皇朝依然是他们所认为的理所当然。因此对于"五四"的先驱们而言，必须先向国民宣讲"德先生"、"赛先生"，先让国人接纳了这两位先生，听他们的说，领他们的教，然后才能够跟着他们去反对旧的传统。而对于20世纪80年代而言，恰恰早已经脱离了旧传统一统天下的局面，而理性、科学也以各种名义（如"五四"、"科学的社会主义"等），深入了人心。在此之前，政治一直说社会主义是人类科学的社会形态，马克思主义是唯一科学的社会学说，那么当发现社会走得不正常了的时候，自然就会归因于以前没有走在科学的社会主义之路上，因此对以前的批判就不是对政治学说的批判，而是对政治路线的批判。这样，是时的批判就有为马克思主义"清名"的意味。反过来讲，以前对"科学的社会主义"的提法在一定程度上就已经提供了理性这一工具，但是那时候还是没有达到"布魅"的程度，因为毕竟好多年了，都是走的反科学、反理性的道路。这个时候理性的出场恰恰有一种无奈的况味，因为旧的必须要打破，拿什么来打呢？传统啊、宗教啊，等等，从"五四"以来就已经被"打倒"了，能够说上话的恐怕也就只有科学与理性了。因此在这种无奈的境地下，科学与理性就被担上了"祛魅"的重任，但也恰恰在这个"祛魅"的过程之中，科学与理性逐渐地确立了它们自己的地位，也在这个过程中，当发现对过去的高度政治化进行"祛魅"了之后，人们蓦地发现，是时四望之下，依然屹立的也就只剩下科学与理性了，它们成为仅有的璀璨之星。因之，它们自身也就成功地被"布魅"了。因此，上世纪 80 年代是走的先"祛魅"后"布魅"的道路。这在次序上与"五四"是相反的，这次序上的一反一正其中的况味可有诸多耐人追寻之处，本章不作赘述。

但是科学和理性的"布魅"也带来了一些现代性的危机。如果说科学化是向现代迈进的一段重要旅程的话，那么，由现代性所带来的一些问题，也必然伴之而生。现代性的一个重要危机就是"工具理性"。理性所带来的世界的"祛魅"否认了社会安排和行为模式是立足于神圣秩序或上帝的意志；而在某种意义上现代性将之归结为人的意志，认为是人设计和安排了整个社会，目的是在社会的运行中获得最大的福祉；从另外一个视角来看，不但整个人类，就是个人也应当透过对社会秩序"力所能及"的更改而获得个人最大的收益，这样社会本身的运行也被当作我们用以获得目的的原材料或工具，产生工具理性。①

工具理性指一种在计算最经济地将手段应用于目的所依靠的合理性，这种合理性也扩展为人们衡量一切的尺度。在今天，工具理性几乎成为衡量一切行为模式的尺度依据，这就使之产生了控制人们生活的威胁。工具

---

① 参见泰勒. 现代性之隐忧［M］. 程炼，译. 北京：中央编译出版社，2001：9，11.

理性还加强了技术的"布魅",使人们相信无论什么问题,都应该寻求技术上的解决,因为"工具"的使用只能在技术领域,由此产生技术万能的遮蔽。这种技术的支配地位遮蔽了一切其他的价值,因此也助长了人们生活的狭隘化和平庸化。在社会领域里面,工具理性将市场和国家看作为制度性的结构,社会的活动方式是一种无人情味的机制,韦伯将之称为"铁笼"。这个"铁笼"将整个社会变成了一台巨大的机器,而人们就只不过是这台机器上的一个个僵硬的零件而已,"零件"的一举一动不是自主的、主动的,而是受整台机器的机械结构(无人情味的机制)的控制。因此,在这样的"铁笼"中,人们不可能产生对社会的主动参与。而作为民主社会的现代社会,它需要其成员——公民的主动参与。所以工具理性所形成的"铁笼"本身就是将现代社会囚禁在铁笼之中。

所以从根本上说,在这种情形下,科学、理性所作其实只是将社会之"魅"由政治意识形态转向了科学或技术而已。在高度政治化的社会中,人被"革命"的洪流所湮没,人的尊严都被以"革命"的崇高名义所剥夺。但在一个"现代社会"中,同样是由科学、理性宰制着整个社会,人的尊严同样被以"科学、理性"的名义所剥夺。如果说两者有什么区别的话,那么也许在前者多有几分被迫,而在后者人们几乎出于甘愿。科学主义、工具理性所宰制的社会中,一个惯常的逻辑其实就是功利主义。

德育现代化所带来的科学、理性的"布魅"其实和政治的"布魅"一样,都带来了人的遮蔽,原先是人受到了政治的宰制,现在是人受到了科学、理性的遮蔽。所以,后来以德目为主要架构的德育和原先以政治为主的德育一样,都呈现出主体性遮蔽和僵化的现象。

四、发生在上世纪90年代道德教育的第二次转向

1949年后的第二次德育转向我们称之为"生活论转向",这次转向发生在上世纪90年代后期,并且一直延续到现在。这次转向主要是基于对现代性问题的一些反思,主要想确立人,即学生的主体性地位,将教育的主体从教育的科学、理性的现代性遮蔽中解放出来。这次所采用的主要工具是"生活论"。其目标很明确,就是想透过回归"生活世界",达到道德教育主体的德育出场和在场。鲁洁先生和高德胜教授的《中小学德育

课程的创新》一文系统阐述了"生活论德育"的主要思想。我将其中的主要观点摘抄如下。

我们在品德教育方面所持的基本理念是一种生活德育的理念。我们认为道德始终存在于人的整体生活之中，没有脱离生活的道德。人们是为了生活而培养个体的品德，改善、提升社会的道德的，并不是为了道德而道德。同样，个体品德和社会道德的提高与发展也只有通过人们自己的生活。脱离生活的道德和品德必将导致道德和品德的抽象化、客体化，脱离了生活去培养人的品德也必将使这种培养因为失去了生活的依托和生活的确证而流于虚空、形式、无效。

以往的相关教材的一个惯性就是按照学科知识或以道德规范体系的逻辑来编写。以这样的方式建构的教材虽然看似有较为严密的逻辑体系，但与儿童生活却是不相关联的，它们所载负的世界往往是与儿童的生活世界相分离的。我们根据新的课程标准主持编写的德育教材所遵循的内在逻辑是儿童生活的逻辑而不是学科知识或道德规范的逻辑。

我们在编写中的思路是，先厘清儿童成长历程中可能遇到的各种具有普遍意义的社会生活与品德发展的问题，弄清每一个阶段儿童的所思所想、所感所惑、所欲所求，在此基础上生成、设定单元和课文教育主题。教材所生成的教育话题和范例，是以儿童的"生活事件"的形式呈现的。

我们认为"道德教育的基础是人对人的理解"，培养一个人的品德不在于告诉他多少道理，使他去遵守多少规范、规则，最根本的是要在长期生活中形成基本的待人做事的价值观念和思考问题的取向。[①]

正如上文所说的，生活论德育是基于将学生作为主体，力图使之在道德以及道德教育中出场的努力。但是这其中依然存在两个基本的理论问题。第一就是儿童的"生活世界"是否就是儿童的"主体世界"，即儿童的全部世界？第二就是"生活世界"是一个现象学概念，它是指与科学世界相对的那个世界。这个生活世界是哲学意义上的生活世界，与一般意义上的生活并不相同。但是在课程的具体实践中，却往往是回到了一般的生活中去的多，这可能在理解上容易将胡塞尔意义上的生活世界与杜威意义上的儿童生活相混淆了。这样的后果就是，教师常常只是直接地回归到

①　鲁洁，高德胜. 中小学德育课程创新［J］. 中国教师，2004（1）.

通常的生活世界当中去，而没有对事实的生活世界进行道德场景的处理，而直接庸俗地回归到生活世界中去，结果就导致德育常常回归到庸俗的生活世界，最终导致德育的平庸化。当然，这一轮的德育转向还在进行之中，是非得失，要作出最终的评价还为时过早，现在所能够做的一切都只能够算得上是理论反思，甚至是理论自身的反思，以及理论的创建、支持及实施主体自身的反思。

第二节　生活论德育的理论创新

教育是关乎人的学问，是"人之学"。因此，关于教育的任何一点思考都不能脱离对人的思考。"认识自我乃是哲学探索的最高目标"①，卡西尔的这句话堪称德尔斐神庙上著名箴言的绝妙回响。自我认识的问题和真理问题一同，可以说是人类的最高问题，因为它是人类一切作为人的自觉活动的前提和基础。"成为人是人的终极追求"②，而对于"使人成为人"的教育而言，对人之自我认识不但是其进行思考的前提，而且也是其对自身进行反思的重要问题。苏格拉底说，"没有经过反思的生活是不值得过的"，同样，没有经过对"人之认识"进行反思的教育也是没有意义的。

鲁洁先生是六十年来对我国教育尤其是道德教育卓有影响的教育大家之一。拜阅先生的学术文章，不难发现先生的学术思考总是沿着"对教育问题的人学诊断 - 对人的理解的更深发掘 - 基于对人的更深发掘的教育学重构"的理论路线走下来的。可以说，先生的思想中，最为突出的是她对人的理解的不断发掘，并且在人的理解中来建构对道德的理解。自从2005 年拜入先生门下专修道德教育，一直到留所工作至今，我不断在生活和工作中受先生惠料和栽培。在与先生一同学习、生活的这几年中，我深深地体会到先生无论在学术，还是在人生中都贯注着这种关怀和追求，可以说，对人的理解的发问与在此基础之上的对道德的追求，不但是先生的学术理路，更是先生对人生的重要求索。拙作拟从先生的学术文章中梳理先生对人以及道德的理解，并在先生的启发下，将之放置在哲学的谱系

---

① 卡西尔. 人论［M］. 甘阳，译. 上海：上海译文出版社，1985：3.
② 鲁洁. 做成一个人［J］. 教育研究. 2007（11）.

中进行省视。综观先生的人学思想和道德观，可以用三个词做一个整体性的建构，即关系、实践和超越。这三个词一同构成了先生对人以及道德的基本理解。而从哲学上，这三者乃是用"实践"这个概念勾连起来的，"关系"与"超越"这两个概念都是在实践论的范畴之中所言的。人在本质上是关系之中的实践者；而道德，在人性意义上乃是表现为实践之中的超越性。

一、人：关系中的实践者

"教育应该培养什么样的人"这个问题，始终是和"人应该具有什么样的人的本质"这个问题联系在一起的。鲁洁先生援引马克思的观点，"整个人类历史无非是人类本性的不断改变而已"①，进而指出，"人是在实践中不断生成的"②。因此，人的本质以及对人的理解，在某种意义上也存在着一个转型的问题。对于人的最终本质而言，他是一个实践者，而相对于最终的"实践者"本质而言，人的"生成的本质"是在不断地变化与转型之中的。而教育的使命正是立足于实践者这一最终本质的基础上，因应变化着的"生成的本质"之规定，正如先生所言，"教育要使人在已有规定性的基础上不断创造出自己新的规定性来"③。对于现代人而言，他既有最终意义上的人的本质属性，又有生成意义上的人的本质属性。但无论是哪种意义上，人都是一个"关系中的实践者"，人的关系性和实践性都是同时伴生在人的本质当中的。说人是一个"关系中的实践者"，这首先意味着人的实践本质，其次意味着人的实践是一种关系中的实践。这样，具有"实践"本质的人，也必然具有关系性本质。而对于人学史（亦即人自我发现的历史）而言，人的实践性和关系性始终处在一个不断被发现的过程之中；而对于人的生成史而言，人的实践性和关系性始终处在一些不断变迁的形式之中。鲁洁先生非常注重关系性本质与实

---

① 马克思恩格斯选集（第一卷）. 人民出版社，1972. 138. 转引自鲁洁. 走向世界历史的人 [J]. 教育研究，1999（11）.
② 鲁洁. 走向世界历史的人 [J]. 教育研究. 1999（11）.
③ 鲁洁. 教育：人之自我建构的实践活动 [J]. 教育研究，1998（9）. 当然，先生所言的"新的规定性"对应的是我所说的"生成的本质"，而我所说的"实践这一最终本质"则对应于先生所说的"创造"，而不是"已有的规定性"。

践性本质之间联系的人学发掘。几乎先生绝大多数作品中，都可以清晰地看到这种发掘的理路。

鲁洁先生认为，"人就其本质而言是一种关系性的存在。在人的诸种关系中最重要的是人与人的关系"①，即社会性关系②，因此也可以从一个角度说人在本质上是一个社会性的存在。人是一个社会性的存在，这一论断根源于对人的存在的共生性理解。鲁洁先生认为，在人学史上，共生性的理解之前，相当长的一段时间对人的理解，主要停留在"单子式"的理解阶段。单子式个体的人学理念认为，"处于本真状态中的人是彼此孤立的"，"每个人与其他人不存在任何内在的联系"，"他是自足的……不需要外物与他人而能够自我完成"，"他是自我封闭的，与其他人的关系只能是处于同一生存环境中的竞争关系"③。很显然，对人的存在的"单子式"理解，在本质上将人的存在脱离了关系的体系当中，而仅在个体层面孤立地理解人。这种理解认为，人不需要社会而仅靠自己能够自足自为地"成为人"。鲁洁先生进而指出，"基于这种人性假设，人与人之间是彼此独立互不相关的，没有共同的存在，一切人际关系都是建立在为我的基础之上的，他人、群体与社会是达到个人目的的手段，每个人都成为没有社会性的自我，是一种失去其主要内涵的自我，是一种虚妄的自我"④，而个人主义就是根植于这种人性假设之中的。但是在事实上，尤其在现代社会，"不论个体生活于何种时空条件下，他绝非是孤立的、自我封闭的，而必定是与他人相互联系的，更突出地表现为人和人是一种共生性的存在"⑤。

此外，人的关系性存在的本质还可以从他的主体的构成方式上得到证明。"个体与他们自身肉体的关系、与家庭的关系、与文化的关系，对个人存在来说都是构成性的因素。每个个体与外在于他的、与之发生

---

① 鲁洁. 关系中的人：当代道德教育的一种人学探寻 [J]. 教育研究，2002（1）.

② 需要说明的是，人的关系性存在，有两个方面的体现，一是人与自然的关系，先生尝作《试述德育的自然性功能》以阐释，还有许多文章中所提到的人对客观世界的改变；一是人与人的关系，即社会性。本书所探讨的关系性主要是指人的社会性的方面。

③ 鲁洁. 关系中的人：当代道德教育的一种人学探寻 [J]. 教育研究，2002（1）.

④ 鲁洁. 道德危机：一个现代化的悖论 [J]. 中国教育学刊 2001（4）.

⑤ 鲁洁. 人对人的理解：道德教育的基础——道德教育当代转型的思考 [J]. 教育研究，2000（7）.

关系的人与事物都在建构着他的存在"①。这个证明当中就包含着这样的意思：人与物质世界的关系和人与社会的关系构成了人的本质，人在本质上就是由关系构成的。当然这一个解释当中蕴含了一个哲学的转换，这里的人并不是指作为被认识的客体而存在的人，而是作为自我认识的主体而存在的人，是一个形而上地具体存在着的人。也就是说这里所强调的是，人只有在关系中才能够自觉到自己的存在，而这种对自我的自觉性恰恰是人兽相揖别的关键。从社会性关系的角度来解释这种自觉性，就是"人只有摆脱单纯的自在状态，发现自身与家庭、市民社会、国家及其他人的一致性才能回到现实"②；从这个关系的另一个角度看，"无论是什么人，只有作为一个社会存在才能理解他，为此理解人即是理解人与人之间的意义联结"③。因此，从这一层意义上，如果脱离了关系，脱离了他人和社会，人就不能产生主体的自觉性，也就谈不上作为主体人的存在，也就自然取消了人兽之揖别。在主体性的人的构成上，人与人之间是一种完全的依赖关系，单独的个体，每一个"自我"，没有独立存在的价值和意义。④ 这从理论上因应了马克思的经典论断：人是一切社会关系的总和。

那么人的这种关系中的主体自觉是如何产生的呢？其关键在于实践。按照实践论的观念，实践有面向客观世界和面向主观世界的两重性，面向客观世界的实践所面对的是对象世界的改造，而面向主观世界的实践则是对人自身世界的改造。前者是对象性、外向性的，是由人的主观世界延向人的对象世界；而后者是主观性、内向性的，是由对象世界指向人的主观世界。实践是主观世界和客观世界的一种转换器：一方面，将人的理想存在转换为现实存在；而另一方面客观世界通过实践转换为主观世界，实现主观世界与客观世界之间的同化。⑤ 而实现人作为关系中的主体自觉的，

---

① 鲁洁. 人对人的理解：道德教育的基础——道德教育当代转型的思考 [J]. 教育研究. 2000，(7).
② 鲁洁. 人对人的理解：道德教育的基础——道德教育当代转型的思考 [J]. 教育研究. 2000，(7).
③ 鲁洁. 人对人的理解：道德教育的基础——道德教育当代转型的思考 [J]. 教育研究. 2000，(7).
④ 鲁洁. 关系中的人：当代道德教育的一种人学探寻 [J]. 教育研究. 2002，(1).
⑤ 鲁洁. 教育：人之自我建构的实践活动 [J]. 教育研究. 1998，(9).

乃是后一种实践。在这种实践中，"每个个体作为关系性的存在又是诸多个体生命的凝聚，他内在地统整了自我与他我、小我与大我、内存在与外存在等等诸种人的存在形态"。① 因此，可以说这种实践就是人的一个内在的自我丰富的过程，也是人的自我生成的过程。这里所说的"关系"不是指的存在于主体外部的个体间有形的关联，而是存在于主体内部的依靠对他人的意识而存在的自我意识的一种存在形态，同样这里的实践也不是指的存在于个体之间的有形的对象性的活动，而是指的存在于这种主体内自我之中的关系的生成之中自觉性的、"内在"的活动，这种自觉性活动的前提或质料就是意识中的各种关系。正如胡塞尔现象学体系中有一个重要的概念——"先验经验"，他所言的"先验经验"，也不是指的人的现实生活当中的经验，而是指通过先验搁置和先验还原而得以可能的先验主体性的自身认识，它的"科学的自身沉思"，"先验"这一限定意味着它是一种提出问题和考察问题的方式，一种哲学态度。② 因此，在这种主体生成过程中的"关系"和"实践"的本体也只有在这种"哲学态度"的考察当中才能显现出来。因此可以说，在哲学意义上，确实是"关系中的实践"生成了人，人在主体意义上，是一个"关系中的实践者"。另外一个角度也可以说，这里的"关系"存在于人的改造主观世界的实践自觉活动之中。

在社会生活意义上，人类的社会与动物世界不同，她③不是一群生存性的动物的类聚，而是一群有自觉意识的实践主体的在场。对于实践性的主体存在的人而言，她的社会的在场就是以自觉主体在群体当中的在场，这是个体作为实践性存在的在场。因此，从旁观者的角度来看，社会在本质上就是实践性主体的实践主场。从另外一个更为直显的角度，社会作为关系的存在形式，她实际上就是主体内存在的自觉"关系"的形式存在，也就是说正是在现实社会关系的形式存在中，人获取了主体自觉"实践"中存在的"关系"的质料。因此，鲁洁先生继承马克思的观点，认为

---

① 鲁洁. 关系中的人：当代道德教育的一种人学探寻 [J]. 教育研究. 2002，(1).
② 倪梁康. 胡塞尔现象学概念通释 [M]. 北京：生活·读书·新知三联书店，2007：466.
③ 社会这一存在应该用什么代词来指代？如果用"它"，没有位格性，就失去了社会中的人的主体性的在场；如果用"他"，过于硬，而产生"整体性"的感觉；最后我根据对鲁洁先生的《关系中的人：当代道德教育的一种人学探寻》的理解，选用了"她"这一较软的位格化的指代，突出社会乃是主体在场的主场。

"社会生活在本质上是实践的"，"人类世界只能是实践中的存在"。① 同时，社会也是一个每一个个体作为共生性存在的在场，作为共生性存在，每个个体都会具有他们的自我经验……各种自我经验都必定融合着自己与他人、与社会的成分，"个性以其他个性的存在和其他个性交往为前提"②，而这种"其他个性的存在"和"其他个性的交往"，就是指的我们所言的社会存在和社会活动。从这种个体生成意义上，我们也可以说，人的实践性存在和共生性存在是同构的，是一体的两面。也就是说人的关系性本质和实践性本质是同构的，实践是关系中的实践，关系是实践中的关系，但我们从人的主体性（实践的主动性）的角度，将人定位为关系中的实践者。

关系性存在不仅表现为与个体同时态存在着的人的关系，同样也包含着历时态，也就是与过去人和未来人的关系。③ 这种历时态从另外一个角度也体现了与自觉性相类似的实践的能动性本质。这一点在下一部分涉及超越性的内容中将细论。

如果将这种历时态前溯到人最初的实然存在上，就会发现，"人生而无知无能，他不是生而就能成为实践主体的，因为任何人的实践都不是个体孤立的活动，而是社会性的实践，实践只有在社会中才有可能"。④ 因此，在这种意义上，在能动性主体关系中所存在的教育实践就具有很重要的意义。它在本质上具备包括自觉性、能动性在内的实践的一切的本质，但除此而外，作为一种培养"人：关系中的实践者"的实践，它还担负着生成个体实践本质的任务，因此，它在本质上就是一种使得人在实践中生成人——使人成为"实践者"的实践活动，它的使命就是使人在实践中向能动性、自觉性等实践的本质敞开。正如鲁洁先生所说，"教育作为一种培养人的实践活动，它具有一种独特的能动性，它要培养出能改变现实生活和社会的人，它面向于未来，它的功能是超越的"⑤；"教育作为一

---

① 马克思恩格斯选集（第一卷）［M］. 北京：人民出版社，1995. 54. 转引自鲁洁. 生活·道德·道德教育［J］. 教育研究. 2006，（10）.

② 鲁洁. 关系中的人：当代道德教育的一种人学探寻［J］. 教育研究. 2002，（1）.

③ 鲁洁. 人对人的理解：道德教育的基础——道德教育当代转型的思考［J］. 教育研究. 2000，（7）.

④ 鲁洁. 教育：人之自我建构的实践活动［J］. 教育研究. 1998，（9）.

⑤ 鲁洁. 通识教育与人格陶冶［J］. 教育研究. 1997，（4）.

种实践活动，究其根本而言是由于人不是力求停留在某种已经变成的东西上，而是处在变易的绝对运动之中，是出于人永远不会满足于自己所已经拥有的任何规定性，力求创造出自己的新的规定性"①。

尽管以上论证能够说明人的关系和能动性的实践与社会是紧紧联系在一起的，但是鲁洁先生揭示出，我国教育长期以来所依据的是一种社会本位论的社会哲学。这种社会哲学首先是把"社会"看作是和人、人的生活存在完全无涉的实体，是一种与人相隔绝的超验结构；它是本质既定的、独立自存的，是自成目的的；它又是自我发展的，它的发展只是由机械因果决定的自然过程，人在其中是没有任何作用的。这种社会观中的"社会"只是一种人的生活之外的主观的抽象预设，然而，人们却以此作为本体和起点来展开对于人的逻辑论证。② 而事实上，只有"人"——活生生的有生命个体才是社会存在的前提和根据，"有生命的个体人存在是任何人类历史的第一个前提"，人是构成社会的基本要素，社会本身就是处在社会关系中的人本身，人是社会的主体。一切社会的变化不是社会规律的自行运动，它只能是人的社会实践活动的结果。③ 因此，鲁洁先生将人、关系、实践联系在一起的人学预设，就有极其重大的意义。

二、道德：实践中的超越性

道德是什么？这是伦理学探讨已久的问题。在整个伦理学的体系中，无非有三派，即美德伦理学、义务论伦理学和目的论伦理学。这三派主要都是站在伦理学立场上，对道德的本体进行哲学考察。但是，鲁洁先生却从人学立场上，提出了实践论意义上的超越性道德论，这一点本身就有跳出伦理学来理解道德的超越性。

鲁洁先生认为，在人学意义上，"人是一种超越性的存在。他总是在超越现存的生活、超越现实的规定性中存在着的，超越是人的存在方式，

---

① 鲁洁. 教育：人之自我建构的实践活动［J］. 教育研究. 1998，（9）.
② 鲁洁. 教育的原点：育人［J］. 华东师范大学学报（教育科学版）. 2008，（4）.
③ 鲁洁. 教育的原点：育人［J］. 华东师范大学学报（教育科学版）. 2008，（4）.

也唯有人是以这样的方式存在的。① 人是在自我超越中不断生成和发展的，自我超越，是人之为人的基本特征"②。这一定义当中，超越性在现存的生活和将来的生活或者说可能的生活之间存在着。超越性在本质上是与适应性，尤其是病态适应性相对立的。这种教育也使学生只会用现存体制的规定来评价自我、评价生活。"适应者"才会被他人、也为自己看成是"成功者"，凡不能适应现存体制的，就都被归之于"失败者"③。然而超越性则是实践的基本特征，实践这种存在方式的特征就在对于给定性（包括自然和自身）的否定与扬弃，在于对人自身和人的世界的创造和再创造。实践是人生存生活的基础，人不需要从实践之外，也即从人之外去寻找生存的根据和追求的目标。在实践中生成为一个具实践本性的"人"，这就是"成为人"的基本含义。④

　　要从根本上了解超越性，首先需要在微观的历时态中来了解实践的本质。在本质上，实践活动是与人的主观能动性密切相关的。主观能动性是指人在认识世界和改造世界中有目的、有计划、积极主动的有意识的活动能力，它是人类特有的能力。从这个角度看，实践活动与其他活动不同，它具有目的性、计划性和主动性的特征。目的性是相对于未成事情发展的目标而言的（目的因），计划性是相对于未成事情发展的过程而言的（形式因），而主动性则是相对于未成事情发展的动力而言的（动力因），这充分体现了实践是人面向将来世界的能动性活动。但是，实践活动与幻想等其他的面向将来的活动不同的是，它立足于现存、现有的存在（质料因），它是人在实实在在的生活世界中的面临将来的可能性延展的活动。所以，从历时态的角度来讲，实践站立在已有和未有之间，过去和将来之间，实存和超越之间。从静态而言，它是站在过去和将来之间当下现在的活动；从动态而言，它是连接过去和将来的流动着的现在时。尽管时间这个存在确如奥古斯丁所言，是一个"没有人问我，我倒清楚；有人问我，

----

　　① 鲁洁. 超越性的存在——兼析病态适应的教育 [J]. 华东师范大学学报（教育科学版）. 2007,（4）.

　　② 鲁洁. 道德教育的期待：人之自我超越 [J]. 高等教育研究. 2008,（9）.

　　③ 鲁洁. 超越性的存在——兼析病态适应的教育 [J]. 华东师范大学学报（教育科学版）. 2007,（4）.

　　④ 鲁洁. 做成一个人 [J]. 教育研究. 2007,（11）.

我想说明，便茫然不解了"① 的东西，但是时间意识确实存在于人的内在意识当中，并且透过一种连续的意向性，并且就在这种连续的意向性当中存在着一种能够被掌握的，且是一种被构成的统一性②，人正是在对存在的这种连续的意向性的统一性的把握当中，敞开了向未来的可能性，而这种把握正存在于实践的本质和过程之中，这在某种意义上就是人的存在方式。

鲁洁先生还从人的两重性的角度来阐述实践的超越性。她说，马克思主义认为人的本质就是人的实践性。这种实践性规定了人的实然与应然的两重性。人是自然与历史的一部分，具有与自然与历史所赋予的给定性；但人之为人，即是他能通过自身的自由自觉的实践活动，不断超越这种给定性与自在性，扬弃其自身的现存状态。实践的本性就是对一切给定性、自在性的扬弃与否定。在实践中，人不断产生出新的发展自身的需要（包括物质的、精神的），但人已有的自在形式总是不能满足这种发展的需要，正是由于这种张力的存在，人对其现有的自在形式总是持一种否定的取向和态度。这种取向和态度实际就是他所要实现和满足的"应然"。③因此可以看出，在鲁洁先生的思想中，时间视域中的将来对现存的超越与人的存在中的应然对实然的超越是同构的，甚至在某种程度上，将来对现存的超越是被应然对实然的超越所同构的，实然向应然的欲求构成了人的存在中超越的动力，同时也造就了实践本身。故此，实践本身的含义却在于它既是现实生活的创造和建构，又是一切可能生活的开启和显示，它永远在超越着现实，包括对人自身的超越。④ 所以，实践在本质上是与超越密不可分的，超越是实践的本质，并且蕴含在超越之中。

人的超越性既是从实然指向应然，那么在某种意义上就不能说是无定向的，当有应然这一目的性的时候，这种指向的过程——即超越——就有其意义意蕴。这种意义意蕴首先是指向对应然的生成过程，即对生存意义的追寻过程。鲁洁先生指出，人不可能像其他生物那样，生来就是如此，

---

① 奥古斯丁. 忏悔录［M］. 周士良，译. 北京：商务印书馆，1994：242.
② 胡塞尔. 内在时间意识现象学［M］. 杨富斌，译. 北京：华夏出版社，2000：150.
③ 鲁洁. 实然与应然两重性：教育学的一种人性假设［J］. 华东师范大学学报（教育科学版）. 1998，（4）.
④ 鲁洁. 做成一个人［J］. 教育研究. 2007，（11）.

就是"是其所是"而不需学习。从应当怎样才算是人，人之为人的根本；人为什么而生存，生存的意义是什么；人应该怎样生活，生活的理想与价值，等等①。此外这种意义的生成恰恰是在实践当中实现的，鲁洁先生认为，"意义世界不断生成的过程就其本质而言是一个生活实践的过程。生活意义不是来自于抽象的逻辑推演，它原本发生于主客体相互作用的生活实践中……"②"生活论视域中，生活的意义来自生活自身，存在于生活之中，为此，有意义的生活不能从生活之外、之上的某种道德赋予、理性秩序中去寻找，而是要帮助儿童自己去打开生活这本大书，从自己生活中找到生活的意义，去发现生活中的种种美好事物，去过一种美好的生活"③。

因此在先生的思想中，意义不是先存的，而是在实践的过程中生成的，并且生成于主客体的作用结构之中，确切地讲，意义就是实践的产物，形成于实践中人不断超越自身的应然的过程之中。可否这样理解，应然本身就是人在对实然的不断超越的过程之中生成的产物？而作为意义世界之一员的道德也是如此④。先生认为，道德、道德的意义不是预先确定了，放在那里等待着人去学习、去掌握的，它是在生活中展开的，是由实践来揭示的。⑤ 道德存在于它自身的形成、发展的过程之中，体现在它自己的历史进程中，道德是生成性的存在。道德的生成性源自于它的生活实践性。⑥ 如果进行思想的探源，先生这样的观念其实是来自于马克思对道德的理解：道德产生于生活，马克思主义认为道德起源于人类的生产劳动，也即是人类最基本的生活活动，在这种生活活动中，人与人之间发生各种关系，也产生各种矛盾和冲突，为协调各种关系，解决各种矛盾，才有道德的产生⑦。在这种观念当中，本质而言道德存在于人的超越性过程当中，它是人在超越过程当中的产物，是意义的形式。从本质而言，道德

　　① 鲁洁. 教育的返本归真：德育之根基所在 [J]. 华东师范大学学报（教育科学版）. 2001，（12）.
　　② 鲁洁. 教育：迷人的意义世界 [J]. 新课程. 2007，（8）.
　　③ 鲁洁. 教育：迷人的意义世界 [J]. 新课程. 2007，（8）.
　　④ 鲁洁. 生活·道德·道德教育 [J]. 教育研究. 2006，（10）.
　　⑤ 鲁洁. 生活·道德·道德教育 [J]. 教育研究. 2006，（10）.
　　⑥ 鲁洁. 生活·道德·道德教育 [J]. 教育研究. 2006，（10）.
　　⑦ 鲁洁. 回归生活——"品德与生活""品德与社会"课程与教材探寻 [J]. 课程·教材·教法. 2003，（9）.

和它的本质——意义一样是实践的产物。道德在本质上是由实践确立的，人对于道德的把握、人的德性之形成也基于道德生活的实践。因此，在某种意义上，要生成活在意义世界中的道德人，就是生成实践人；人对意义和道德的追求在本质上就是对实践本质的追求，因此，先生宣告："成为一个实践的人就是人的终极追求"①。同时，道德存在于它自身的形成、发展的过程之中，体现在它自己的历史进程中，道德是生成性的存在，道德的生成性源自于它的生活实践性。人类之所以形成具道德指向和有道德内涵的生活方式，这是因为人的生活是一种不断超越中的生活，是在永远追寻更加美好生活中的生活，生活本身总是在赋予生活以更大的价值，这种生活的向善性就是道德存在的生活论根据，也是道德存在的本体论承诺。② 一个人在不断进行自我超越过程之中，促使自己不断生成新的道德世界③，因此，道德在本质上体现为实践中的超越性的存在，这在某种程度上与人的本质同构。

而人实现这种实践中的超越性，主要有两种方式——反思与创造，同时，鲁洁先生认为，它们也是人的两种基本德性。鲁洁先生认为，在生活实践论的视域中，人的反思活动是以认识和改变自我为指向的意识活动，是人的自我创造活动，它的本质特征是对自我既有给定性的否定和扬弃，是人自身的超越，也是人自主自由精神的体现。④ 鲁洁先生还指出，创造就是人用自己的行动改变世界，建构起一个现实中并不存在的、更适合人生存发展需要的生活世界（包括对象和自己）；创造就是对于更加美好生活的追寻，人总是在追寻这样的生活。⑤ 同时，创造是有价值指向性的，创造在伦理上是向善的，道德就内在于创造生活之中⑥，因此可以说，在生活论视域中创造性是人的一种基本德性。因此，对道德教育而言，它所期待的超越性的人，是能够对现存的生活作出反思和批判的人⑦，同时，

① 鲁洁. 做成一个人 [J]. 教育研究. 2007，(11).
② 鲁洁. 德育课程的生活论转向——小学德育课程在观念上的变革 [J]. 华东师范大学学报（教育科学版）. 2005，(3).
③ 鲁洁. 生活·道德·道德教育 [J]. 教育研究. 2006，(10).
④ 鲁洁. 道德教育的期待：人之自我超越 [J]. 高等教育研究. 2008，(9).
⑤ 鲁洁. 创造性是人的一种基本德性 [J]. 教育研究与实验. 2007，(5).
⑥ 鲁洁. 创造性是人的一种基本德性 [J]. 教育研究与实验. 2007，(5).
⑦ 鲁洁. 超越性的存在——兼析病态适应的教育 [J]. 华东师范大学学报（教育科学版）. 2007，(4).

更是一个勇于改变生活、改造世界的人。①

第三节　生活论德育的理论反思

　　从理论上来看，鲁洁先生所建构的这一生活论的德育理解模式是一个完整的结构体系。它的内容涉及道德的起源、道德的存在方式、道德的标准与目的等哲学、教育学、伦理学方方面面的问题，可以说生活论是对人及道德理解的全方位的对焦，应该说是一个十分整全且缜密的理论体系。但是诚如先生在《关于"道德教育回归生活世界"的自我质疑》一文中所坦露的："随着学习和思考的深入，我意识到：'道德源于生活，为了生活'的理念面临着诸多理论上的挑战和难题。"这一挑战和难题主要体现在一对尖锐的冲突——生活德育论所主张的"道德和道德教育是源于生活的，也是为了生活的。道德不是为道德而道德的"和与康德所主张的"为道德而道德"的理念之间这对矛盾所揭示出来的不仅仅是对道德的解释的不同，它的背后有深刻的西方哲学两种走向之间的矛盾。这就是唯理论与经验论。

一、实践：生活论的经验哲学基础

　　首先，我们来分析生活论的经验哲学基础。

　　所谓的经验哲学，是一个与唯理论哲学相对的概念，它相信"所有的知识都来源于经验"。它首先在方法论上发端于培根的"新工具"——归纳法向哲学领域的引入。但是，早期的经验主义者如霍布斯，仍然不是完全意义上的经验论者，他仍然认为单纯的经验不能给人以确实性。但是其继承者如洛克、埃尔法修等，则都在试图从经验的立场确立知识的合法性来源及其确实性，这已经脱离了单纯的认识论问题，而进入到本体性的形而上的领域。这种来源及确实性的确立，有其重要的哲学用心，即扫除一切的理性、权威、风俗所确立的必然性的辖制，而为不断的超越提供哲学可能。如美国经验哲学的代表人物，实用主义大师杜威所说的，经验论

---

　　① 鲁洁. 超越性的存在——兼析病态适应的教育 [J]. 华东师范大学学报（教育科学版）. 2007，(4).

的假定是"盲目的风俗，强加的权威，及偶有的联想的重负一旦排除了，科学及社会组织就自动地进步。经验论的职务是要帮助人排除这个重负"①，如果说有不变的天赋本质的存在，那么也就意味着人的超越是有限制的，但如果本质就是在经验或实践中也不断地超越或移动的话，也就意味着对超越的限制也在不断地超越或移动，也就意味着无限超越的可能性。

同时，经验哲学还与目的论，即功利主义的伦理学有十分密切的勾连关系。经验主义者认为，"快乐和痛苦是道德的大教师。自然使人期望幸福，避免悲惨，这是影响人类一切行动的自然倾向或实践原则……引起快感的，我们称之为善；容易造成痛苦的，我们称之为恶"②，"是非的知识来源于经验，把道德建立在自我保全的冲动或对幸福的期望上。洛克之后的道德学家主要把道德知识建立在感情或冲动上，而不是建立在理性或天赋的是非观念上，但是，他们认为这种感情是人类所固有的资质"③。

如果对生活论的理论本身进行哲学谱系的考察，发现它属于典型的经验论哲学的模式。鲁洁先生曾指出过，生活论意义上的生活世界这个概念"只是借用了西方哲学生活世界的术语，本书的生活世界所指的是人的全部生活领域，包括日常生活和非日常生活，也即所有对人的生存发展具有意义的实践活动"④。由此可见，生活论中所言的生活世界并不是胡塞尔意义上的"生活世界"的直接照搬，而是一个与"实践"紧紧联系在一起的概念。鲁洁先生所说的"人是生活着的人，生活的本质是实践，人也就是在改变完善生活的实践活动中发展完善自身，生成为人的。人之生成的根据、源泉、动力以及运作机制都内在于他自己的生活之中，不需要到生活之外某种实体或法则中去寻找"⑤，"生活世界的基本属性是实践性"⑥，正是揭示了这一点。可以说，在一定程度上生活论意义上的"生活世界"等同于人的一切实践活动的总和，这在某种程度上与马克思所

① 杜威. 哲学的改造 [M]. 胡适，译. 合肥：安徽教育出版社，1999：52.
② 梯利. 西方哲学史 [M]. 葛力，译. 北京：商务印书馆，1995：334.
③ 梯利. 西方哲学史 [M]. 北京：商务印书馆，1995：334.
④ 鲁洁. 生活·道德·道德教育 [J]. 教育研究. 2006，(10).
⑤ 鲁洁. 教育的原点：育人 [J]. 华东师范大学学报（教育科学版）. 2008，(4).
⑥ 鲁洁. 生活·道德·道德教育 [J]. 教育研究. 2006，(10).

言的"人就是一切社会关系的总和"是同构甚至一致的。因此在某种意义上可以说生活论所言的生活与实践具有本质一致性。当我们说道德来源于生活世界的时候，与说道德来源于实践这两者在哲学本质上是一致的。我们可以从鲁洁先生用大量实践论的哲学来论证生活论的内容中领悟到这种深邃的哲学用心，同样也可以帮助我们窥探到生活论在哲学谱系当中所源出的土壤。

　　生活德育论的基本思想是"道德和道德教育源于生活、透过生活、为了生活"。"透过生活"是一个教育学问题，而"源于生活"是一个哲学①问题，"为了生活"则是一个伦理学问题。当我们来讨论哲学谱系的时候，暂且将"透过生活"这一教育学问题搁置，同时亦将道德教育这一问题搁置，单单论述关乎哲学和伦理学的问题，即道德源于生活和道德为了生活的问题。"道德源于生活"是在讲道德的本质问题，是在哲学意义上确立道德的形式②。而说"道德为了生活"则是在伦理学意义上确立道德的正当性。生活论的这两个判断就是从哲学和伦理学的两个方面指出，道德是由实践确立其正当性的，实践也是道德的存在形态。正如鲁洁先生所指出的，"我们认为道德始终存在于人的整体生活之中，没有脱离生活的道德。人们是为了生活而培养个体的品德，改善、提升社会的道德的，并不是为了道德而道德"③。这一句话就同时从这两个方面因应了生活论对道德的判断，而这两个判断都应合了经验哲学和功利主义伦理学的基本特征。

　　鲁洁教授指出，"道德存在于生活，生活是道德存在的基本形态。或者说，道德就是人所选择的生活方式，就如杜威所说，它是'对一种生活方式而非另一种生活方式的选择'。道德的基本提问是'人应当如何生活？'的问题。把道德理解为生活、生活的方式，澄明了道德的本质"④，这个论断认为，道德在本质上不是什么别的东西，而是生活和生活方式。

---

　　① 这里的哲学指狭义的哲学，即形而上学，而不是指广义的包含了宗教学、形而上学、伦理学、逻辑学的哲学。

　　② 这里的形式是取的古希腊的意义，即亚里士多德所讲的"我用形式是指每件事物的本质及其第一本体"。《形而上学》，1032b 1 – 2。

　　③ 鲁洁. 中小学德育课程的创新［J］. 中国教师. 2004，(1).

　　④ 鲁洁. 德育课程的生活论转向——小学德育课程在观念上的变革［J］. 华东师范大学学报（教育科学版）. 2005，(3).

道德在本质上与生活本身具有同质性。同时，生活论认为，"生活"一词应当说是融"个体"与"社会"为一体的。生活总是生命体的生存与活动，同样，人的生活绝不可能是单个人的生命活动，它必定是与他人、与社会发生内在联系的活动。"道德源自于生活，道德产生的前提是人类长期的生活—生存实践"①。这说明，道德本身就是在人的关系性的社会生活中生成的，并且这种生成的依据是：人总是不断地通过自我生存的筹划，去构筑一个更适合自己生存发展的境域，一种更为美好的生活。更适合于生活需要的道德就是在这样的生活实践中不断生成的②。道德并不是存在于前经验领域，也不是存在于超经验的世界中，而是与经验世界紧密不分的，道德意识本身就是一种"经验性的结构"。正如鲁洁先生所言，道德意识往往依附于具体生活事件、生活过程、生活细节，依附于他的身体活动和行动，是一种"经验性的结构"，往往是不明晰的、混沌的意识，是泛化的、未经概念化的意识③。这个观点充分反映了，生活论在本质上主张经验哲学所主张的，知识（道德）本身是由经验产生的，绝不是天赋的。其实经验论在本质上不但主张道德来源于生活，与生活一体，甚至主张一切的知识都来源于经验，并且与人的经验最好是不分离的关系。

二、质疑：唯理论与经验论的哲学冲突

鲁洁先生在《道德教育评论·2006》上发表了《关于"道德教育回归生活世界"的自我质疑》一文，主要是站在康德的立场上，针对生活论提出了以下四个方面的问题：

1. 康德的"为道德而道德"，道德与经验无涉，在当今是否还有现实意义？

2. 道德第一性，还是生活第一性？

---

① 鲁洁. 德育课程的生活论转向——小学德育课程在观念上的变革 [J]. 华东师范大学学报（教育科学版）. 2005，（3）.

② 鲁洁. 德育课程的生活论转向——小学德育课程在观念上的变革 [J]. 华东师范大学学报（教育科学版）. 2005，（3）.

③ 鲁洁. 生活·道德·道德教育 [J]. 教育研究. 2006，（10）.

3．道德是手段还是目的？

4．是动机性道德还是评价性道德？①

先生的"自我质疑"极其深刻，其中第一个问题是从哲学上提问，后三个问题是从伦理学上提问——需要说明的是，在先生的原文中只有两个问题，其中本书这里的后三个问题实际上是先生第二个问题的三个小问题，分法很清晰。先生的在本质上是唯理论哲学对生活论或准确地说对经验论的质疑。

唯理论和经验论之间的冲突由来已久。在西方哲学的脉理上，欧陆哲学是唯理论的主战场，而英美哲学则是经验论的主阵地。这两大哲学的冲突在洛克和莱布尼茨之间表现得最为明显。洛克在1689年出版了他阐述经验论哲学的系统论著《人类理智论》，而在十来年后的1704年，莱布尼茨就写了一部针对性很强的逐章批判的驳论性的论著《人类理智新论》。唯理论相信人的理性可以对最基本的哲学问题提供最终的解答，而且这些解答都将是必然真理②，经验论主张"所有的知识都来源于经验"③，而对于哲学的基本问题如果能够回答的话，一种可能性就是基于广泛经验的综合而得到回答，所有的知识都是以经验以及归纳论证为基础的④。这两大哲学阵营所争论的基本问题最终的核心就是"天赋观念"是否存在，亦即"实体是否存在的问题"。实体这个概念一方面可以解释为不再依靠别的存在而存在的基本存在，另一方面也可以说是这个世界的真实的存在。这两个解释在哲学上是统一的关系，因为其他一切的东西都是依靠实体而存在并且因它而存在。这个概念在亚里士多德那里曾有多种说法本质同一地规定它，如本体、最终主体、终极实在、基质等。斯宾诺莎给它的定义具有哲学意义上的明晰性：在自身内，并通过自身被认识的东

① 鲁洁. 对"道德教育回归生活世界"的自我质疑［A］//朱小蔓，金生鈜. 道德教育评论·2006［C］. 北京：教育科学出版社，2007：6.

② 必然真理是先于经验为真的或先验为真的，也就是说这些真理是我们生而有之或天赋的。而经验真理则仅仅是一个事实而偶然为真。

③ 罗伯特·所罗门. 大问题——简明哲学导论［M］. 张卜天，译. 广西师范大学出版社，2004：166，168.

④ 罗伯特·所罗门. 大问题——简明哲学导论［M］. 张卜天，译. 广西师范大学出版社，2004：166，169.

西①。对实体的讨论占据了整个西方的哲学史，例如柏拉图的形式的世界，亚里士多德的"第一本体"，黑格尔的"绝对意志"，这些概念都是针对实体的找出背后那个实存的世界。唯理论的哲学坚定认为实体存在，并且可以为人所认识。所以，在唯理论的哲学当中，这是理解一切概念的前提。例如舍勒的小宇宙的观念，并不是在经验论的范畴当中，对人与外在世界或社会"关系"的基础上的解释，而应该在唯理论的实体（本质）这一概念前提下解释。诚如舍勒本人所说，"每一个生命都是一个本体的中心，并自己构成'自己的'空间时间单位和个性"②。他的小宇宙观认为"人作为部分虽然与世界本体不存在同一，却本质的同一"，而追求教育意味着"对于自然和历史中具有世界本质性意义的一切……热烈地存在性参与和分有"，而这一过程的泉源是"那真正的柏拉图之爱，即永不满足地渴望与任何世界本质的最紧密统一和感应，所有哲学早就一直把它称之为：对本质之爱"③。所以，无论是教养知识还是一切其他的关于大宇宙的知识，甚至是面向世界或"大宇宙"的知识，最终舍勒的断语是，"一切知识最终都来自神性并为了神性"④。但是在经验哲学的范畴当中，否定这个世界存在一个实体性的本质，而将哲学的阵营转移向经验本身，将本体论的哲学转向对经验的性质的考察，最终的哲学影响就是，是由经验而不是由实体生成这个世界，亦即这个世界是由经验，而不是由实体充满或赋予意义。对"小宇宙"这一概念的认识，在经验哲学的体系中，并不是舍勒意义上的，而是在经验范畴上社会性的关系，这首先是一个超越个体的理解。同样在生活论的视域中，具有反"实体论"的本质。就如先生所说的，"这种理性主义教育的本体论根据就在于从根本上否定生活和实践中的现象就是存在本身，否定在生活实践中所经验到的道德现象是道德本身，而认为只有隐藏在现象后面的道德'实体'才是具有逻辑

① 尼古拉斯·布宁，余纪元. 西方哲学英汉对照辞典［C］. 北京：人民出版社，2001：963－966.

② 舍勒. 人在宇宙中的位置［A］. 刘小枫选编. 舍勒选集［M］. 上海：上海三联书店，1999：1284.

③ 舍勒. 人在宇宙中的位置［A］. 刘小枫选编. 舍勒选集［M］. 上海：上海三联书店，1999：1370.

④ 舍勒. 人在宇宙中的位置［A］. 刘小枫选编. 舍勒选集［M］. 上海：上海三联书店，1999：1405.

上的本源性和基础性的真正的存在，它是第一和最高的，只要达到对于它的把握，其余的存在都可以从中推演出来。这个超感性的道德理性存在只能以相对应的理论逻辑来表达。为此，道德理论知识的学习就被看做是通达超感性存在的唯一途径。生活论的道德观则认为，道德、道德的意义不能到远离生活实践的、超感性的第一世界中去寻找，只能在生活实践中去领会。基于道德实践性存在的观点，道德学习、道德教育应从知识、学术型转向生活、实践型。①"下文将循鲁洁先生的"自我质疑"，从哲学和伦理学的角度对经验哲学以及生活论进行质疑。

　　首先，经验哲学一个显著的问题在于它缺乏方向。如果按照纯经验论的思想，道德是由生活确定的，也就是说，生活确定了什么是道德的，什么是不道德的。在生活论的视域中，生活世界也是一个意义世界，其中的重要含义也是意义本身也只是蕴含在生活之中，或是生活本身就是意义。这主要是从实践论的角度，认为生活本身的实践本质中就是蕴含着超越性的追寻。而作为意义本质的道德，也必然是由生活确立的。但是到底生活在什么样的意义上能够规定意义？陀思妥耶夫斯基在《卡拉马佐夫兄弟》中借伊凡之口说的："因为人类存在的奥秘并不在于仅仅单纯活着，而在于为什么活着。当对为什么活着缺乏坚定的信念时，人是不愿意活着的，宁可自杀，也不愿留在世上……"鲁洁先生也指出，"意义世界是人所特有的生活世界，人是追寻意义的存在者。在这个意义世界中，人对其自身生存意义的追寻更具有重要意义，它是一切意义之意义。人要活得有意义，有的人就是因为感到活得无意义而不再活下去。由此说明，意义世界对于人来说是不可或缺的"②。从这个意义上说，意义是否能够就说是必然蕴含在生活的本质当中？毫无疑问，无论是陀氏还是鲁氏的话，都指出了一个事实：自杀的存在证明无意义的生活是存在的。如果意义不是必然蕴含在生活当中的，那么生活有怎么能够产生意义呢？同构的问题是，经验如何产生道德呢？这当然是一个本体论的提问。但是，既然"经验在被接受以前，即已被预先解释，而此种解释又是依照最先赋予生活的意

---

① 鲁洁. 生活·道德·道德教育 [J]. 教育研究. 2006，(10).
② 鲁洁. 一个值得反思的教育信条：塑造知识人 [J]. 教育研究. 2004，(6).

义而进行的"①，那么是否意味着是意义赋予给生活然后再来解释经验的呢？那么是否也就是说是意义的赋予给予了生活以意义呢？那么还能说意义是由生活产生的吗？还是毋宁说是意义产生了人的生活呢？

问题也可以从相反的方面来说，如果是如经验哲学所言的，经验产生了意义，那么，也就是说相对于意义而言，经验是先存的，那么对经验的解释又是如何达成的呢？它又是如何被"预先解释"的呢？这预先解释它的是谁？如果没有了这种解释，自然的经历又何以成为人的经验？如果在实践论意义上来说，如果实践产生了意义，那么在实践的主观能动性当中，谁规定了这种能动性的方向？如果意义以及道德不是先存于实践的话，那么能动性的主观依据是什么？如果这种能动性本身就是绝对自由而无依据的话，那是否就意味着实践本身就是一种无目的、随意性的活动？那么又何谈主观的能动性？如果"意义的追寻使人回归于他的真实存在，人正是在意义追寻中不断超越现实的规定，走向自由的本质"②，那么尚没有意义（尚在追寻中）引领的自由的本质是否意味着随意和妄为？而意义和道德就是被之规定？实践的超越性的意义是由谁来判断的？同样，如果道德源于生活的话，那么生活本身是否有道德性问题？是否有不道德的生活存在？如果"生活的目的就是为了创造生活"③ 那么创造的生活又是怎样的生活？现存的生活是否需要反思？依据什么反思？将来生活的创造依据什么创造？

这当中还存在着一个未经判断的人性判断的问题。当说实践产生道德、道德源于生活的时候，这当中还隐含了一个判断，即一切的实践以及生活活动都必然是向善的、超越的，若非如此的话，实践和生活就不能规定道德；如果实践和生活既可能是道德的，又可能是不道德的话，那么它就不能规定道德，因为如果那样的话，谁来判断哪个是生活产生的不道德？哪个是生活产生的道德？但是，如果说实践都是向善的、超越的，生活都是道德的，那么就意味着这种理念认为人性是天然的善的，但是又是谁给予了这个判断？还是这一个根本就无须判断，而是一个未经判断的判

---

① 鲁洁. 教育的返本归真：德育之根基所在 [J]. 华东师范大学学报（教育科学版）. 2001，(12).
② 鲁洁. 一个值得反思的教育信条：塑造知识人 [J]. 教育研究. 2004，(6).
③ 鲁洁. 创造性是人的一种基本德性 [J]. 教育研究与实验. 2007，(5).

断？舍勒对人的认识的一个判断发人深省：在某些时代人微笑着故意自称动物，在另一些时代人误以为自己就是上帝，后者较之前者对自己的兽性的认识要深刻得多①。实践人的概念是否就意味着我们是站在物质性的位置，具有上帝的心态来改造这个世界呢？这是否就意味着兼具了舍勒所说的两种判断呢？当我们考虑道德问题时，这不能不考虑。

第二，实践生成人，还是人生成实践？主体性在关系中还是关系性在主体中？马克思的观念是"劳动产生人"，人首先是生产实践的产物，并且人还在实践中不断。因此在生活论的视域中就是"人自己创造自己"，"人之所以需要道德，根本上是为使人成为人"②。从历时态来讲，是否是实践产生人并不好讲，因为起源学的问题不同于来源学，尤其在经验哲学的理念中并不好研究，毕竟我们没有一个人能复制人猿相揖别的过程，更何况现代化石考古的成果已经推翻了进化论的基础。③ 但就从共时态来讲，是实践活动使从事者人成为了人呢，还是说因为从事的是人，所以才使活动成为实践活动呢？从实践的本质来讲，它具有主观能动性，而只有人才有主观能动性，那么也就意味着只有人能从事实践活动，动物的工程再精美，又不是实践工程，人的工程再拙劣，但也是实践之成。那么在本质上，是人的主体性赋予活动以实践意义，还是活动的实践意义赋予人以

---

① 舍勒. 论人的理念 [A]. //刘小枫选编. 舍勒选集 [C]. 上海：上海三联书店，1999：1284.

② 鲁洁. 转型期中国道德教育面临的选择 [J]. 高等教育研究. 2000, (5).

③ 由南京古生物研究所所发现的云南澄江化石群表明，寒武纪的生物大爆炸之前世界上只有四五种最简单的物种，而寒武纪的岩层中，几乎现在所有的生物种类，包括高级物种都一下子同时产生了。《人民日报》（海外版）于 1995 年 5 月 25 日发表了纽惟恭的题为《澄江化石生物群研究成果瞩目》的评论文章写道："近十年来，该所（指中国科学院南京地质古生物研究所——笔者注）对澄江化石生物群进行了系统的综合性研究，采集了成千上万的珍贵化石标本，发表了许多重要论文，引起全球古生物学界的轰动。研究表明：寒武纪生命'大爆炸'是全球生命演化史上突发性重大事件，现代生命的多样性起源于此，又经过几次重大突变演化而成。对其进行深入研究，可能对传统的进化论是个动摇。"《人民日报》（海外版）在 1995 年 7 月 19 日又发表了另一篇署名为丁邦杰的评论文章，标题十分鲜明：《向进化论挑战的澄江化石》。文章说，"19 世纪，英国科学家达尔文创立了著名的生物进化论。其中一个核心论点便是：生物物种是逐渐变异的。但是，经科学家长期研究发现距今 5.3 亿年的寒武纪早期，地球的生命存在形式突然出现了从单样性到多样性的飞跃。于是，'寒武纪生命大爆炸'的命题被提出来了，只是由于种种原因，在过去相当长的时间里，这一命题难以被充分认识"。对进化论的质疑还有中间化石的缺失等。最近研究这方面的资料较多，如约拿单·威尔斯. 进化论的圣像 [M]. 中国文联出版公司，2006. 等。

主体性？这个问题很重要，因为它涉及人的关系性到底是一个内在的属性还是一个外在的属性的问题，涉及是在实践活动的外在立场上来统合主体而达致关系性，还是站在内在主体性的立场上借关系性来统合人的实践活动的问题。这一切统属性的关系问题都是与谁产生谁这样一个来源性的问题紧密相关的。

在唯理论的立场上，一定是由人生成了与人相关的一切，如社会、实践活动，等等。也一定是在人的内部统合了一切与人相关的，是人使得一切与之相关的事件成为人的实践，也是在人的内部统合他人，才使得人的聚集成为社会，而不是某种"动物世界"，是人生成了关于人的一切，而不是关于人的一切生成了人。是在人的主体意识中使得社会得以可能，使得实践也得以可能。当在实践论意义上讲"人自己创造自己"的时候，是将人和人的世界放在一个互动的关系当中，并且在这个互动关系之中处在独立而相关的关系之中。但是"人自己创造自己"，在人类史中，考虑来源问题时，是站立在进化论的立场上，在根本上是以马克思所提出的"劳动创造了人"的观念为基础的，认为，在人类史前史中，是劳动将人从动物中分别出来。但问题是，谁又使史前的前人类的活动成为劳动？如果在人类史前史意义上的前人类的活动并不能称为劳动的话，那就意味着这些前人类的活动与其他动物的活动并没有任何区别，那么与其他动物没有区别的前人类的活动为什么能够创造人呢？而其他与之并没有区别的动物的活动就不能创造出人呢？这本身也是对进化论的质疑之一。一个关键的问题是，在来源学上，可以说人的意识产生实践活动，但是实践活动如何产生人的意识？

因此，在唯理论的观念中，人的意识是天赋的（争论的中心始终是是否有"天赋"这一观念）。而外在于人的一切世界，包括社会，都是在人的主体意识中统合起来的，这就是人对实存的世界的认识问题。这形成了认识论的一个重要论题。所以在哲学上常常讨论认识如何将外在的世界统合在主体内部的。而莱布尼茨的单子论也是为此提出来的，"在莱布尼茨的心灵里……单子认识世界，因为它就是说世界。单子所显现的内容从一开始就是宇宙，单子的活动规律就是宇宙规律。由于单子'无窗'，它完全没有本来意义的经验：然而认识世界的可能性就在单子的本质中这样预先安排着：它的状态必须被认为完全是对世界的认知"①。所以。唯理论和实践论在对社会的认识上，就在此产生了一个重要的分歧：唯理论认为，社会是透过单子这一最基本的认识单元而被统合在主体内部的，人的社会性是由主体的主体性自身确立的；而实践论认为，人的社会性是由人的实践活动的社会属性所确立的，所以人的社会性是由实践以及实践的场域——社会，这些外在于主体的东西所确立的。

这一点也造成了唯理论与实践论对主体间性的认识上的差异。作为一个唯理论者，胡塞尔的主体间性的概念也是建立在主体内部的性质当中的，"构造性的感知活动与被感知到的存在者一样，都从属于我的具体的自身本己性"②。这种观念认为，人的类主体性存在于人的主体性当中，主体间性本身是在"自身本己性"中被构造的。而实践论的主体间性与唯理论的主体间性的决然不同，他们认为，人的主体性存在于人的类主体当中，正因为人的生活是类的生活，所以人的主体是存在于社会这一类主体当中的，主体间性体现为一种社会性。这种理念是否也为人的空场的社会决定论种下了哲学上的祸因呢？而要从根本上解决社会决定论的问题，回到唯理论的思路未必不是一个出路。在某种程度上，实践论的主体间性是与实践论的经验哲学基础相关的，因为在经验哲学的思维当中，在本质上是社会产生社会性，但是胡塞尔却强调本质上是在"自身本己性"中构造出了主体间性。如果没有人的这种"自身本己性"，动物的群落也不会产生社会。同样，关于经验的理解在两大哲学中也有不同，唯理论的经验是先验的，就如胡塞尔强调的"先验经验"；而经验论的经验是实践的，本质上是一种实践经验。

第三，经验哲学是亚里士多德式的哲学吗？拉斐尔的名画《雅典学派》的正中是柏拉图和亚里士多德一人指天一人指地的手势，亚里士多德的名言"吾爱吾师，但吾尤爱真理"也耳熟能详，这些都充分显明了柏拉图和亚里士多德之间的哲学差异。他们的差异主要是在对两个世界的认识上。柏拉图认为世界的本体存在在一个形式的世界当中，而这个生成的世界则是分有了那个形式的世界；而亚里士多德则认为，本质就存在于这个实存的世界当中，这两个世界在本质上是合一的。这个争

---

① 文德尔班. 哲学史教程 [M]. 罗达仁，译. 北京：商务印书馆，1993：666.
② 胡塞尔. 生活世界现象学 [M]. 倪梁康，译. 上海：上海译文出版社，2005：170.

论可以说一直存留到今天。经验论和柏拉图的思想不同是显而易见的，但是它和亚里士多德是一样的吗？也不是。因为亚里士多德认为"是"存在在"在"那里，而经验论则认为"是"存在在"我"这里，即"我"的主观能动性的实践当中。在亚里士多德的思想中，仍然有本体的概念，他把可感的个体称为第一本体，而事物的种属称为第二本体。在《形而上学》中本体是中心概念。他说，"本体有两个意义：（1）最终的基质，它不再用于断定其他任何东西；（2）由于是'这一个'，因而亦是被分离的东西——这一本质乃是每一物的形状或形式"①。在第一层意义上，本质与唯理论相似，斯宾诺莎的本体就是在此意义上的，而第二层意义上，本质与事物相关，而与经验无关。所以在本质上经验论也不是亚里士多德的继承者。

经验论首先是认识论问题，即我们是通过经验还是理性来认识真理的问题。但是当涉及实体是否存在，尤其到了实践论阶段的时候，就变成了一个涉及整个形而上学的问题了。这个世界，包括生活以及人，是否存在一个绝对的、不变的、实在的本质？还是一切都在实践中不断地变化、飘移，以至一切的本质都只是在生成中，而唯一不变的只有实践？一切的真理是否都不是必然真理而偶然为真？道德也是吗？

经验论和唯理论之间的根本问题也可表达为，这个世界是否存在最终统一的不变的本质？在唯理论中，实体存在的意义是将这个世界统一在这个不依靠其他存在而存在的最终实在上。但是经验论却不承认这样的努力，认为世界本来就只有偶然的事实性真理，而没有统一的必然真理。正如一位彻底的经验主义者所说："经验主义者认为事物永远是分离的，而理性主义者就用他们的一些绝对或实体，或者他们可以使用的其他无论什么样的虚构的联合者来弥补这个缺陷。"② 说到底，在形而上学的实践论下，实践并不能成为事理本身联系的统一性。假定在亚马孙森林里的无人区中，那里所发生的一切之间是否有联系？由什么联系？即使在人的生活中也是，为什么同样的事情有不同的结果？或相同的条件在不同的主观能动性那里产生了相同的结果？因此，在形而上学上实践或经验并不具备这个世界联系的最终的解释力。

---

① 亚里士多德《形而上学》，1017b23 – 25。
② 威廉·詹姆士. 彻底的经验主义 [M]. 庞景仁，译. 上海：上海人民出版社，1965：23.

第四，道德问题的本质是什么？是做吗？是知吗？还是知而不能？有两种比较典型的对道德本质问题的描述：一种观点是生活论所认为的，"道德就其本义而言是人们自己创造，自己建立的一种自我肯定、自我发展的手段"①，这也就意味着道德是人自己做出来的；一种是亚里士多德所认为的，是与在同一意义上的"知识即美德"，即道德是一种知道了就能行的东西。这两个观点一个认为道德是做出来的，一个认为道德是知出来的，无论是哪种其实还都是在讨论道德的来源问题，属形而上范畴。但是我们说，"道德本体"是一个形而上的哲学问题，而"道德问题"却是一个真正的"道德"问题。那么道德所关涉到的"道德问题"是什么呢？应该既不是该怎样知，也不是该怎样做，而是为什么"知而不做"？生活论认为，"道德的'知'是为了'非知'，知的意义在知以外，在前知识的领域中。也即是在生活、在行为、在实践中，道德之知的任务在道德的实现。道德之知的内容也不是道德的抽象，而是存在于生活中的道德。为此，道德知识的教育和学习必有实践的担当、道德的承诺"②。这里的"道德的实现"是一个真正的道德问题，但是这个问题能否由"实践中的道德之知"来担当呢？无论是从实践中还是从天赋观念中知，与实实在在的行，这之间是否可以有因果的勾连？难道从实践中来的知就比从天赋观念中来的知更能致行？或者相反？恐怕这个问题需要商榷。我们认为，"行知"是一个如何致知的方法论问题，而"知行"却是一个如何致行的道德问题，这两者很难勾连到一起。说到底，道德问题的本质是人能否或如何能行出良心中已经明了的道德之知，而与如何获得这种道德之知没有关系。

第五，紧随的问题是：外好？内好？外好、内好，投射到政治哲学上是一个正当和善的问题。但是在纯粹的伦理考察中，它实际上是一个良心的判断机制的问题，即人的良心到底依照什么作为判断道德的标准，由此产生了道德的正当性来源问题。也就是说，我们的良心是凭外在的行为及其效果的评价来确立良心的道德判断呢，还是凭着内在的动机和内心的"道德法则"来确立良心的道德判断呢？这实际上就是伦理学上的目的论和义务论的问题。

① 鲁洁. 转型期中国道德教育面临的选择［J］. 高等教育研究. 2000，（5）.
② 鲁洁. 边缘化、外在化、知识化——道德教育的现代综合症［J］. 教育研究. 2005，（12）.

　　而唯理论哲学与义务论伦理学之间是相勾连的，而经验论哲学则是与目的论的伦理学相勾连的。这首先从大师谱系中可以看得出来，如康德、黑格尔等义务论的伦理学家，在哲学上基本上都在大陆理性主义（唯理论）的阵沿；而边沁、穆勒等目的论伦理学家，在哲学上基本上都在英美经验主义（经验论）的阵沿。

　　再从它们的逻辑谱系中也可以看得出来。因为唯理论认为有"天赋观念"的存在，而"天赋观念"作为实体或最终实在，又是超越物质实在而存在的本质存在，因此，它的判断必然落实在对超越物质的本质能够有所知的人的动机当中了。而在经验哲学当中，由于是实践生成了道德，而实践又无任何先在的道德、意义上的意义，那么道德判断就只能落实在实践的效果当中。正如文德尔班所说，基于实践的哲学体系所建立起来的伦理学，"其典型特色就是经过反复思考的德行与幸福的关系；或多或少鲜明地提出来的最后结论是：个人欲望的满足被提高到作为伦理功能的价值标准。以此原则为基础而建立起来的实践哲学体系就是功利主义"①。生活论兴许并不赞同"个人欲望的满足"这样的说法，但是当我们来考察实践这个词的时候，却发现这是一个哲学上的必然。因为实践的本质就是人的主观能动性，而实践又是先在于道德的，那么实践中引导人的能动性的主观，在人的内部除了道德以外还有什么呢？就是欲望了。这也是为什么最近的德育研究中一再地强调要人性化（实际上就是要"照顾"人的欲望）了，这在伦理学上有其功利主义的思想源泉的。

　　最后，问题还是回到唯理论和经验论的根本分歧，是否存在"天赋真理"上。诚如黑格尔在批判经验论哲学家洛克时所指出的，"洛克完全不把自在自为的真理放在眼里。他的兴趣不是在于认识自在自为的真理"②。经验论认为一切都是在生成中，但如果是这样的话还会有什么真正的永恒的真理吗？经验论者当然是否定的，因为他们认为一切的意义都是在被超越和生成之中的。但是如果这样的话还存在亘古不变、贯穿历史的永恒性的精神价值吗？如果一切的道德和意义都是"与时俱进"的话，那么还存在精神意义上的文化传统吗？"文革"背后的哲学基础值得警醒，难道那个时代打倒"孔家店"不是因着这种"社会达尔文主义"的

---

① 文德尔班. 哲学史教程［M］. 罗达仁，译. 北京：商务印书馆，1993：689.
② 黑格尔. 哲学史讲演录（第四卷）［M］. 贺麟，等，译. 商务印书馆，1978：139.

思维吗？

生活论认为，"生活世界中的教育还应当促使人去正确把握意义层面的生活，理解生活中的各种事物、事件、关系、规律、规则对于人所具有的不同意义和价值，把握它们之间的意义连接和价值关联……"①，如果意义就是指的"各种事物、事件、关系、规律、规则对于人所具有的不同意义和价值"，以及"它们之间的意义连接和价值关联"的话，"各种事物、事件、关系、规律、规则"如何成为一种人类精神意义上的意义的？我们看到一个民族的历史中，"事物、事件、关系、规律、规则"早已逝者如斯夫，那么到底还存不存在脱离"事物、事件、关系、规律、规则"，以及"它们之间的意义连接和价值关联"的存在而独立存在的纯粹精神意义上的而且超越历史而不变的精神文化传统呢？

加缪说，"荒谬的人知道，他是自己生活的主人。在这微妙的时刻，人回归到自己的生活之中，西西弗回身走向巨石，他静观这一系列没有关联而又变成他自己命运的行动，他的命运是他自己创造的，是在他的记忆的注视下聚合而又马上会被他的死亡固定的命运"②。如果意义是在生活本身，生活本身就是意义，而不是先存的；如果只是人的实践勾连了世界的关联性，而不是本质的实在；如果是人自己创造了命运，自己是自己生活的主人，那么是否意味着生活论在本质上是与加缪的虚无主义同构的？是否最终导致的结果恰恰就是虚无主义？是否生活论德育最终所生成的就是意义上"荒谬的人"？在哲学上这是一个很容易就可以得到的结论。生活世界可以在性质上是一个意义世界，但两者并不是完全等同的，但是如果按照经验论的观念，生活世界和意义世界同一，生活本身就是意义的话，那么，恐怕难逃虚无主义的窠臼。

最终，由不变的独立于"事物、事件、关系、规律、规则"，超越于历史的纯粹的精神、先在的意义、超验的道德而上溯到的"天赋真理"是否存在？这是唯理论与经验论哲学的最终不可调和的问题，然而也是思考教育、生活、意义和道德问题时不可回避的问题。鲁洁先生用"自我质疑"的方式向我们这些后学实实在在地传授了这一点。

---

① 鲁洁. 教育：迷人的意义世界 [J]. 新课程，2007（8）.
② 加缪. 西西弗的神话 [M]. 杜小真，译. 天津：天津人民出版社，2007：150.

第四节　评价哲学视野中的德育评价问题

自从学校教育中有了"德育为首"的说法以来，针对学生个体、教师、学校乃至整个中国教育层面上的德育的评价，可以说一直都是一个"口舌"上的焦点。在这些口舌的背后，我们看到了一个对以"德育"为中心的教育理解的辩护，以及利益表达。一方面，德育在以应试为中心的学校教育中，可以说是处于"说起来重要，做起来次要，忙起来不要"的尴尬地位；但是在另一方面，我们又看到各个学校"如火如荼"的德育活动、德育特色工作、甚至各种各样的德育奖项等，言下之意就是"非常重视德育，并且卓有成效"。也有的人认为学校德育对青少年道德状况的影响有限，但是似乎更多的人将青少年道德滑坡的主因归于我们的教育出了问题……在这些"口舌"之后，我们看到的似乎是学者、学校、社会以及家长之间不同意见，不同视角的对德育的评价，其实其背后所蕴藏着的首先是对青少年道德以及德育责任的关注，这当中，有的出于责任，也有的确实是出于利益的辩护。但是，这么多的口舌之后，更为根本的问题是，究竟应该怎样来评价现有的德育？甚至更根本一点，德育究竟能否被评价？是否有必要评价？本节从三个方面来思考这个问题。

一、评价的哲学基础

德育评价是否必要，这个问题，首先需要关注评价是否必要。有人认为，评价是一项投入很多，收获甚微，了无必要的事。的确，在我们的日常社会中，常常为各种达标、评级所困扰，常常谓之为劳民伤财的官僚做派。尤其现在各种行政的检查、评级多是陷于形式化、政绩化之中，德育评价本身就受到了许多违反道德规律以及反道德性的质疑，在这种情形下，毫无疑问，德育的评价本身是否必要，甚至是否合法，就受到了应有的质疑。但是，这种处境下的对评价的反映（或是"评价"）是一回事，但是超越处境的对评价合法性的形上审查又是另一回事。我们首先来从哲学的角度省察评价是否必要并且能否避免。

人与万物不同，首先如帕斯卡尔所说，人尽管脆弱如同芦苇，但是他却是一根"会思想的芦苇"，一种充满灵性的存在。在纯粹的自然力量的意义上，人也许在万物之下，受万物的节制；但是在思想意义上，甚至在存在意义上，万物确实是为人而存在。人相对于万物，首先表现为一种思想上的节制，一种灵性上的超越性。因此，人是一个灵性的存在，以及人是一种思想性的存在，这两者同时成为人的本质。这就使得人的行为与万物的自然行为形成了一个根本的区别，万物的自然行为只是按着自然的规律行事，体现出一种万物自身的无目的性；但是人的行为，在有灵气的人那里，在人作为主体的自身以内，是存在着自在的目的的。而这个目的可以由人个体内部的价值判断生发，在其自身以内而与外物无关。只不过在行为层面上，人的价值借着行为，使得外物成为价值得以实现的工具。举一个例子，哪怕是一种实用主义的价值，万物是为了实现人的最大福祉，这个价值所产生的行为，都不是像一般的动物那样，只是"自然"而非"自为"地成为了它为了自己的生存而产生的自然的行为，而是首先"自为"而非"自然"地产生"万物是为了实现人的最大福祉"的价值，然后再在这一价值的基础之上选择自身的行为，来借着万物以实现人自身的福祉。在这当中，首先是价值的产生以及人依据价值进行的行为选择（或者说，自为地产生价值，以及依据价值自由地作出行为），这就是人用思想节制万物。①

　　因此，就价值和行为选择而言，一切的人类行为都必然带着自身价值以及行为选择上的目的性，这种目的性从一个角度上讲完全是出于人的自为与自由，而绝非自然。正因为如此，所以人的行为在本质上，不是出于自然规律本身的必然性，而是出于自身价值与行为的选择。② 也就是说，他的行为首先是出于他的价值的生发，是为了满足或者响应他的价值的诉求。那么，价值就成为了行为的目的，因此任何的人的行为本身就有他的目的性，就是它的"合价值性"。同时，由于价值是自为的，行为是自由的，因此行为本身合价值性并不带着规律性的必然性。打个比方说，两个人的行为本身是一样的，但是，在不同的个体那儿自为的价值可能是不

---

　　① 首先要说明的是，本书所说的自为，并不是相对于其他人类个体而言的，而是相对于自然而言的，指着个体在价值生成上的脱自然性，从而指称人透过思想对万物的节制。

　　② 这种观念在英国的新唯心主义哲学家格林那儿可以得到证明。有关格林的思想参见梯利. 西方哲学史 [M]. 伍德，等，译. 北京：商务印书馆，1995：561－562.

同，因此在不同的个体那儿，相同的行为相对于各自价值的合目的性是不一样的；同样，可能两个人的价值是一样的，但是由于出于个体自由选择的行为可能是不一样的，那么行为所产生的结果就可能不一样，这样自由的行为相对价值的合目的性也可能是不一样的。只要是纯粹意义上的人的活动，就必然存在着这种目的与行为之间的相关性，而这种相关性存在在目的性的诉求关系之中。因此，无论对于谁，或者是什么事，只要行为本身是出于这种自为的价值和自由的选择，那么，在透过行为来追求价值诉求的人那里，就必然形成行为与价值之间的合目的性的判断。若非如此，就不能称之为纯粹意义上的人的活动。因此，从这个意义上来讲，评价本身应该是存在于一切纯粹意义上的人的活动之中的，这是由人的活动的目的性以及合目的性诉求决定的。这种评价的必然性机制，也可以用杜威的哲学中的"目的与手段的连续性"来证明。①

我们还可以从行为过程中的选择的合目的性判断的角度来看，评价也是贯穿于人的行为始终的。人自为而产生了价值之后，就要诉诸实现价值的行为，但是行为并不是一蹴而就的，并且行为的选择本身并不具有定向性，它是因着价值才有了其目的性的，因此，在行为的选择以及行为过程之中的每一个选择，都会伴随着价值的目的性"监督"。人总是随时停止不合其价值目的的行为，而开始其认为的合乎其价值目的的行为，也就是说，人自由的行为选择，总是随时接受其自为的价值的目的性的判断，即评价，以来引导其自由的行为活动。

同时，评价的另一个重要的必然性机制，就是人类活动的伦理性。如果是单纯的目的论的思维，就会只注重行为与价值之间的目的性的关系，但往往忽略个体的价值系统对行为的伦理性制约。诚然，单列地来讲，人的某一种价值和其某一行为之间有着明显的单线的关系，但是，不可忽略的是，实际上每个个体的内部，不仅仅存在着某一种单一的价值判断，他应该是由一个整体而一致的价值系统组成的，在这个价值系统之中，当然存在着一个价值的主线，但是在这个主线的统帅之下，还存在着各种不同的价值原则，同时还不可忽略的是，人作为一个价值自为的主体，他实际上还是要追求整个价值系统的实现，也就是说，他总是最大地使得自己的

① 杜威. 评价哲学 [M]. 冯平, 译. 上海: 上海译文出版社, 2007: 47–58. 所不同的是, 本书所表述的动态的"自为"的概念，在杜威那儿使用的是"已为"的静态的"自在"的概念。

价值系统尽可能地"和谐"，尽可能地全部得到满足，而一旦这个系统之内的某个或某些价值受到损害时，他要么对之作出合理性的"说服"，当然，这是一种消极的、滞后的反应。更为正常的是，他总是在选择的时候，使得这些价值彼此之间实现一种相互的作用，共同节制人的行为选择，由此就在人的行为过程之中，不但呈现出一种目的性的"价值－行为"关系，更存在着一种伦理性的"价值系统－行为选择"的节制关系。因此，人类的行为，不但要受到"好"的目的性的节制，更要受到"善"的伦理性的节制。①

　　在一个更高的层次上看，如果将个体的价值自为也看作是一种行为的话，那么这种行为本身就体现为一个自为过程当中的"自由"选择的问题。一种价值能否被个体接纳为其自身所认同并为之诉求的价值，在某种程度上，它一方面是个体内部的自由选择的结果，但是，这种自由选择也一定受到个体内部原有价值系统的节制与评判。可以说，一种价值能够在个体当中"被自为"在很大程度上可以被看作为，个体价值评价之中新的价值与原有价值系统之间批判、圆融的结果（这里化用了新儒家所谓"判教""圆教"的观念）。如此看来，在个体价值自为，这样一个"行为"当中，伦理性节制的评价行为更是要贯穿于其行为的始终了。

　　因此可以说，无论是从一个人的价值的自为生成，还是他的行为的目的性以及伦理性的节制的角度，评价都是始终伴随着真正的人的行为的始终的，因为人是价值性的存在，这个事实决定了人的行为的价值相关性。

　　我们再从另一个角度，人的良心机制的角度来看评价是如何存在于人的价值与行为之间的。一般而言，良心至少存在着两重功用，一重功用体现在良心对价值的认同上，当一种价值要在个体内部完全显化而成为一种价值追求的话，它就必须要经过良心的批判与圆融，否则就会受到良心的排斥。良心的这种机制具体表现为，个体内部有其他的甚至是更高的价值与之相反对，从而形成良心的价值排斥机制。这种机制发生在人的价值系统的内部，是人的价值的自为中产生的。另一重功用表现在当人的某一项行为与他的价值相违背时，良心将发生公用，从而对这种行为的选择倾向

---

① 当然这里的"好"和"善"是有别于功利主义所认为的"好"即"善"的用法。

产生排斥或敌对。良心的这种表现为，个体的价值系统对选择倾向或行为的批判，从而形成良心的行为批判机制。这种机制发生在人的价值与行为之间，是在人的选择的自由中存在着的。我们从一定的意义上也可以将良心的这两重功用，对应于上文所分析的价值自为以及选择自由之中的评价行为。当然，如果单纯从良心的角度将这种以良心作为主战场的评价行为，主要体现为上文"伦理性节制"的意义上所说的评价，同时，也主要是由良心来完成这种"伦理性节制"意义上的评价的功用的。

二、德育评价的必需性及其难度

现在，我们将德育放在这样的哲学考量当中来看德育的评价问题。首先，无论人们对道德本身的理解有多么大的分歧，但是德育的重要目标就是塑造有德性的人，这一点是毫无疑义的。无论站在什么样的伦理学立场上，只要承认道德教育是存在的，那么人无疑就是将德育当作一种德性施予的活动。这样说来，德育首先就是关乎德性价值的。

因此，德育首先要关注的就是德育的内容。德育的内容就是指所要施予儿童的德性价值观，当然这个世界上有着许多的价值观，但并不是所有的价值观都是正向的，但是德育所要施予的价值观就必须是正向的，否则，德育就会失去它在教育内容上的合法性。所以，无论对于德育教材的编撰者，还是德育的实施者（教师），他本身都应该对自己所施予的德行价值观进行评价。同时，在德育教学的过程之中，不是灌输，而是采取教化引导的方式，使得儿童认识正向的价值观，并且向往追求正向的德性品质，这在上文当中其实就是唤醒儿童内部的价值评价体系，透过价值评价的方式从而达至批判、圆融并最终实现价值的"自为"。

同时，道德是人的一项根本属性，是人区别于其他一切造物的显著标志。因此，道德的发展，在某种程度上关涉到一个人的实现的问题。一个人的道德水平如何，他对自身作为人的主体性认识也如何。倘若一个人对自身的认识没有任何道德性的成分，而仅仅是物质性或自然性的成分，那么他对自身相对于自然或其他造物的特殊性的认识，以及他自身作为人的主体性认识就不强。并且，人的行事为人的道德性或曰伦理性，也是人类活动区别于其他动物的自然活动的一个显著标志，因此，同样一件事，它中间所包含的出于本能还是出于伦理，或者这两者的比例程度，在一定意义上就是这件事情的人类化程度。因此，只要是一个关注自身的人，他必然会将对自身的关注投注到一个很重要的焦点，就是对自己的道德评价之上。同样，只要是一个关注到人的实现的道德教育（也可以说是"作为成人之业的道德教育"），也必然会关注每一个儿童的道德发展状况，并且致力于儿童的道德成长，而这个过程事实上就是由对儿童道德状况的评价贯穿着的。真正关注到每一个儿童的道德教育，也就是真正因材施教的道德教育，势必建立在教师对儿童的道德状况了如指掌的基础之上；真正关注每一个儿童之"成人"的道德教育，也要求我们必须关注儿童的实际道德状况。因此，一个真正关注人的教育不得不关注到对道德的评价；一个真正关注"道德人"的生成的德育，更是要关注到道德的评价。

道德的性质决定了道德教育是一项关乎伦理的事业，道德教育的每个层面都体现出伦理性的特质，因此，在道德教育的每个层面上，都应该受到伦理性的制约。首先在德育内容上，道德教育所施予的那些价值是否道德，这成为了道德教育是否合法的本质规定。其次在德育方式上，德育方式是否道德，这也始终是学者们关注的一个重要焦点，因为这当中本身就涉及一个重要的道德问题：能否可以用不道德的方式达到一个不道德的目的？因此，德育的方式是否扭曲儿童的天性，德育的方式是否正确引导了儿童的心灵成长等问题，就常常处在被监督之中。此外，德育的结果毫无疑问是被伦理性制约着的，如果一项再好的道德教育，无论它的价值观多么高扬，也无论它的教育理念多么先进，但如果教育的结果是反道德的，那么毫无疑问这种道德教育是需要被否定的。因此，从道德教育的伦理性角度讲，德育必然要受到伦理性的节制的，也可以通俗地说，道德教育本身必须要受到道德的监督的，因此无论是从德育内容、德育方式还是德育结果上，对它的评价就必不可少。

但是现在的一个关键问题是德育该如何评价？

德育首要的评价的对象毫无疑问，就是德育的结果，即儿童的道德状况。但是要评价儿童的道德状况，首先要了解的就是什么是道德？道德的构成要件有哪些？表现形式有哪些？如果没有这些考量的话，对儿童道德状况的评价就没有抓手了。

倘若认为道德就是一种人与人之间的关系，也有的人认为道德就是一整套行为规范。但是这些说法都是将道德外在化地看待，忽略了道德的超越性以及道德与伦理之间的不同。一般说来，道德是指个体与价值之间的关系，是指着人的内心说的，而伦理是指着个体与他人之间的关系，是指着人的行为说的。道德的超越性首先表现在它在本质上与人的存在同一，可以说只要是一个活着的人，道德的节制就必然紧随着他的左右。例如中世纪有许多的"沙漠教父"，他们往往孤身一人，将自己放在远离人烟的沙漠中苦修，尽管是孤身一人，但是从他们的文字当中可以看出，在他们的苦修活动中，最多也最为重要的就是他们内心的道德挣扎。由此可见，即使脱离了人际关系，但是道德仍然可以伴随着个体而存在。而伦理，主要是讲的存在于人与人之间的道德情境中的道德问题或道德应用，他是个体与价值的关系在人际关系中的一种显现。可以这样说，只有当一个人的行为影响到他人的时候（哪怕是有伤风化、有碍观瞻），它才成为一个伦理事件，但是哪怕一个外在并没有任何的行为或行为冷漠，但他的内部仍然可能存在着激烈的道德事件。如果单纯从个体的角度来讲，道德首先是关乎人的动机的，即使一个人的行为是有益于他人的，但是如果他的动机并不纯，我们仍然可以说这个人是"伪善"的，这仍然是一种不道德的"行为"，或者说他的动机决定了他行为的伪善，而他的伪善恰恰决定了他整个的"有益于他人"的行为是不道德的。道德教育的要义，乃是培养"有道德"的人，而"伪善"的人是"有道德"的人的大敌。因此，从道德的本质来说，道德教育不是要培养一个行为上的道德人（伦理人），而是要培养一个动机上的道德人（道德人）。

　　但是现在的问题是，动机仅仅存在于个体的内部，一个人做出来的并不能代表他的动机，一个人说出来的也不能代表他的动机。动机在某种程度上，对他人而言，只可以说"天地良心"或者"苍天可鉴"，只有自己的内心可以清楚地知道，当然也只有自己可以评价。这种评价的尺子就是良心，就如康德所说："这个世界上有两样东西让我越想越敬畏，一是头顶的浩瀚星空，一是内心的道德法则"。但是，如果对于他人而言，个体的动机恰恰是不可能被评价的，谁能够作他人"内心的尺度"？我们平时常常说这个人的动机是好的，往往不是说的他实体的动机，而是他所说出来的动机，或者是你所揣度出来的动机。仅以所谓的思想品德课程的考试来说，许多的学生可以说都知道每一个题目的"正确答案"是什么，但是即使他打出了正确答案，就代表他有了这种品德了吗？可以说许多的时候，这种答案连道德认知都算不上。因为，真正的道德认知不是指在考试的时候知道该答什么，而是在遇到生活中的情境的时候知道应该做什么。但是许多儿童仅仅知道考试的时候该答什么，而在具体的生活情境中，恰恰又是一个"文盲"了。但是他为什么考试的时候可以答出来呢？这当中存在这一种考试当中的博弈，而这种博弈若是发生了的话，毫无疑问就是一种伪善。因此单纯从个体道德的角度，德育是不可考的，也是不可评价的。①

个体道德本身是不可考察的，因为道德在本质上存在于一个人的内部动机当中，但是德育工作恰恰是发生在师生个体之间啊，因此从这个意义上，这是属于可被评价的领域②，因为德育工作是一种发生在师生之间的可见的活动。从可把握性的角度讲德育活动是可以被评价的了，但是评价的尺度是什么呢？当然诚如上文所分析的德育活动本身的道德性的伦理性节制是一方面，但是还存在着德育活动是否有德育性的另一方面（即德育活动是否符合德育规律）。诚如上文所说，道德在本质上是存在于一个人的动机之中，因此，发生在个体之间的德育活动一定是要迈向增进道德在人的动机这个方向上的。如果，一种德育活动仅仅将儿童引向事物，而没有凸显事物背后的人的本质，那么这种德育势必评价较低。甚至于有些德育活动仅仅针对人的行为进行依靠荣誉等奖励的刺激，从而激发儿童的虚荣心，而成为反道德的道德教育。德育的原理就在于透过主体之间的交流教育活动，以达到对个体本身的塑造。因此，在可观察的教育活动与不可观察的个体塑造本身之间有着一定的联系关系，而对道德教育的评价，首先就是要立足于这种联系关系，只有这样才是合理有效的德育评价。

三、德育评价的可能及其限度

今天德育工作的意义危机是德育实效性的危机。这种危机更为尖锐地

① 就德育课是否可以考试，高德胜教授著有《不是什么都能考的》（思想　理论　教育·新德育，2007 年第 1 期），在该文中高教授主要是从知、情、意的角度分析道德的不可评价性。本书就从另外一个视角——动机与行为的角度分析。

② 当然严格地讲这种评价也仅仅是关于过程的，而德育的结果，就是儿童的道德状况，恰恰又由上文所说不可评价了。

表现为青少年时代德育现状和德育成绩之间的巨大反差之间的危机。无论我们愿意与否，不得不承认的一点就是当今青少年的整体道德状况日益堪忧，这是我们每一位德育工作者必须要承认并且面对的一个现实。在我们的德育评价体系中，一个个骄人的德育科目的成绩并不能减少对这种现状的忧虑，反而更加加重了对于德育实效性的质疑，这种危机性的反差，所带来的更深层次的忧虑是，我们的德育是否有效地促进青少年的道德成长？某种程度上，这个问题关乎德育的生死存亡。一个无效甚至反效的德育难道还有存在的合理性的理据吗？

但是一个悖论性的问题是，尽管我们切实地感受到了时代的青少年德育状况，但是，正如上文所论述的，落实到单个的个体身上，青少年个体的道德状况实际上是很难评价的，并且在某种程度上，这种评价根本就是不可能的。然而，再到悖论的另一面，社会整体的青少年道德状况却又明确地给出了一个评价，这种评价的可能和不可能之间，本身就为我们提出了另一个悖论，德育到底能否被评价？

在此，我们首先需要做一个区分。道德，说到底实际上是单个个体的主体性当中的一种存在；而德育则是在师生在教育场域中的师生之间一种主体间关系的存在。如果说上文我们已经证明了对于道德这种个体内部的主体性存在是不可评价的，那么现在我们需要来思考的则是对于德育这种存在在教育场域中师生之间的主体间关系的存在是否可以评价。因为，德育工作说到底存在于师生主体之间，只要是师生主体之间的交流而达致的。德育的原理就在于透过主体之间的交流教育活动，以达到对个体本身的道德塑造。因此，在个体道德不可评价的前提下，我们需要考虑的是，作为教育活动的德育，即道德教育，是否可以被评价？

一个基本的信念是，只要是存在于主体之间的交流之中，那么一定是可被观察的事。因为在这种主体间的关系中，我们所观察的不是主体内部的状态，而是一种超越主体的一种主体间的状态，这种状态在某种程度上是一个"社会性的事件"，因此，这在某种程度上不是在观察人，而是在观察"社会"。因此在某种意义上，这种存在在师生主体之间的德育行为本身是可观察的，因此也是可评价的。亦即，对德育，道德教育，进行评价是可行的。

接下来我们需要思考的是这种评价本身是否有价值？也就是这种对于

德育活动的评价本身，对于德育的最终目标，德育的实效性问题，是否有意义？换个更直接一点的说法就是，在这种可观察的教育活动与不可观察的个体道德塑造本身之间是否有着一定的联系呢？如果学生个体的道德塑造并不直接相关于这种德育活动的话，那么也大可没有评价的必要。无论是站在教育学的立场上，还是站在社会学的立场上，也无论是站在性善论的立场上，还是站在性恶论的立场上，人都是被教育所塑造的。站在性善论的立场上，人性中的善需要被后天的教育所维持的，诚如《三字经》中所言，"人之初，性本善。性相近，习相远。苟不教，性乃迁。教之道，贵以专。"如果没有教育的话，这种善的本性是需要向恶迁移的。对于这一点，我们无须寻求人论上的论证，就是在逻辑上，如果人性的善，天然就会保持，并不需要后天外在的教育来维持的话，那么恶是从何而来的？对于性恶论而言，教育乃是理所当然的题中之意。因为，既然人性的原初状态是恶的话，那么就意味着在人的内部并没有超越这种恶的力量，而依靠后天外在的教育来改变这种恶的天然本性，那就是理所当然的了。因此，即使从逻辑上最消极的视角，德育对于个体的道德养成，也是必需的。并且，从这一个逻辑的另一面，个体行为中，具有道德善的那些方面，一定是教育的结果，即使是从性善论的立场出发，那也是教育维持的结果。因此，德育对于个体的道德养成而言，具有绝对的地位，因此，对德育进行评价是有意义的。

至此，我们已经论证了德育评价的可行性和意义性，那么，还是回到那个根本问题，在个体道德不可评价，亦即德育的结果不可评价的前提下，对作为教育活动的德育进行评价的价值何在？它的目的是什么？我想至少有以下两点：

首先，对这种作为存在在主体间关系之中的教育活动的德育进行评价，引导了德育活动本身的方向。这种方向将教师主体所关注的目光引向德育活动自身，而非那不可评价的学生个体的道德实效。当然这种转向并不意味着德育不需要关注其实效，而是说，在结果不可评价的情况下，更关注产生这种结果的过程更重要，透过对过程的评估和控制，来达到对结果的控制。不是要教师直接关注结果，而是透过对过程与结果之间的这种有效性的联系的评价和控制，达到对结果的控制，从而透过对过程的评价和控制，得到对结果的评价和控制。简而言之，就是透过对德育活动与德育结果之间的关系的有效性的评价和研究，从而不断改进德育活动，提高德育活动的有效性。德育这种方向的转换也赋予德育活动本身以评价的价值基础。

此外，德育活动自身具有道德性和价值性。在实际的教育实践中，所谓不道德的道德教育随处可见。[①] 因此对道德教育自身进行评价是十分必要和有价值的。并且对主体间的德育活动进行评价，寻找德育活动及其价值结果之间的联系，并且对这种联系自身进行评价，本身也是对于德育活动中的价值目标进行控制的重要方式。

因此，德育的评价不可能建立在个体有效的基础之上，而只能建立在对价值的委身之基础之上。

在今天青少年道德状况屡遭"道德滑坡论"的讨问的状况下，德育工作屡屡遭遇到其自身的意义危机。我们的德育方法、德育理念越来越多，也越来越先进，但是青少年的道德状况为什么却每况愈下呢？学校德育究竟有效吗？学校德育究竟有没有存在的必要？我想这一切本身就涉及评价的问题。由这些评价所带来的价值性的危机无时不在困扰着德育和德育工作者。我想，已经到了真正需要对德育的本质进行透视，并确立一个合理的评价体系，并以之来引导德育思考的时候了。

---

① 参见高德胜. 道德教育的 20 个细节［M］. 上海：华东师范大学出版社，2007.

第六章 人性、爱与教育

第一节 对人性思考的几种范式的批判

无论是哪一种文化，或者是哪一种哲学，只要是关注人，或者说相关于人的，它都逃不开对人性的思考。人性思考的问题，可以说是在一切关于人的问题之中，除了"人是什么？"之外最大的问题了。在正式探讨这一问题之前，首先要做的就是规约这一问题探讨的范畴。对于"人性"这一概念，有两种不同的考察范畴，一种认为所谓的"人性"就是指人的本质或性质，所要探讨的是关于人的理性（对应于"理性人"假设）、道德性（对应于"道德人"假设）等客观性质的方面，这种思考向度不是本书所要关注的范畴。本书所要关注的是对于人性的最通常的一种理解，即道德意义上的善和恶的问题，诚如蒙学经典《三字经》开篇所言，"人之初，性本善"。在这一层意义上思考的人性问题，所关注的是这样几个基本的问题，首先是在最原初意义上的天然人性定位问题，即在人最初诞生下来的时候，他天然的本性是善是恶；另外一个是关于天然人性对立面的来源和存在的问题，即倘若人性天然是善的，那么人的恶心和恶行从何而来？有怎样与这所谓的天然的善共存？等等；此外，涉及的是人性与道德的起源问题，亦即，道德之于人性是先存的还是后生的？它存在的意义是什么？本书拟就以这些问题为基本脉络，考察三种典型的人性思考的范式问题。本书对这三种范式的划分，采取的是元逻辑的方式，即以善、恶一元或二元的方式。

一、"空白说"

这种假说认为人生来如同一张白纸，所有的善恶的观念和问题都是后天赋予的。或者更进一步说，就是人天然地在观念和意识上无善无恶的。持这种假设的往往是一些反"唯灵论"的"唯物论者"。① 他们认为人的原初本性中并没有所谓善和恶的问题，人性的问题并不能透过任何的"先天地"的形而上的方式或图景中得到任何的结论，那样无异于枉费心机。要认识人性的问题，只能够从"后天地"的方式中找到最大或然性的结论，亦即"通过人体的器官，把人性心灵分析出来"②。但是这种分析的路径本身可能就存在着巨大的问题，首先唯物还是唯心本身就是在哲学史有着巨大争论的问题，确切地说，这两大阵营之间都有统摄对方的雄心，但是，任何的一方的统摄都带来了更大的问题。一个简单的问题就是，解剖人体，哪里可以找寻到爱的器官？我们可以从这个世界的存在当中找到心灵存在的载体，例如爱情存在在情侣之间，人对物理规律的认识也可以说存在在一定的客观载体或运动中，但是，并不能因此就说这些载体产生了心灵本身。或者一个更为基本的问题就是，作为个体的人，在其自身之内产生心灵运动的本因是什么？这始终是需要解决的一个问题。笛卡尔说"我思故我在"，尽管这是一个需要批判的命题，但是其本身确实向我们提出了，作为"思"之"我"在哪里，或是什么？

　　持此种观点的论者其实把人性善恶的这样一个元伦理学的问题转换为"身—心"关系的问题。也就是说在人的身上所存在的精神事件和物理事件的关系的问题。传统的形而上学的实体论往往将之聚焦在两个基本的观点上，1）心灵和身体不能够相互作用；2）心灵和身体是不是分离的实体。在哲学史上，莱布尼茨持第一种观点，斯宾诺莎持后者。③ 但是，现代哲学中的诸如功能主义所提供的神经学理论则脱离了传统的实体思维，而将一切心灵和身体的运动都归因于大脑的功能运动。不能说，这种现代解释将人这一存在过分地简单化了。如果把一切都归因于大脑、神经或者激素的运动，其实无异于已经逃避了"人"这一存在本身。当我们说

---

　　① 可参见拉－梅特里. 人是机器［M］. 顾寿观，译. 北京：商务印书馆，1993：14－16. 对唯灵论者的批判。在那里，他把莱布尼茨、笛卡尔等经典的唯心主义哲学家都批判得一无是处。

　　② 拉－梅特里. 人是机器［M］. 顾寿观，译. 北京：商务印书馆，1993：17.

　　③ 莱布尼茨认为尽管心一身是各自分离的不同实体，但是他们处在一种"先定和谐"之中，因此二者是协调的。他对于实体的论述可参见莱布尼茨. 人类理智新论（上册）［M］. 北京：商务印书馆，1982：32－36. 斯宾诺莎的观点可以参见斯宾诺莎. 伦理学［M］. 北京：商务印书馆，1997：53－56.

"人"时，你可以说他的体态、行为等这些外部的特征，但是，这一指称更是指向一个作为独立完整的位格性的存在而言的。我们必须要说，当我们指称人的心灵活动的时候，并不是如一些诸如生物功能主义者所言的大脑的活动，我们更是指称的一种位格性的活动。

无论现代哲学的这种解释它的来源是什么，我们更需要关注的是这种"人论"所带来的人性论的后果是什么。首要的一点就是，它瓦解了道德的存在和意义。当我们探讨道德这一命题的时候，我们实际上是在探讨价值或更深层次的终极价值，如果将人的心灵活动都物质化地理解，实际上背后的假设就是价值问题是不存在的，这在实际上就已经瓦解了人类历史上所有文明形式的存在价值和意义。此外，如果将大脑的活动当作一种人类的行为尚可以理解和接受的话，但是倘若认为这种行为就是心灵活动产生的动因甚至本因的话，那么接下的问题就是什么是这种行为产生的动因及本因？这种解释实际上已经取消了人的能动性，从而将人的一切存在推向了一种无源无由的不确定性。其次，它也将人的一切行为都去道德化了。如果将人的一切行为都纳入到一种大脑的生理的运动中的话，那么一切的行为自身也就失去了对其进行道德判断的理据。因为，作为一种非价值性的、纯物理的、绝对客观性的运动，本身就没有价值的意涵，尤其将之作为第一动因的时候。所以，本书的观点是，这种所谓的"空白说"，实际上是一种"道德虚无说"。

当然还有另外一种更为简单的"空白说"，就是刚诞生婴儿实际上就是一张白纸，所有的道德善恶的观念都是后天赋予或者习得的。这种观点尤其容易存在于教育者的观念中，因为这种假说为教育的存在和价值提供了一个很直接也很简单的理由。但是这种假说最起码存在两个方面的缺失。第一，无论儿童后天习得什么，他必须先天地存在人性的基础。用亚里士多德的四因说来解读，就是他必须存在先天的质料因。婴儿刚出生的时候，我们不能够将之仅仅看作为一个生物，而应该看作为一个有灵魂的人，一个有着人性的位格。第二，无法回避的一个问题就是，倘若人人出生的时候都只是一张"白纸"，那么这一群"白纸"在一起，怎么就产生了善和恶？这是一个简单的驳辩。无论怎样的社会，它都是由人组成的，任何的社会行为，它首先都是人的行为。社会的道德都是人的道德运行的结果，如果取消了人的道德存在的基础，实际上也就取消了社会的道德存在的基础。

二、"二元论"

"二元论"简而言之就是说，在人性中"善"和"恶"是并存的。这假说广泛存在于希腊的神话以及早期的摩尼教的学说中。希腊神话可以说是一个"群神乱舞"的世界，充斥着各种善神和恶神之间的争锋与决斗，这种神话的异象实际上是远古希腊世界对于人性的基本认识的反映。一件很奇怪的事情是，古希腊的文学中所体现的这种多神论的神话精神与其哲学中所表现出来的具有强烈的一神论精神的本体论哲学之间存在着巨大的背反。这种同一种文化种所共存的一神论与多神论的对立，让人觉得极其的惊异。在希腊的文学和哲学的诸家当中，也许赫西俄德的作品《神谱》，首先给了我们这两者开始产生交集的思路。在《神谱》中，赫西俄德描述了诸神的谱系，他花了很多篇幅记载了诸神该亚（地母）、塔尔塔罗斯（地狱）、厄诺斯（爱）、厄瑞玻斯（黑暗）等，是如何从最初的一神卡俄斯（混沌）产生出来的，以及以后的诸神包括宙斯等是如何一一承继的。[①] 他的工作第一次阐释希腊的诸神与一神之间的关系。所以，这本著作实际上体现了一种哲学的努力。二元论在古代社会中的另一种典型的思想就是摩尼教。摩尼教是基督教与波斯祆教的一种教义混合。摩尼教认为，这个宇宙中实际上存在着光明和黑暗两个世界，由一个善神和一个恶神掌控着，由此人性也是由一个善神和一个恶神掌控着，从而善、恶兼具，并且常常相斗。[②]

古希腊神话经由赫西俄德的转化，实际上成为一神起源论，而以后的诸神世界，实际上就是一个人的伦理世界的投影。诸神之间的善恶是非实际上是人类世界的恩怨情仇的投射。而摩尼教的思想恰恰是典型的二元论的人性论思维。如果我们仅仅从人性论的角度来思考的话，二元论的思想也必须要面对这样几个方面的难题。首先，实际上二元论的思路从哲学上

---

① 赫西俄德. 工作与时日 神谱 [M]. 北京：商务印书馆，1991. 尤其是 116 – 210 行，描述第一代与第二代神之间的代际关系。

② 有关摩尼教的介绍除了参照一些基督教会史的著作以外，还可以参奥古斯丁. 忏悔录 [M]. 周士良，译. 北京：商务印书馆，1996：72 – 76.

讲只能够依靠神话世界的假设。因为，倘若没有神话世界的假设，那么人性中的善恶实际上只能是自在自为的。但倘若它们是自在自为的，那么它们之间又是如何被选择的呢？也就是说，什么时候显现为善，什么时候显现为恶，这种掌控的力量和根据从何而来？如果是人自身，那么人自身又是根据什么来进行选择的呢？这种超越于人性而又掌控人性的力量到底应该定义为人的什么呢？并且这种力量自身是善是恶？如果这种力量自身可以被善恶所定义，那么它就不是超越善恶和人性的，那么它又如何能够掌控人性呢？所以，除非透过神话，假设另外一个世界的两种力量之间的争斗，从而才能够为人性的活动求得理据。但是倘若人性的所有活动都是来自于一个另外的世界，那么毫无疑问地就取消了人在人性活动中的自主性，但是倘若人性不是由人所自主的，那么它还能够被称作为人性吗？另外，人性倘若是善恶二元并存的，那么就会产生一种所谓"复杂说"的人性论。但是，这种"复杂说"实际的意思其实就是不说，也就是说人性有时候是善，有时候是恶，或者是善是恶说不清。这种"复杂说"积极的一面是，他并没有否认善恶的观念本身，但是，它却回避了对人性的实际的定论，将之作为一个搁置不论的无解之题。那么，实际的结果就是这种"复杂说"取消了对人性善恶思考，从而也使得作为培养人的教育自身失去对人性这一前提性命题的考量，那么我们所要问的是，这样缺乏对前提进行思考的教育还有方向和意义吗？

三、"一元论"

所谓的"一元论"就是说对人性只有非善即恶或非恶即善的一元定论。正如它的名称中所暗含的，"一元论"可分为"性善论"和"性恶论"两种。"性善论"的典型代表是中国传统的儒家思想①，而"性恶论"的典型代表则是西方基督教的"原罪论"思想。"一元论"所面对的问题是，如果人性只是善的或者只是恶的，那么人的思想行为中与其本性相对的"恶"或者是"善"是如何产生的呢？新儒家的大学问家

---

① 当然儒家思想中也有极个别的一类，如荀子，持"性恶论"的观点。但是，儒家的主流都是持"性善论"的思想。尤其是当代"新儒家"更是从哲学本体论的角度把这种思想推到了极致。

唐君毅认为，人生当中的恶，是由于人生"颠倒"而来。他举的一个例子说，"所谓人生之颠倒相，如人之立于池畔，还望其自身在池中之影。此时人自己看见自己倒立于池中如一外在客观的物象，而脚在上头在下。此例所喻有二义：一是主体的自己之客观化，或内在的自我之外在物象化，而此外在之物象，则只是一虚影。二是价值高下之易位。此二者，即喻一切人生颠倒相之基本意义。然此基本意义之所涵摄，与表现此意义之人生事相，则几可说无穷无尽。我们皆可说，除了圣人，我们之任何人生事相中，皆或多或少包括若干人生颠倒相于其中。"① 他的意思是说，人生之恶是由于人对自我内在价值的认识的颠倒错位而致的。

在基督教的神学体系中，在对人性进行"恶"的定位的同时，还需要更进一步思考的是，人性的"恶"是从何而来的。在儒家的体系中，他们直接把人性的和宇宙精神直接关联，从而人与宇宙共享"大生之德"，所以并不存在人性从何而来的问题。但是对于基督教的义理而言，这个问题就很重要了。因为在基督教的义理之中，上帝所创造的一切，包括人在内都是"好的"，那么问题是，从好的创造之中，怎么产生不好的"恶"呢？基督教的义理给出的答案是，"恶"源自于对"善"的悖逆，背后的机制是对自由意志的误用。基督教历史上最有影响的思想家之一的奥古斯丁撰写了大量的文章来论述这一点。他认为，人的自由意志也是上帝所创造的"好"的东西，因为只有人有了自由意志，才能够真正成为有灵魂的人，否则任何动物就没有任何的差异。但是人误用了这善的自由意志，来悖逆上帝，也就悖逆了善，从而产生了恶。因此，他对"恶"的定义是，"恶"就是"善"的缺乏。② 这就如同菜刀本来是好的，但是误用它去杀人，就是"恶"了。

由于本书所着力探讨的是人性思考的范式问题，所以在此我并无意于去探讨"性善论"和"性恶论"孰是孰非的问题。我所乐于提出的问题

---

① 唐君毅. 人生之体验（续编）[M]. 南宁：广西师范大学出版社，2005：133.

② 可参见奥古斯丁. 论自由意志 [A]. 恩典与自由 [M]. 南昌：江西人民出版社，2008：3-156. 事实上，在成为基督徒之前，奥古斯丁是一位摩尼教徒，他的《论自由意志》一文就是针对摩尼教的人性二元论而写的。如果需要了解一元论对二元论的反驳，这是一篇很好的推荐文章。

是，无论是"性善论"的"颠倒"，还是"性恶论"的"悖逆"，这两者在解释"恶"的来源的问题的时候，其实是遵循相同的解释路径，也就是说他们的思维范式是相同的。只不过，"性善论"支持"恶"是对自我的"颠倒"，而"性恶论"则主张"恶"是自我主体对外在超越者的"悖逆"，也就是说他们只不过是"颠覆"的对象不同，而在"颠覆"这一点上却完全遵循相同的思考路径。我想这其中最为重要的原因乃是，如果坚持"一元论"的思维方式，那么，对于与此"一元"完全相悖的对立面的出现的解释，就唯有"颠覆"这一条路径了。所以，这种"颠覆"的路径上的一致，实际上是"一元论"思维的根本特征。

　　站在本质主义的思维体系中，无疑本书所支持的乃是"一元论"的解释范式。因为其他的解释路径，要么取消了本质主义意义上的"元"，要么违背本质主义所追求的世界的同一性问题。

第二节　人性·超越·道德

　　人性问题是道德哲学以及道德教育哲学需要面对的一个重要的前提。国内的学者在论及道德教育的时候大多数都没有正视这个前提，这也使得许多关乎道德教育的论述并没有一个很好的根基，因而也就显得苍白。为什么要进行道德教育？道德究竟对人意味着什么？人是生存在一种可能性还是一种超越性？人的存在有其目的吗？……如此之多的问题都以人性的理解为其根基。人性问题是一个千古问题。因为它是对人的一个基本定性，故而是一切有关"人之学"的前提和基础。道德以及道德教育就是针对人的品性的，因此更需要讨论人性前提。人性的基本论断大体有善恶两种。这两种之间人性恶更为道德教育提供了可能与必要，同时也为人的生活设定了向道德超越的规定。人是一种超越性的存在，已经成为了学界的公认。但是超越的目标和超越的生活论意义仍然需要归于道德。因此，即便在生活论意义上，仍旧是超越为手段，道德为目的。

一、人性：德育之可能

　　如果没有人性，没有良知，就没有道德的诉求，也就没有道德教育，这一点恐无须多作证明。下文主要论证人性善恶与道德以及道德教育之可能。

人性问题是一个千古问题。1995年著名的狮城之辩就是围绕着这个问题展开的，也因此而成为华语辩坛上的经典之战。千百年来，"人性本善"还是"人性本恶"的问题，已经汇聚了各路方家在历史的时空中，比"狮城之辩"更为精彩的论辩。

所以，我们再次认为，人性前提对道德教育研究来说至关重要。因为这涉及道德教育的可能性。目前国内的道德教育研究基本不考虑这个问题，而将之作为一种假设。绝大多数学者也是模棱两可地采取"复杂说"的立场。那什么是"复杂说"呢？这个问题本身就很复杂。我根据众学者语焉不详的揶揄斗胆揣测一下，大概有这样一些理解吧：（1）融合的。也就是说，人性当中善和恶是同时融合在一起的。（2）变化的。也就是说人性是时善时恶的。（3）难说的。也就是说人性到底是善是恶，这个问题本身就很复杂，不好说，那么干脆不说。据我的观察，学者们大多数在理论理性上取第一种，在实际理性上取第二种，而在态度上，实际是第三种。理论探讨不得不涉及这个问题的时候，往往以善恶融合盖过；而当分析具体问题的时候，由于需要借助事情对人性有一个基本的定论，因此就取第二种；但实际上需要认真对待并思考这个问题的时候，往往语焉不详、狼顾左右，那就是第三种了。

然而，无论学者如何闪避回旋这一问题，但它对道德教育的重要影响却是不容每一个认真的学者回避的。追究个中原委，首先它关乎德育的可能性。"德性可教吗？"这是教育学中的一个常青问题。而跟这个问题直接相关的就是人性的问题。如果人性本来就是恶的话，那么就意味着它没有善的种子，那么德性还有可教的前提吗？这个问题至关重要。柏拉图的理念论就有这个重要前提，他认为万有尽管并不完全，但是万有都"分有"了理念的善，也正是万有对善的这种"分有"，再加上万有的爱——由不完全趋向完全的欲望之运动，才使得德性的教育成为一种可能。当然问题还可以从相反的方面提出来，人性如果是善的话，那么德性还需要教吗？同样柏拉图也回答了这个问题，他认为最好的学习就是"回忆"，回忆那本来就在自身存在本质中的所分有的善的理念，这样人就可以往理念——最纯全的善运动，并且最终达至目的。这样乍一看来人性无论是善是恶，都会推出德育的不可能。但是如果真是这样的话，德育为什么还会存在呢？

我们需要对性善论以及性恶论作更为深刻的分析。首先我们需要分析究竟什么是性善，什么是性恶；在理解这个概念之前，更为主要的概念就是善和恶。善恶的理念可以说是人类的一个基本的理念。用一种存在的眼光来看，恶之为恶乃是一种缺乏，是一种应有之善的隐匿，或说是善的缺失。① 这种观点最早甚至可以在柏拉图的对话当中就能够找到理据，在苏格拉底和美诺的对话当中，他说："我们倒不如说，与正义相伴的东西是美德，而无论它是什么，而没有这种性质的东西，无论它是什么，都是邪恶的。"② 这个说法本身的方法论就是将美德的条件绝对化，将一切缺乏"正义"的行为都排除在美德之外，不但如此，甚至将它们都打入了"邪恶"之列。③ 同样的观点，在奥古斯丁的名著《论自由意志》中也有精彩的表述。

再深入一步，进入人性的善恶讨论，在逻辑上必然得到这样的结论：如果将"善"命为"是"的话，那么"恶"，即"善的缺乏"即"非善"，可以命为"不是"；如果人性是一个独立而整体的存在的话，那么"人性"既是"是"，又是"不是"，必然就是假的，即人性不能既是善的又是恶的。④ 如果从另外一个角度，回归到苏格拉底的逻辑之中，如果要论证人性这一存在的美德性的话，毫无疑问，它要么有正义等性质与之相伴，从而是美德，要么没有这一类的性质与之相伴，从而是邪恶。无论从哪个角度来看，逻辑所得到的结论必然是人性是非善即恶的。那么善既然具有其绝对性，那么从一般的经验的角度，人性至少是一种"缺乏的善"，但其实这种说法本身就证明了它处于"善的缺乏"的状态。如果按

---

① 马里坦认为：与善相关的东西都是按存在物的方式呈现的，而与恶相关的东西都是按非存在物的方式呈现的。因为恶之为恶是一种缺乏、一种纯粹的空白，或是任何一种虚无，而且是应有的善的隐匿，是某个特定的存在物所必不可少的存在形式的虚无；此外自由行动的恶是应有的规范和形式的丧失。见［法］雅克·马里坦. 存在与存在者［M］. 龚同铮，译. 贵阳：贵州人民出版社，1990：76.

② 柏拉图. 美诺篇［A］. 柏拉图全集第 1 卷［M］. 王晓朝，译. 北京：人民出版社，2002：503.

③ 当然苏格拉底的美德观不仅仅是正义，正义只是美德的一部分。本书的论述主要侧重于善的绝对性，因此引用时只以正义之于美德为例，强调非善即恶。

④ 相关推论可见王路. 是与真［M］. 北京：人民出版社，2003：370-393.

照柏拉图的观点，善就是一种和谐的话，那么善恶相存的人性也必然不是善的，因为善恶这两个相冲的对象存在于其内，它必然是不和谐的，也就必然不是善的。①

那么，我们再来考虑，这种善的缺乏在人性当中是一种结构性的存在呢，还是一种整体性的存在？也就是说，人性是完全具备了善的某些方面的特质而缺乏另外一方面的特质呢，还是在所有的特质上都表现为一种"缺乏"性的存在呢？② 从这一点上来讲，经验哲学诚然告诉我们，无论在诚如节制或那一种属性上，现实人性当中不可能存在着完全的善。因此可以说，在人性当中，一切的善的德性都只是一种"缺乏"缺乏性的存在，因此，人性在一切的德性性质上都是"不是"的，即恶的。

我们重新来从理念论的角度来省视柏拉图的人性观。柏拉图认为人分有了善的理念，那么是否可以由此推出人性是善的的结论呢？柏拉图在《巴门尼德篇》中非常强调，"是"与"在"的关系，强调"是"什么即"是什么"，即"所是"与"所在"的同一。③ 因此，理解理念论的一个前提就是理念与存在的同一关系，在人性问题上即人的善的观念与人性中善的存在是否是同一。理解理念论另一个需要注意的是，理念论认为"理念"创造实体的方式是"分有"，在人性问题上就应当是人性分有了"善"。因此，从前一个前提来说，人性肯定是恶的，因为从以上的推论可以得出这样的结论，人性并不是善的存在，而是"缺乏善"的存在，因而就是恶的。但是，从第二个前提也并不能得出人性是善的，因为人性分有了善，但这种"分有"并不是完全的"是"。因此结合这两个前提，所得到的一个合理的结论就是人性分有善的理念，但却是恶的。

也正是从这样的意义上，柏拉图的思想中才出现了爱的可能，诚如舍勒所言，在柏拉图那里，爱就是一种由不完全向完全，由低级向高级的运

---

① 在《会饮篇》当中，柏拉图曾将善比作音乐的和谐。参见柏拉图. 文艺对话集［M］. 朱光潜，译. 北京：人民文学出版社，1963：234，248 - 250. 亦参见西田几多郎著，何倩译. 善的研究. 北京：商务印书馆，1965：111.

② 前者诚如苏格拉底所问的："是否只要与美德的一部分相合，一切行为也就变成美德了？"参见柏拉图. 美诺篇. 柏拉图全集·第1卷［M］. 王晓朝，译. 北京：人民出版社，2002：504. 后者诚如加尔文所言："人性在一切范围上都败坏了，而程度却是有不同。"加尔文. 基督教要义［M］. 翻译小组，译. 台北：加尔文出版社，2007.

③ 参见柏拉图. 巴门尼德篇［M］. 陈康，译. 北京：商务印书馆，1982. 亦参见王路. 是与真［M］. 北京：人民出版社，2002：第三章.

动。正因为人性中"分有"了善的理念，因此，善的满足才成为一种人确实的需要，完全的善的达至也成为人的实现的一个实在的要求，也因此道德才成为与人相关的东西。同时也正因为人性中的爱是一种善的不完全的、缺乏性的存在，因此，它才产生了向完全以及圆满运动的倾向，这也为善的达至设立了目标。也正是在这层意义上，道德教育才有可能存在。因为正因为人分有了善的理念，所以道德才成为与人相关的东西，同时也是人所必要的东西①；同时，也正因为人性还处于不是善的状态，这也向道德教育这一作为"育德"的"成人之业"提出了必要性——尽管对什么是（道德）教育以及如何进行（道德）教育仍然众说纷纭，但是作为"育德"的"成人之业"的道德教育就必然是必需的了。

如果从性善论的立场来考虑道德教育的问题呢？从以上的论证中，不难推论，承认人性是善的就意味着人性在善上是完全的，是没有任何缺乏的，因此就人性的本质而言，它并不需要任何的补充或加添。从这一点来看，人性德性也就不需要进行教育了。那么教育还存在吗？中国的文化从另外一个角度作出了回答。最精练的就是蒙学读物《三字经》的起首：人之初，性本善。性相近，习相远。苟不教，性乃迁。教之道，贵以专。也就是说，人最初出生的时候，本是性善的，而使之发生改变的却是生活习性。如此而观，教育所面对的对象就不是人性，而是习性。这样看来并不存在所谓的道德教育，而只存在"习性教育"。但是问题的另一方面就是善的人性如何产生了恶的习性呢？问题的另一解就是教育的对象还是人性，人性最初是善的，但是这个善还比较弱小，容易受恶习的影响，因此，要透过教育使之生根，以致使之刚强到可以抵挡或消除恶的地步，这就是所谓的"扩充善端"以及"复其初"的思想。这个思想也许可以从佛教以及柏拉图的"回忆说"那里得到些许的支持，但是这种思想的背后要么是善恶二元论，要么就是虚无论（即不是非善即恶，而是除了善之外就是虚无了。而根据奥古斯丁的观点却是从本源论的角度是善的一元论，而从价值论的角度，善的缺乏不是虚无，而是产生了另外一种存在，即恶），甚至严格一点，这种思想其实就是二元论和虚无论掺杂的结果。分而言之，如果是二元论的话，人性是否存在善恶之外的状态？如果存在

---

① 因为根据分有论，善就成为了人的本质所必要的东西。

的话，那么在价值意义上它就是一种虚无的状态。如果是虚无论的话，那么道德还有意义吗？如果只存在善，除了善之外恶并不存在，那么本质上就不需要教给人已有的东西，因此道德教化本身也就没有意义了。合而言之，这种掺杂的结果就是使得道德教育本身的定义语焉不详，这种语焉不详最大的问题不单是自我证伪，而是在这种自我证伪当中也就显明了这种假设前提之下的道德教育根本就是一个伪命题。

二、超越：它的必须性

我们将人性限定在一个实存上的恶上，同时也人也因为分有了善的理念，因此，人性需要由恶向善的方向迈进，这个过程我们也可以称作为人性需要从恶向善的方向超越。现今，绝大多数人文论者都将人看作为一个超越的过程，无论是从无知向有知的超越，从物的依赖性向精神依赖性超越，从必然世界向自由世界的超越，也无论是外在超越还是内在超越，总而言之，人需要被超越以及人已经在超越已经成为了一个普遍性的判断。超越之所以成为一个对人的基本判断，其主要原因在于人处在意义的未实现之中。正因为人处于意义的干渴之中，所以人才会产生离开现存向高级的方向运动的渴欲。从超越的形态上来讲，大略可以分为两种，一种是创造式的超越，一种是实现式的超越。前一种主要是指人在超越的过程之中创造自己，完成自己。这种超越在起初并没有什么确定的目标，而是在超越的过程之中完成目标的同时也创造或发现了目标，这种超越并没有什么取向的意义，而超越本身就是意义。这种超越也是源于对自身存在状态的不满。这种超越最典型的代表就是马克思劳动创造了人的思想。而另一种超越是指本身已经有了一个明确的超越的目标或理想，而超越就是由目标的未完成状态向完成状态的运动，在这种超越形式中，超越其实就是实现其理想的过程，超越本身并没有意义，它只是实现意义的过程。这种超越的主要动力乃是来自于对理想的追寻。

如果我们持确定的永恒道德价值观的话，毫无疑问，我们所讲的人性的超越属乎第二种类型。人内心所存有的那善的理念就是我们心目当中的理想人性的模型，是一种理想的自我；而我们恶的人性存在，就是我们超越的起点。我们的人性需要由恶向善超越，也就是需要由现实的我向理想的我超越。这种超越源于现实的我和理想的我之间的落差，而超越的方向就是由现实的我指向理想的我，亦即由人性恶指向人性善。因此这种人性超越的本质价值和意义并不在于超越本身，而在于人性的实现，是一种目的性的行动。

那么这种超越对人而言是否是必需的呢？人的生活是否必须要进行这种超越呢？这种超越只是提供了一种可能性的生活呢，还是其本身就是一种必需的生活？自从胡塞尔的现象学将世界分为科学世界和生活世界以来，借存在主义以及后现代之助势，"生活世界"的论题已经是各个学科的显题。道德以及道德教育也是如此。我们先来思考超越与生活之间的关系。一个首要的问题是，超越是否是一种必需的生活？对于人而言，他的生活是否可以不超越？在人性层面上，他是否可以不管人性的状况而过一种自为或独立于人性状况的生活？或者人是否可以在恶的人性状态下过一种满意的生活？

这个问题就涉及人性、道德与生活的关系。首先生活是否可以脱离道德？这个问题的讨论很复杂，但还是有一个基本的思考径路。人的生活不可能是一个单纯的物理性的事件，不是在纯粹的物理世界中，由于涉及人的能动性（自由意志的选择），它更是一个意义性的事件，处在意义世界中。① 生活如果失去了意义世界的层面，那么就不是人类的生活。从另外一个角度来讲人类的生活就是人的意义得以实现的方式，更深地讲是意义彰显的方式。意义的不是处在一种空洞的名的世界中，而是彰显在实在的生活世界中。在这一点上，中国儒家传统中的"以体显用"就是一个很好的概括。西方基督教传统也非常强调"爱看得见的弟兄"（圣经约翰一书），以及"你们或吃或喝，无论做什么都为荣耀神而行"（圣经哥林多前书）。这些思想都是在强调生活世界在本质上是一个意义世界，生活的本质中一定有意义贯穿其中的。

那么一种有意义的生活是一种什么样的生活呢？首先应当是以人性为参与主体贯穿其中的生活。因为倘若没有人性贯穿在生活之中，就谈不上在体认意义上的人的生活。如果没有人性在生活中的主体性参与的地位，那么势必会使得生活中的意义偏向别的世界，从而使得人的世界被别的世

———————————————

① 鲁洁：行走在意义世界中［J］．课程教材教法．2006，（6）．

界掳走。这种掳走之后更为严重的危机就是对人的理解的危机。例如说，当我们将生活的主体定义为人的物性的时候，就必然造成将生活的意义诉诸物质世界的衡量，最终将人也是物化地对待。今日世界中所泛滥的功利化、数量化、庸俗化的生活，也都与对人的生活的理解偏离人性有极大的关系。

由于人性是人的生活的参与主体，所以说生活的健康离不开人性的健康。生活世界的意义首先在于人性道德的意义。以前我们的研究主要着重于生活世界对于人性道德的必要性，但是如果按照本书的论述理路，更是可以得出人性道德对于生活世界的必要性。如果借用儒家理学的分析框架，如果作为体的人性都需要超越，那么作为发挥或彰显之用的生活怎么可能毋需超越呢？

如果作为体的人性如果都如上述所论的需要进行超越的话，那么作为用的层面上的生活也自然需要超越了。恶的人性必然对应着人性意义上的恶的生活。这些都是个体自我内部的判断。同样，如果在人性上需要从现实的我向理想的我超越的话，那么在生活层面上也必然需要从现实的我的生活向理想的我的生活超越。在人性道德的意义上，这种生活的超越也就是要从不道德的生活向道德的生活超越（注意，我这里的道德与不道德既是基于第一部分的论述，也是基于个体内在的判断，而不是外在的判断）。这样看来，道德的生活不是一种可能性的生活，而是一种必需的生活。向道德的生活超越，也不是生活的一种可能性的选择，而是生活本身的意义的必然要求。如果说人性道德的完善是成人的一个重要的目的的话，那么它也必然是生活的一个重要目的，因为生活就是做成一个人的"做"① 的层面，而道德就是人的层面。

在某种程度上，生活之所以成为生活，而不是一个纯粹的事件，就是因为在它的中间蕴含着道德性以及道德性的追求。人类世界的生活和动物世界的生存，其区别在哪里呢？道德性实其中的一个重要区别。动物世界当中，生存性的活动并不具备道德性，因此也就不具备意义世界，这种活动只具备单一的物理性意义。而人类的生活却完全不同，每一项活动都蕴含着道德的判断和道德的诉求，因此就脱离了单一的物理世界，而进入到

---

① 鲁洁：做成一个人 [J]．教育研究．2007，(11)．

意义世界。因此，道德是人逃脱动物性生存而达致意义性生活的关键要素，也可以说人区别于动物的关键要素。因此，相对于动物，道德也就成为人的实现的关键要素。故而，从本真意义上讲，如果脱离了道德，就遑论（人类）生活，没有道德性的活动就不是生活。因此，人类对生活的追求其实也就蕴含着对道德的追求。只有道德的生活才有一种有意义的生活，也才是真正意义上的人的生活。也只有道德上完满的生活，才是真正完满意义上的生活。

综上所述，对于人类以及人类生活而言，道德不是一种可能性，而是一种意义世界中的明确目标，因此超越也不是一种可能性的生活，而是一种必须性的生活。

三、道德：目的抑或手段？

这一段中我们主要要来讨论道德与超越的关系。

既然超越是必需的，那么势必会得出这样一个不严密的推论，人生究应当以超越为目的。那么道德是什么呢？有一种观点认为，人就是一个不断发现自我、超越自我的过程，那么道德呢，就是人认识自我、超越自我的一个途径。这种观点认为，道德只是为人们提供了一种可能的生活，当一个人做出了某种道德行为的时候，他就达到了一种"可以这么好的生活"，从而明白了生活"原来可以这么好"或"原来生活可以这么过"。这种观点都是将生活的超越看作为目的，而道德只是为这种超越提供了一个可能性，当然也是实现生活超越的一个途径，或者说是达致超越的一个手段。但是如果按照上文的论述，道德性是生活的本质性的规定，那么道德必然就是生活实现其自身完满的一个目标，换言之，即生活应当以道德为其目的，至少是必不可少的目的，因为只有道德以及道德性的追求或超越才能够赋予生活以本质或本真意义。那么这两种观点势必就针锋相对了。

如果道德是超越的手段的话，势必需要提出另一个问题，超越的目标是什么？有一解是为了生活，生活是目的，生活是意义。但是另一个问题在于生活不是一个目的性的描述，它只是一个领域的概念，描述了人的世界中的一个范围，无论是低级还是高级，无论是乏善还是善，只要是人的蕴含着思想和道德性的活动都可以称作为生活。也就是说，只要具备了某些（适合于生活本质的）特征的领域都在生活之内。那么生活内部的各种特征和组件的目标才有可能成为某种标准，某种目标或某种目的。如果说"为了生活"的意思是无论你是道德还是什么，最终都是为了生活的实现的话，那么毫无疑问的言下之意就是，道德等都是为了生活的增进或改善，这里面又存在一个问题，生活改进或增进的目标是什么？标准是什么？生活的实现不是毫无目标的东西。最终必然需要回答的一个问题就是，何为美好的生活？如果道德是一个很重要的目标的话，毫无疑问，问题又回到了美好生活必然是有德性的生活这样一个原初的论题。

这种观点的另一个问题是，道德与生活何为本质何为形式？也就是说到底生活是道德的意义呢，还是道德是生活的意义呢？如果说道德是为了生活的话，毫无疑问就是说生活是道德的意义，生活是本质，道德是形式。那么这样的立论之下，就蕴含着这样的推论：道德是形式性的东西，而生活精神性的东西。

那么，道德究竟是超越的目标还是超越的手段呢？

首先我们进入到什么是道德的思考当中去。从训诂的角度，"道德"一词由"道"与"德"组成，"道"为根本，"德"即得之，为践行，"道"即为标准，"德"即为达到这一标准。"道德"一词即有生活意义①。道就是目标，德实现了道。因此，在原初意义上，道德这个概念即包含着目标（道），也包含着生活意义的表述（德）②。这一点上，与柏拉图对"理念"的描述比较相似，强调概念的时候，一定强调概念的实存，或说达到了的概念。从这一点来讲，道德这个词本身就已经蕴含了"有生活的道德"这一意义，也可以说道德已经包含了"活出来的道德"或"达致的道德"。从这个意义上，"道德"一词的原初意义已经说明了，生活的意义和价值应该归于道德的实现，生活就是道德的践行，就是"德"的努力，以至于"道"。那么，超越之意义也在于从目前的生活走

---

① 沃尔夫冈·布雷钦卡. 信仰、道德和教育：规范哲学的考察 [M]. 彭正梅，等，译. 上海：华东师范大学出版社，2008：7-8.

② 当然，这里的生活意义与生活不同。道德当中所蕴含的生活意义不是指实在存在的生活，而是对实现的道德的一种生活论描述。

向"德"的生活。那么，显而易见，在生活与道德之间，道德是目的，生活是形式。在超越与道德之间道德是目标，超越是手段。

另一个方面，"有道德的生活"这一命题到底存不存在？如果存在的话，到底是一个道德判断还是生活判断？在上文中，我们已经论述了道德是生活的本质，因为它是人的生活与动物的生存之间的重要区别之所在。因此生活本身就应当是蕴含着道德这一本质的。因此，如果说"有道德的生活"这一命题存在的话，那么它就是在描述生活的一种本质追求，即生活的道德追求。它的意义当然就在于强调生活的道德性的本质及目的。"有道德的生活"是为了强调本真意义的生活的道德性。这样看来，"有道德的生活"这一命题所着重强调的就是生活的道德意义，就是对生活之所以成为生活的一种判断，就是以生活的重要本质和重要目的——道德来进行存在意义上的判断。如果从亚里士多德的"四因说"的角度，这属于目的因。道德如果把生活泛化为人生的话，那么，人生是一个必然事件，而"有道德"则是一个意义事件。必然事件并不需要我们去强调，而意义事件却是我们无奈应当去关注的。因此，"道德的"就成为了生活本身的一种意义追求。

上文我们主要讨论了道德的目的性，那么超越是什么呢？如果说道德是人生活重要的目的和意义的话，那么接下来的问题是怎样从一个不完满的人达到这个目的、实现这个意义呢？那就需要不断向这个目的进发，不断地离开现在的水平。这个过程就是超越。超越不是一种简单的改变。一般而言，改变所描述的逻辑是由 A 变成了 B，而只需要 B 与 A 不同就可以了。但是超越就不一样了，它不但需要由 A 变成 B，而需要 B 大于 A，这才能够称之为超越。由此可见超越是一个不断向上的过程，是一个不断向目的进步的过程，也是一个意义不断实现的过程。

如果我们将人生的目的仅只看为超越，而道德仅只看为超越的手段的话，那么言下之意就是否认了超越的目的性，因为它本身就已经是目的了。如果否认了超越的目的性，以及超越本身成为没有目的的东西了，那么就是说它就与改变无异了。如果说道德就是这种超越的手段的话，那么道德的手段意义也就只在于为这种"超越"（实际是改变）提供其 B 与 A 的区别性而已，并不表述它们之间的进阶关系。这样一来，超越也就没有其指向（目的），道德也就不成其为标准（目的）。但如果将道德看为目的，超越看为手段呢？这恰恰就符合上文的逻辑了。道德成为目的，而超越就是在描述这种目的的实现的手段，即所谓"日日新，苟日新，又日新"。

如果从生活论意义来讲，道德是生活得以存在的重要的目的因，而超越并不能成为其目的因。如果在这种意义上，道德就成为生活的重要意义之所在，而超越就成为生活的意义——道德得以实现的重要手段，并且它也描述了这一实现的过程。倘若我们在这种生活论的逻辑中，将二者置反呢？情况就变成了这样的了：超越变成了生活的意义（目的因），而道德变成了实现超越的手段。但是，道德表达了一个怎样的方式？又描述了一个怎样的过程？最起码的一点，就是道德无法成为一种过程描述。

如果说，人生的真义之一就在于实现人性由恶向道德超越的话，那么作为"成人之业"的教育理所当然地应当直面这一帮助学生实现这一人生目的。而作为教育中与道德直接相关的道德教育，就更加应该在这一点上明确自己的目的，因此道德教育的主要目的就应当是帮助儿童实现人性向善（道德）的超越。至于这样德育是否可以以及如何完成这样的任务，则是需要另文再作详细讨论。

第三节　爱感意向中的人性体认

颜渊在《论语》中记载：樊迟问仁。子曰："爱人。"仁者爱人一直是儒家的一个革命性的口号。然而，我们的教育对象——成千上万以孔子为尊师的士子们的主体人格在这种思想烟熏之下，却与仁爱精神相去甚远。孔子以来、屈子以降，他们都站在文化的荒场上用共工的精神做着女娲的工作，但结果却鲜见爱感之生成。是什么原因导致了这种所言与实为的巨大分裂？本书企望通过对人性体认的再思，踏出一条突破这种道德教育困境的路径。

德性"自盈"是中国文化对个体自我体认的最基本的评语。而一切人生理想的诉求都集中于自我德行的外溢，这就造成了中国文化对人性自我意识的过分乐观。因此，这种基于德感意识的人性体认，缺乏追寻彼岸超越精神的动力，也带来了个体精神生活的乐感取向，从而导致了道德泛化和去道德化等诸多道德教育困境；而对人性体认建立在罪感基础上的西方文化，却孕育了具有超越之爱感的道德教育。所以，中国道德教育必须从狭隘的本土化思维框架中走出来，通过再思中西不同的人性体认，促进爱感的生成、承担培养爱者的使命。

一、榜样先知的生成——中国人性体认的迷思

中国文化确信宇宙中有一种原生命力充塞其间，贯注万物、周流六虚，所谓大化流行，生生不息；用儒家的说法，这种原生命力乃是大生之德，个体性命自然禀有浩浩然生德之气。所以，在中国文化的基本论断中，个体天赋自然地处于德性之内，德性贯乎个体其中。这一基本论断构成了中国文化对人性精神的基本意象，这一意象前提所带来的对人性的基本判断就是人性本善（具备初德），这也构成了中国精神意向结构的基础和前提。在这种基础之上，中国文化所生发的精神气质必然是充满德性的，而身在其中的个体生命本身就具有"大生之德"，亦即宇宙中最完美的精神图景就蕴含在人性的原初因子当中。由此，中国文化对人的完善所作的基本推断必然是：人性的完善根本不需要任何外在的条件，其自身就可以达到自我的完全；个体要想得到精神状态的完全满足，无须求助于外物，只需要在自我内部就可以达成。相应地，中国文化所衍生出来的精神心态也是认定其诸要素自身是自足的，自然的本能、情感、感觉、感官都可以成为自足的源泉，其自身内部的"自盈"足以满足个体自身的精神需要。从本质上讲，中国文化认定自我发展所依赖的质料和动力都来自于个体的内部。

由此也可以看出，中国文化中，对此岸一切行为的道德评价主要是建立在个体的自我感觉之上，因为个体本身的价值资源就是丰润的，又是能动的，自我的内部就具备了价值评价本身的一切要素。因此，在中国文化对个体的自我体认中，德性的"自盈"成为最基本的评语；而一切人生理想的诉求都集中于自我德行的外溢。这就造成了中国文化对人性自我意识的过分乐观。"君子以厚德载物"是个体生命与最高德性之间联系的基本判断，最高德性精神的全部都可以被承载于个体的内部，因而，就不存在任何此岸生活世界与彼岸意义世界之间的张力，并且认定"每一个私

人为上苍效劳的最佳方式是发展他自己真实的天性，这种天性会把隐藏在每个人心中的善表现出来"①；"人之初，性本善"的性善论也就成为中国历世历代对人性基本体认的主流。这样的体认对个体生活践行所带来的实际影响是，没有"极恶"，只有过错，这就导致了个体忏悔（confession）意识的缺乏。因为每一个人都是德性（善）的存在，每一个人都是"大生之德"的载体，都代表着终极精神的阐发，故而，个体不会意识到德性的亏虚和人性的亏缺。

　　这种情况下，道德教育所担负的使命就只能是把个体内部隐藏的善完全激发出来，以从个体内部开始实现德性的充盈，从自身的素质出发进行自我发展，不但从内部达到个体意义的体认，而且还要从内部达到个体意义的实现。因此在这样的道德教育体系中，个体发展的力量不可能寄予对超验秩序或超越精神的追求，而只能是对个体性道德榜样（即榜样先知：马克斯·韦伯把人类当中的先知分为两种类型，一是伦理先知，一是榜样先知）的效法，"不存在任何形式本身具有上帝特征的救世主，只存在一位智慧之师"②；因为这种内在化的眼光本身就把伸向彼岸的路径封堵住了，道德精神在自我的内部就能确定神圣诫命对个体没有任何权威。这样，道德教育的路径就不可能采用属乎彼岸的超越精神来引导属乎此岸的不完善个体的方式，而只可能采用已经自足的个体引导尚未自足的个体，亦即树立道德榜样的做法：一类为古代的"圣贤"，如孔子、稷、契、皋陶等，另一类为执教的"教师"——"师者，人之模范也"。而这种树立道德榜样所带来的必然结果就是一方面对"榜样"本身不断进行道德神化，另一方面也把个体对人性体认的目光引离自身而转向榜样。在前一类榜样中，榜样自身已经趋向偶像化，并没有任何的能动性，所以，不可能对教育的对象做出任何主动性的教化行为，仁者爱人的道德资源只是凝固在榜样内部，而无法与教育对象之间建立起爱的交流；而在后一种榜样中，"教师"本身也成为了"圣贤"在当时当地的代表者，他在施教过程中所站立的姿态和效法的方向都是倾向于"圣贤"的，所以在"教师"与教育对象之间的交流也不是主动施爱的关系。总而言之，在榜样教育的体系中，作为教育主体之一方——甚至可视为起主导因素的一方的施教

---

① 马克斯·韦伯. 儒教与道教 [M]. 王容芬，译. 北京：商务印书馆，1995：203.
② 马克斯·舍勒. 爱的秩序 [M]. 林克，译. 北京：生活·读书·新知三联书店，1995：7.

者，并没有成为爱的施教行为的主动者，又因在这样的教育体系中，全部的正面价值关注都集中在榜样身上，所以作为受教者的教育对象本身的价值又受到漠视。这样就造成了施教者和受教者之间不可能产生仁者之爱的交流与传递，也就使得教育对象的爱感的"被塑"成为不可能。

二、道德泛化与去道德化——德感精神引发的道德教育困境

中国文化的个体自足体认使得她缺乏超验之维同现世之间的紧张关系①。这就必然给她带来了一种"内在超越性"的特征。

在这面内在超越性的旗帜中，中国文化把彼岸他救的眼光完全蒙蔽，而把个体拯救之途拘于自身之内。当外在的境遇受到挫败时，"穷则独善其身"就成为个体救赎的当然路径，物质上的自足其乐（安贫）和精神上的拳拳之心（乐道）就成为理想人格的自然追求。这样的心态又会带来两种结果：一是沉溺于孤芳自赏的道德自负之中；一是将"离我"的事物道德"恶"化（傲然愤世），将"亲我"的事物道德善化（寄情于物），造成道德上的自我独断。这两种情形在一些退隐的文人身上表现明显，如陶渊明和他的菊花。前一种情形下，道德自负就构成了一个巨大的屏障，阻挡了他者对其进行深入的道德审视的眼光，也阻挡了其自身继续走向完善的步伐；后一种情形下，外物最初的作用有价值诠释的味道，但渐渐却取代了价值本身，并把其本身道德化，这极易造成道德的泛化，从而将一切有生无生的事物都道德化地看待，这加重了道德的"布魅"（相对于"祛魅"）。这两方面的结合，很容易使人以德性力量自居的生命越发地寄情物外，并且把一切"亲我"之物的享乐当然地合法化，从而将人的道德关注，自我完善的眼光引向了外物，仿佛外物就成为了个体德性的延伸；同时，也引发了对个体与外物之间亲密关系的追逐（逍遥意识），这种亲密关系的追逐一方面是内在道德关注的需要；一方面却表现为外在游戏化的待世方式，从而造成将现世生命的快乐感受当作精神在世的基础②，促使乐感精神的产生。

这样的乐感精神一方面造成了个体精神在外物中的消融，甚至个体道

---

① 马克斯·韦伯. 儒教与道教 [M]. 王容芬，译. 北京：商务印书馆，1995：281.
② 刘小枫. 拯救与逍遥 [M]. 上海：上海三联书店，2001：141.

德与宇宙精神的混淆。在这样的个体走向中，外物或抽象的宇宙精神就成了个体存在价值的消解者，这样的消解在道德教育中的表现就是抽象的精神凸显，而具体的个体却被湮没，这很容易导致对个体人性关怀的缺失与道德眼光的他移；另一方面，道德精神的自我确认与对外物的"亲我"、"离我"的方式也造成了外物在不同个体不同价值判断中情感色彩的不同，这样同一价值载体的价值判断是不稳定的，也就产生了道德相对主义，从而导致去道德化的后果。在中国文化中，这种"穷则独善其身"的道德体认一直都被社会主流视为道德修为的最高典范，但这种典范所导致的道德泛化与去道德化的危机，恰恰拆解了道德教化的价值和力量，造成了道德教育本身的无力。这种乐感意识虽然最初的动机是一种道德关注，但是由于其对外物的依赖以及道德泛化与去道德化的影响，导致了在实际的道德教育中所传递的信息，只剩下了失去价值内涵的外在的行为躯壳。因为一般来说，在一定文化影响下的社会风化只是文化精神的浅层反映，社会个体的修为对文化精神只能被动地简单分有。因而，对于社会一般个体而言，他们并没有办法将道德典范的价值内涵寄予个体精神之内，却只能够效法其寄情外物的生活方式，从而把道德行为情趣化，生活取向庸俗化。这种道德典范对一般个体的影响常常导致享乐主义的生命态度，这种生命态度本身又成为了道德的拆解者。

因此，在中国文化的体认中，德感是乐感的根据，乐感是德感的显发①。在人性的乐观体认之上，德感精神更是造成了道德泛化与去道德化的危机；也由道德榜样的教育方式引发了乐感精神的情趣化和庸俗化的取向，这给道德教育带来了一些致命的影响：首先，人性的乐观造成了自我体认的遮蔽，从而对人性的本质有一个不合理的原初定位，导致对教育对象的最初判断就产生了偏差；第二，"自盈"精神的自我体认导致了他救之途的封闭，堵住了人性向彼岸伸展的路径，从而把人的发展的视角拘于个体以内；第三，乐感精神导致在世生活的享乐主义倾向，也导致精神生活的情趣化和庸俗化，使得道德典范的作用在实际中走向教育理想的反面；第四，道德相对主义导致了道德神圣维度的缺失，使道德教育失去了它最基本的一项质料，更导致了对其意义的根本怀疑。

---

① 刘小枫. 拯救与逍遥［M］. 上海：上海三联书店，2001：145.

"仁者爱人"是一种主动式的爱，"仁者"就是爱的主体，并且"仁"的概念也意味着爱者本身就有丰富的爱的资源；而"人"作为爱的对象，并没有附带任何的条件，是一个普遍性的个体。因此，这一命题本身就意指全然的无条件式的爱，培养"仁者"也就意味着要培养全然的、无条件式的爱的主体。然而，在中国的道德教育体系中，首先施教者本身就缺乏爱的主动作为，而受教者在教育体系中又受到价值漠视，受教者本身不能建立对主动式爱的深刻体认；此外，榜样教育所引发的情趣化和庸俗化取向又导致爱的资源本身的不足。因此，这样的教育体系中，本身的"仁者爱人"就是不可能的，更何谈在教育对象身上生成这种主动的全然的无条件之爱呢？

在这样的看见中，我们不得不从中国人性体认的迷思所造成的道德困境中发问：我们的道德教育到底缺乏了一种怎样的人性体认？

三、爱感的催生——道德教育的使命

在以希伯来文明为其根基之一的西方文明中，人性有一个基本的假设，即人性都是全然败坏的。这构成了西方文明传统人性论的基础，成为西方精神意向结构中的基础和根据。

罪在希腊文中原初的意思是"偏离"，与射箭不中靶心是同样的意思。在基督教的义理中，罪是人与上帝的关系和人与人的关系的偏离或断裂①。这样的偏离和断裂就把人性指向了与道德本源的分离；而这种分离又必然导致了人各种行为上的恶行。这种认识造成了西方人对人性（尤其是对自己的）基本的不信任，这就是罪感。罪感不单单是对人性的一种客观评价，更是对生命的一种深刻体认，是对关涉人性的最基本的意向前提。这是人性的一条主观法则。

这条主观法则所折射出来的是西方文化中对于行为的道德评价的根基建立在个体与道德本原之间的关系之上，因为他们认为个体内部的价值资源是枯竭的，彼岸超越者那儿才是价值不竭的本原。而且，不啻是希伯来文化所给予的思想理路，就是在希腊文化中也是如此。希腊哲学

---

① 刘小枫. 拯救与逍遥 [M]. 上海：上海三联书店，2001：146.

的古典作家们在探讨一切美德与幸福时，总是不断地采取追问的方式把问题的源流一直追溯到形而上的超越层面，在这样的思想理路中，西方文化所表现出的是本体论的特质。所以，无论是希伯来文明，还是希腊文明，她们在思考此岸的一切价值时总是与彼岸超越存在紧密相连。所不同的是希腊文明所走的是从此岸向彼岸的哲学路线，而希伯来文明所走的是从彼岸到此岸的启示路线。虽然她们的起点不同、方向不同，但是路径是一样的，只要有对人性的合理体认，在个体身上所产生的实际效力（道德诉求）是一样的，因为人性体认本身就已经给这种理路赋予了相同的起点。

人的价值感所处的地位要求人性向高尚突围，这是人性的另一条客观法则。人对罪性的体认与对高尚事物的向往之间的紧张，造成了最基本的生命紧张，就在这样的张力当中，西方走上了他救之途，人性内在价值的枯竭感引领人性的价值诉求向彼岸伸展。因为对罪性的体认（罪感）导致对自我的否定，而对高尚事物的向往又处在否定之外的肯定之中，或说就是在自我之外的维度里。这样一种绝然相对的生命体认必然否定了方法上自救的可能性，他救成为必然的选择。所以，他救的方法在根本上不是一条或然之路，而是一条必然之路，因为"精神意向结构中的基础和根据"已经决定。

那么这种他救是何以可能的呢？在基督教影响下的西方文化彰显了这样的拯救途径：一切拯救活动的开端被设置在一种人之外的强力，即"上帝"的先于一切认知活动的爱和恩宠的行动之中，或一种超验的救赎行动之中。（传言拯救所必需的知识即"默示"只是其结果）① 上帝也是那"高尚之物"的泉源，"因他本为善"（圣经诗篇 118 篇 1 节），这是他在他救方式中担当拯救者所必需的条件。这位"本为善"者又是如何达致个体生命，从而实现拯救的呢？如作为自然神论者的斯宾诺莎曾质问"上帝如何使他自己为人所知"？这种他救途径向我们显明的是本于爱而借着爱。上帝因着对充满罪性的人的爱，并借着爱的启示向人们显明他自己；而在此之前，人不可能通过其他途径认识这位他者、达致这种拯救。所以他救的拯救方式在本质上是一种"充满爱意的俯就，从更高的到低

① 马克斯·舍勒. 爱的秩序 [M]. 林克，译. 北京：生活·读书·新知三联书店，1995：7.

的，从上帝到人，从圣者到罪人等等，后者自身被接纳到'更高的'亦即'至高无上的'上帝的本质之中"①，这成为不同于希腊哲学所认为的爱是"一种从低级到更高级，从人到并不施爱的神的运动"的对爱与认识以及价值与存在的新的奠基方式。爱就是彼岸超越价值向此岸渗透的原动力和纽带（既是动机也是方法），同时其本身也是一种价值资源。个体生命在对这一来自彼岸的价值力量的感受中，爱成为最初也是最强烈的生命感受。

罪感生命意向渴望从自身偏离与超越者的关系中走出来，从生命的沉沦状态中走出来，从人的跌落状态中走出来。因此，一个对人性的基本体认建立在罪感意识基础之上的人，会把"每一道德成就都处于一种更为本质的善的批判之中"②，他的罪感意识越强烈，他对人性的突围越迫求，他对爱感的认识就会越强烈。因为，爱是超越者施行他救之途。爱在本质上是彼岸他者（超越者）的属性，并且这一属性为他其余全部属性达致我们的一个必然的条件。"意识到自我中的罪是任何一种对生活作真正彻底分析的自然结果。现代文明的肤浅未能使现代人适应这一分析。因此，人们对于栖身于他们灵魂中得无政府混乱因素采取一种处之泰然的态度"③。人要想真正脱离罪感的辖制而向高尚突围，他就必然走向寻求他救之路，罪感就使一个沉沦感的生命指向"赎"的精神意向④，这种意向的背后就是人对超越者他救启示的应和，人的这种"沉沦－被赎"的精神意向产生的基础就是对超越者之爱的体认。如果在此罪感与他者之间这样的认识越深，那么他对爱的体认就会越深刻，整个西方历史、社会和文化都是在这样的渲染当中，形成了"罪感－爱感"的精神意向性结构。

爱感意向的根据和目的都在自然的生命法则之外，自然的个体生命在爱感中转变成一种超越的感性在世行动。⑤ 这种行动首先表现为在超

---

① 马克斯·舍勒. 爱的秩序 [M]. 林克，译. 北京：生活·读书·新知三联书店，1995：17.
② 莱因霍尔德·尼布尔. 基督教伦理学诠释 [M]. 关胜渝，译. 台北：桂冠图书股份有限公司，1995：143.
③ 莱因霍尔德·尼布尔. 基督教伦理学诠释 [M]. 关胜渝，译. 台北：桂冠图书股份有限公司，1995：153.
④ 刘小枫. 拯救与逍遥 [M]. 上海：上海三联书店，2001：147.
⑤ 刘小枫. 拯救与逍遥 [M]. 上海：上海三联书店，2001：151.

越者主动的爱中积极地回应，被他救的行动激发出对超越者的爱来。在这样的关系中，人不仅被动地经历着爱，而且主动地成为爱者；如此，一个完整的爱感就在个体的生命中形成了。在这样的被动与主动的爱中，个体生命与超越者之间建立起了位格性的交流，也在这样的过程当中实现了个体价值的积极体认，并生成了自爱，从而实现罪感的突围，而成就了他救。

人的认识体验具有一种意向，这属于认识体验的本质，它们意指某物，它们以这种或那种方式与对象发生关系①。当爱感成为一个人的生命体验时，它必然意指向一定的对象，而成为生命的一种自然流露。这样的意指就把作为爱者的人的主动的爱由爱上帝扩展到爱他人。这就是为什么在对人性（尤其是对自己的）有基本的不信任（罪感）的情形下，有罪感意识的人们之间还是能联系在一起的原因。正是这样的罪感－爱感的意向结构，才构成了对作为超越本体的爱和作为生命体验的爱的深刻体认；正是在这样的意向结构中，个体才经历了从对爱的本体性的认识，到对爱的主动性体认，直至成为生命的一种自然情感；也只有在这样的意向结构中，才能在个体生命中建立起纯粹而超越的爱。罪感并没有造成个体生命间的完全断裂，反而成为个体间联系的坚固纽带——爱感产生的根基。

在这样的生命意识当中，西方道德教育的使命就是注重爱感的培育和生成。这种道德教育所注重的不是个体内部的德性——因为在个体内部乏善可陈，也不是外在的榜样——因为在人性的体认上没有一个义者，她所注重的是超越精神的光照以及他者的需要，并从中激发爱的力量。在这种道德教育中，对人性的罪感体认是前提，而爱感的生成则是目标，最后也是必然的结果。

为什么在西方的教育体系中爱感的生成是必然结果呢？首先，由于爱的价值资源来自彼岸超越者，不受此岸有限个体的限制，所以爱的资源本身就是价值丰盛的；其次，由于对人性的罪性有充分的认识，此岸与彼岸之间形成张力，所以个体内部可以生成持续不断的价值追求，爱感也在个体身上不断流露；最后，由于个体自身爱感的丰满自足，个体之间爱的行

---

① 胡塞尔. 现象学的观念［M］. 倪梁康，译. 上海：译文出版社，1986：48.

动也成为一种当然行为。在另一方面，由于爱感很强调个体间关系的连接，因此更从积极方面促进了爱感在社会风化中的形成，这与中国文化在社会风化中所导致的对道德本身的拆解完全不同。

在这种人性体认的昭示下，我们该如何重塑我们的道德教育？

四、培养爱者——不同人性体认对中国道德教育的启发

有人把对人性的不同阐释视为中西文化冲突的根源，这种观点是现代化过程中民族国家的文化语境的产物，认为罪性论与德性论只是东西文化不同的性格，并不能拿西方道德教育中的罪感意识来比照中国道德教育中的德感意识。然而，他们视而不见的是人性的本质是客观的，并没有东西方的差别。对人性的阐释确实有其文化和历史的原因，但人性到底并不在或然的性格层面，而在必然的事实层面。所以，中国道德教育必须从本色化或中国化的思维框架中走出来，寻找差别点；必须从文化固有的骄傲和自负中走出来，正视人性的事实层面；必须从榜样先知的表象中超脱出来，朝"灵魂的向度，存在的向度，悲悯与拯救的向度寻找出路"①。

中国教育一直以培养圣贤为使命，每一个道德教育的参与者常以圣贤传人自居，并以德者标榜自己。在这样一个人伦化的社会中，孔、孟、荀、朱等以此为己任的文化圣哲都为我们绘制了一张又一张美好的图景，然而哪一个人不是面对礼崩乐衰的道德现实而悲叹人心不古并独怆然而涕下呢？连同他们在内的一个又一个道德榜样不是轰然坍塌就是被这个礼制社会严肃地戏谑着，这让我们不由地深思：以德性自居的中国道德教育何以如此无能？笔者认为，主要是因为我们在人性的基本论断上就出现了偏差，从而产生了错误的精神意向的前提和基础，以至部分道德教育全部定位和前提都建立在错误的根基之上。当我们突破这种狭隘的民族主义文化思维方式，从对人性的重新体认来思考西方为何以"爱感的催生"为使命的道德教育时，我们就不得不意识到将我们的道德教育的使命定位到"培养爱者"的迫切性。

朱谦之先生曾指出，教育就是一种"爱力"，整个教育发展史实际

---

① 摩罗. 悲悯与拯救 [J]. 读书. 2000，(5).

上是教育爱的不同发展的历史。在教育史的第一时期，宗教的文化教育代表神的爱力，第二时期哲学的文化教育代表自我的爱力，第三时期科学的文化教育代表社会的物质的爱力，而第四时期艺术的文化教育，即文化教育学，则是代表宇宙的生命的爱力①。他认为，教育的世界就应该是爱的世界，将来"爱的世界"就是理想的文化时期的标志②。雅斯贝尔斯说，"爱是教育的原动力"、"爱把教育提升到真正存在的境界"、"为了实现人的最大潜力，爱只会在相同的水准上与爱相遇，爱在与爱的交往中成为自己"③。爱在道德教育中会给人带来时间、空间和素质的三重超越：从时间层面来看，爱能帮助人更全面地剖析人的本性，并使人对将来存有希望；从空间层面，爱使人超越个体的存在。一个人在社会中生存，除了自我的存在外，也有其他个体的存在，因此人必须超越自我，才能与其他人建立关系，就是对自我中心的罪性的超越，这也包括了超越我的小群体、小社会，去接触一个更广阔的世界。爱可以实现人性和制度的卓越，建立友爱共同体；素质层面的超越，具体表现在我们能够看到现状的不完美，能够提出积极性的批判，培养一种敢于质疑和批判的先知精神。

既然爱作为人之为人的基础，人活着的意义源于爱、存在于爱之中而且为了爱，那么人与爱的关系也就决定了道德教育与爱之间的关系，爱是道德教育的基础和源泉，源于人与爱之间存在着本体性的关联，或者说，道德教育源于爱：爱是使道德教育得以产生、道德教育之为道德教育的最终依据；道德教育存在于爱之中：道德教育在存在方式上始终不能离开爱的过程，它就存在于道德教育交往之中；道德教育为了爱：道德教育存在的意义在于使人的生活因爱而变得更美好。因此，促进爱感的生成、培养爱者就成为我们道德教育的必然使命。

第四节　道德·良心·位格人

对道德教育的理解总是跟随着对道德的理解。道德的概念经由义务论

① 朱谦之文集：第 6 卷 ［M］. 福州：福建教育出版社，2002：539.
② 朱谦之文集：第 6 卷 ［M］. 福州：福建教育出版社，2002：557.
③ 雅斯贝尔斯. 什么是教育 ［M］. 邹进，译. 北京：生活·读书·新知三联书店，1991：93.

向目的论的演化，同时也取消掉了良心在道德中的存在；而对道德理性的错解，同时也忽略了人的位格性，导致道德理性绕开意志，而取消良心在个体内道德生成中的功用。而在传统的理解中，道德乃是个体良心的运行，而一切外在的关系都统摄在这种内在的运行当中。在现代社会遭遇种种道德难题的情形下，需要回到对道德本体的认知中，重新发现道德的本真含义，重视道德的心灵意义，进而使道德教育回归到心灵层面，培养真正有道德心灵的人。

一、道德概念演变中的良心的取消

由于社会进化理论的影响，任何的概念演化都被视为理所当然，甚至被当作为人类自身生存的方式和手段。因此，在由传统向现代跨越的鸿沟之中，许多概念的传统理解都被弃之荒野，而同时这些概念被以新的装饰、新的面目重新出现在时代的视野当中。道德的概念就实实在在地经历了这种跨越。道德以及道德教育的概念发生了诸多的历史流变，这种流变充分造成了当代中国道德教育对传统德育核心概念的颠覆，从而产生了德育的现代问题，即道德教育的去心灵化。

什么是道德，这是伦理学所探讨的一个基本问题。在规范伦理学中，对道德的理解主要有两大传统，一个是义务论，一个是目的论。在这两大传统的流变中，也让我们看到了道德这一概念在古典与现代之间的演化。

义务论的集大成者是德国古典哲学大家康德，他的名言"这个世界上有两样东西让我敬畏：一是头顶浩瀚的天空，一是内心的道德法则"，几乎已经成为了他的道德宣言。他甚至说：世界上，甚至在世界之外，除了善良意志之外，没有任何东西可以被称为无条件的善的①。康德认为，道德的原则只有一个，而且是"至高无上的"，是一个"绝对命令"。这里的命令意味着只是一个指示或者训律，而与推导和论证无关；绝对则意味着无条件，并且在身份上也是无条件的，即对任何人都是无条件的。义务论的道德观与唯理论的哲学一脉相承，都是建立在"天赋法则"的基础之上的。

① 康德. 道德形而上学原理 [M]. 苗力田，译. 上海：上海世纪出版集团，2005：8.

义务论的道德观认为，"原则本身的权威——或者它被给予我们所基于的权威——就是遵守它所需要的唯一理由"①。在康德的理论中，道德最终所基于的权威是良心或者理性的声音，也就是说良心或者理性给予了道德原则以最终的来源，他称此为自律。当然，康德的理性是既在自身之内，又超越于自身的。因为在康德的思想中，心灵把它的形式和范畴加到我们的经验之上，而在这些形式和范畴中，有一些就是为我们的知识提供预设的（比如"因果性"和"实体"），因此，这些预设既不是经验事实，也不是"观念的关系"，而是一种被康德称之为"先验综合"的新的特殊类型的真理②。这样，义务论视域中的道德原则，既是由人内在的心灵、良心或理性综合而成，但是，它同时又是由形式和范畴这些实体性的预设所组成的先验原则。这样，就可以杜绝主观不同的危险。因此，可以说义务论的道德原则是由人的良心主观确立的先验原则。在这里，有两点是重要的：一是道德原则的超越于个体的先验性；二是道德原则经由良心确立的主观性。只有这样，道德才成为让个体敬畏的内心的道德法则。因此康德的义务论道德原则理论主张道德只与原则的合理性相关，而与我们的行动后果无关。

目的论的道德观经过边沁、密尔等几代功利主义大师的演绎，现在已经成为这个时代占主导地位的道德观。之所以称为目的论，是因为这种理论不遗余力地关注道德规则和道德原则的实际后果，认为道德的正当性只能通过它们能给我们带来多大幸福来判断。罗尔斯用"正当"（right）和"善"（good）这两个词来刻画义务论和目的论这两种不同的伦理观。义务论坚持正当的优先性和不可还原性；目的论的理论则把正当放在一边，先独立地定义善，然后将正当定义为最大限度地促进善。

因此，在目的论者的眼中，对人和人的欲求的有利性和有害性才是道德概念的核心。密尔曾经说过，"任何东西之为可欲（desirable 可取），其唯一可能的根据，就是人们实际上欲求它（desire）"③。因而，对欲求满足、使人快乐的就是道德的，是一种人类的最大幸福。功利主义者的这种道德观将道德的概念作了两个方面的演化，一是主观不再是道德产生的

---

① 所罗门. 大问题 [M]. 张卜天，译. 桂林：广西师范大学出版社，2004：283.
② 所罗门. 大问题 [M]. 张卜天，译. 桂林：广西师范大学出版社，2004：180.
③ 穆勒. 功利主义 [M]. 叶建新，译. 北京：九州出版社，2007：81.

原因，而成为需要道德去满足的对象或目标，因而良心被从道德的生成中取消掉了；二是先验的原则被取消掉了，任何的行为都没有绝对的对或者错，行为本身也没有所依据的绝对法则，行为的选择只能根据其对促进后经验的结果的关联来决定，随"欲"而动。这样的结果是，只存在道德判断，而不存在良心挣扎。在目的论者的眼中，一切的行动只是行动与后果之间的利益判断与权衡，而不存在真正的良心的功用，道德的产生也只是关涉到利益（目的）理性，而与康德所谓良心的声音无关。这样的道德观就处于去良心化的境地当中，在道德生成和道德感中，没有良心的位置，而使得所有的道德情感都不成为道德感，而成为利益感。

就是在道德概念经由义务论向目的论的演化过程之中，良心被取消掉了。但是这种良心的取消有其深刻的伦理根源。受这种道德理论迁移的影响，道德教育往往也是只注重在外在的利益权衡的基础上，来建立儿童的道德感，而不注重儿童内在道德建立，只注重儿童对道德的认同，不注重儿童内心对道德的敬畏。这种道德的建立是以关系或社会为中心的，而不是以人为中心的。

二、位格论基础之上的良心观的重建

要理解道德的概念，首先要理解人的概念；对于正确把握道德的本质来说，正确把握道德概念中的人的定义尤其重要。因为，道德首先是关乎人的心灵世界的，所以，我们将道德概念中的人定义为位格人。因为道德关涉良心，而良心涉及一个人整全的位格，是一种位格性的意识。

位格（person）这个词，拉丁文为 persona，原意是"面容"、"面具"、"角色"。在对话中、戏剧中、用来描写不同关系的行动。位格概念所描述的是一个有个性的"个体"。位格的独特之处在于他是一个智慧生命的存在显现，可以被称为"生命中心"。每个人有且仅有一个位格，它所指代是一个整全的人。位际关系本身包含彼此渗透、亲密临在（你在我内，我在你内）的关系。① 因此，哪怕是在关系性的层面上，位格也不是仅仅表示主体之间的形式上的往来，而是指的作为整体的主体存在的全

---

① 神学辞典 ［M］. 上海：天主教上海教区光启社，1999：276.

方面的交融，是一种的抽象而真实的人的交流。或者拿东方的话语来说，就是心灵的相交。哲学上的主体间性，实际上是指称一种既非独立于人的心灵，也非取决于单个心灵或主体，而是有赖于不同心灵的共同特征的存在。但是，在位格层面上所言的位格间的相交乃是指的"你在我内，我在你内"的既是个体的，又是"共在"（而非"共有"）的生命性的关系。在位格论的视域之中，对人和道德尤其独特的理解，并且这种理解与人的良心世界及其功用有着密切的关系。

位格论理解中的人的统一性位格是作为人的交往的前提，同时也是一切的行为作为人的行为的依据。不是说物理上的或者理智上的个体之间的交往就可以说是人的交往，唯有作为人的交往才可称作为人的交往。即使是任何人之间语言或者可见的交往形式，也一定包含着或者传递着位格之间的更为广阔或更为丰富的层面上连接，才可以说是真正意义上的人的语言，这诚如荷尔德林的诗或者莎士比亚的戏剧一样。心灵就是这种位际交流中更广阔的语言所承载的器官，但是这个器官其实是内在于个体内部的，具有完全的自立性、个体性和统一性，因此也就具有完全的行动自主性。因此我们可以发现，同样的处境哪怕在背景相同的个体那里也会有不同的反应，这是因为在作为不同的位格主体那里，他们的心灵都是有着各自的行动自主性的，这一点超越了理性可认知的层面，但是，也确确实实代表了一个完整的位格的行动。当我们说某个人做了什么样的一件事的时候，我们往往就说这个人（the man）做了一件什么样的事，而不会说这个人的哪一部分做了一件什么样的事。在他的位格里面，他的一切都是不可以割裂的。当我们说人的心灵的时候，是在人的范畴中说的，而不是在一个割裂的外化的层面上说的。当我们在位格意义上谈论一个人的道德的时候，不是单单割裂在他的哪一部分说的，而是指着这样一个整全的人说的。我们不会说一个人的理性是不道德的，或者情感或者意志是不道德的，而只会说这个人是不道德的（或者是道德的）。因此在讲一个人的道德的时候，我们是在谈论一个人，在这一点上，所谈论的对象直指向这个人（位格）以及他的道德心灵——良心。

位格论理解中的人的生命性，认为良心在心智上也是清晰的。尽管在谈论一个人的道德的时候，我们不能够把这个人割裂开来，但是在良心的里面来看，人的良心性的活动则是一个生命性的活动。如果按照生物功能主义者的理解，人的一切的行为只是对于外在一切环境的生物机能性的反应的化，势必取消了人作为一个生命体的存在。并且这种理解，同时也取消了人的道德性等非生物性的存在属性。而只有将人当作为一个位格体来理解时，才可以超越这一切狭隘的人的理解。因为位格这个概念本身，就是在描述依附在物质性存在的身体中的人的生命性存在的概念。很难想象一个只是由化学物质组成，并生成一系列的生物化学反应的这样一个存在时一个作为人的存在。因此，我们反对将人的良心活动解释成为一个生物化学反应的过程，它的的确确是一个生命性的活动。当两个相似的个体，哪怕他们外在的环境和内在的记忆都是一致的时候，他们所作出的思想和行为也往往是殊异的；同样，两个殊异的个体，也可能作出相似的思想和行为。这已经远远超出了生物性反应的解释范畴。当我们来思考人的生命性活动的时候，只有依照人的位格性存在而诉诸良心的思考。

因此，诉诸良心就成为了传统的道德理解的基础。中国的儒家传统就非常强调道德中的良心的主体作用，以至于他们就在良心的层面上发展出了心学的传统。心性之学也就成为了中国道德修成中的"功夫论"。宋王应麟《困学纪闻·考史》："仆固怀恩叛唐，李日月为朱泚将，而其母皆知逆顺之理，良心不可泯也。"清和邦额《夜谭随录·霍筠》："彼岂有真才实学，能起死回生耶？徒以人命为孤注耳，良心安在！"巴金《灭亡》四九："但是她一旦离开了他，特别在夜深人静的时候，他便感觉到剧烈的良心上的痛悔。"西塞罗在《论辩集》的题记中也说："对于道德实践来说，最好的观众就是人们自己的良心。"而《新约·路加福音》第六章则宣告："好树不结坏果子，坏树也不结好果子。……善人是从他的心内所存之善发出善来，恶人是从他心内所存之恶发出恶来。"

一个人的道德理智是清晰的，也就是说，尽管一个人的道德是他良心运行的结果，但是，如果从理性的层面来审视的话，这却不是一个糊涂的人，确确实实是这个人在作出道德的选择或行动。这在康德意义上，理性本身是道德原则产生的源头，他认为是人内心深处的理性的致命，产生了道德的律例，因此他将道德这一概念也与"自律"的概念紧紧联系在一起。他认为理性的声音等同于良心的声音，对人有绝对的道德命令权。当然，从康德的意思中，这里的理性也不等同于我们一般所说的逻辑理性，因为康德认为道德，而无需别的什么他证。如果理性是自明的道德产生之源的话，那么它也就成为是一种绝对命令，既是绝对命令，那也就意味着这命令的权威只是出自它自己与道德一起的概念，也就是"道德理性"或者"理性道德"，无论是哪种称呼，都毫无疑问地将理性和道德放在等同的地位上，两者是一个一体的概念。当说理性是一种"道德理性"的时候，毫无疑问是在宣告理性的第一属性，理性中当然地蕴含着那令人"敬畏的法则"！当说道德是一种"理性道德"的时候，并不是说道德需要经过理性的逻辑推演，因为道德是因其自己而有权威，而是在说道德是一种清晰的声音，是一种毫不含糊的命令！因此，道德是理性的声音。但是这只是说出了那道德法则的产生，那么那法则何以令人敬畏呢？敬畏有因其蔚观而折服之意，蕴含着原初并未识透的意思。也就是说道德行为的产生并不是由道德理性自然而然就生成的，其中经历了一个敬畏、折服的过程，关键问题是谁被折服了？在神学视域中，一个人的位格内在地包含了人的理性、情感和意志。如果果如康德所说一个人的道德法则是理性自明的，并且它是在个体之内同时有超越于个体，而成为类所共有的，那么也就是说在道德理性或道德意识上并没有过多的个体差别，但是事实上人的道德行为差别很大，依照神哲学的观念，人的行动是受人的意志所支配的，因此人的道德行为的生成，其中蕴含着一个意志和理性之间作用的过程。当我们说敬畏的时候，不单单是在说明一种道德情感，更是在说一种意志的状态。当我们说一个人心好心坏的时候，不是在说他是否知道一些道德原则，而是在说他在多大程度上降服于他所知道的道德原则。这当中的前设是人的意志原本处于对道德理性的背反的状态之中，而行出来确确实实是出于敬畏。这种前设恰如保罗在罗马书七章所说的，"我所知道的善我不去行，我所恨恶的恶我倒要去行"。而意志之所以会对道德理性形成背反，是因为它天然处于反道德理性的欲望的辖制之下，因此无论是对道德法则的敬畏之情的产生，还是意志对道德理性降服以至作出道德行为，其本质上就是意志在道德理性和欲望之中的争夺。这就是"是非之心常作较量"，也就是我们常说的良心的功用。良心的这种功用的发挥其实是一个人的位格性行为，正是这种良心的功用，才使得人的道德行为不是一种单纯的理性的机械的逻辑的必然性行为，而成为一种人的位格性的行为。这也使得道德的解释不是一种单纯而简单的理性决定论的，而是具备位格内的人的复杂性。

从这些征引来看，无论在东方还是在西方，传统的道德理解中，良心不但是道德的"器官"，而且是道德实实在在的主战场。人的内心存在着欲望的声音和道德的声音，而良心则是这两种声音相互较量的是非之心。个体道德则是在良心的这种较量之后所发出来的。阿奎那将良心纳入反省批判的伦理神学中，康德把良心视为"人内在正义法庭之意识"，都清楚体现了这一观念。

道德不是一个只针对人的某一具体方面的概念，而是一个针对位格人的概念。因此，在对人的位格的理解中，道德是不可以仅以人的思想或者行为来指代的，也不可以仅在思想或者行为层面上来考察道德，因此对于一个整全的良心的关注，以及对良心这一道德的主战场的关注，是我们把握道德概念的核心的关键。

三、现代理解中的道德危机

在现代的理解中，道德已经脱去了良心层面的东西，而是限于一套外在的行为规范。并且现在所大行其道的功利主义伦理学更是将道德判断的标准限囿于"最大多数人的最大利益"这样一个外在的标准，这更从哲学层面上将道德从起源上就从人的内在方面剥离开来，从而只从外在的方面来规定道德。因此，在现代理解中，道德不再是关乎良心甚至关乎人心的事了，而是一件只关乎行为的事。在功利主义的影响下，现代对道德的理解呈现出一种行为化、外在化、去心灵化、去个体化的特征。道德不再只是关乎心灵的事情，而是一个关乎社会利益或者社会中的利益的权衡；道德也不再是关乎良心的事情了，而是一种关乎利益理性的事情。

在这种理路下，道德是一种社会现象，是由经济关系最终决定、按照善恶标准来评价并依靠社会舆论、内心信念和传统习惯维持的规范、原则和意识的总称。从本质来看，道德是由社会经济关系所决定，在人们的社会生活实践中产生和发展的一种社会现象。"我们拒绝想把任何道德教条当作永恒的、终极的、从此不变的伦理规律强加给我们的一切无理要求，这种要求的借口是，道德世界也有凌驾于历史和民族差别之上的不变的原则。相反地，我们断定，一切以往的道德论归根到底都是当时的社会经济状况的产物。"①。

传统的道德教育，尽管在方式上显得呆板，但是确确实实有其明确的目标，即将道德刻在人道德良心中，唤醒人良心的功能与意识，从而达到培养德性的目的。但是在现代，道德教育在现代道德观的观照下，也日益流于一种对规范的认识以及对行为的理性评价上，往往强调人在知识对行为规范的认同。如果稍好一点的，只是在生活的范域中加强了对群体利益或者个体利益的体认而已。

但是对道德以及道德教育的现代理解却存在着很大的现代性的危机。

首先，是忽略了道德以及个体道德现象产生的一个关键环节。道德行为之所以成为一种道德事件，他一定有人的鲜活的参与才是。如果道德仅仅是关乎利益的，那么反道德的事件是否仅仅意味着对利益的认识不足？或者仅仅是反利益？当然我们承认反道德的事件在一定程度上也是反利益的，但是问题是，在错综复杂的事件中，利益的厘清和权衡是非常复杂的，有的时候甚至是很不清楚的，但是道德的价值或评价为什么总是那么清晰？甚至可以是一种心灵的自明？如果仅仅是从利益的角度来界定道德的价值以及内容，那么在现实生活中，有许多的道德事件都是对利益的误判，但是为什么道德的判断始终是明确的？如果从相反的方面，如果一个人有很清楚的利益的认知，并且也有合乎道德的判断的话，是否意味着他就很容易作出相应的道德行为来？正如上文所论，一个人内心有两种声音，一种是欲望的声音，一种是道德的声音，这两者的争战恰恰是真正的道德事件。可以说，真正的作为人的道德事件，是经过了"人化"了的事件，也就是经过了和自己的天然欲望所抗争过的事件，或者是经过了人的道德的器官所发轫过的事件。否则的话，还是在一种非道德的层面上。良心是道德产生的必要环节。道德的产生要么经过良心的感动，如怜悯，要么经过良心的争战。

其次，对道德的理解日益去离它的本质，从而产生去道德化的道德概念，同时也产生社会文化和行为的去道德化。现在的道德理解越发地去道德化，许多的道德论调都在为欲望说话。一种缺少了良心层面的道德理解，所带来的一个直接的影响是忽略了人心中欲望和道德的争战，从而把

---

① 恩格斯. 反杜林论 [A]. 马克思恩格斯选集（第2版）第3卷 [C]. 北京：人民出版社，1995：434－435.

一切这两者之间的争战全部取消化以及合理化，从而也就取消了两者之间的界限从而将两者混同。因此现代的许多道德理论就专注于为人的欲望作道德化的努力。

再次，道德教育越发没有效果，社会道德状况日益沦丧，甚至连规范层面也屡被突犯。舍勒将人的定义成一个"小宇宙"，他的意思是在人的个体里面可以承载整个宇宙的精神；新儒家所强调的透过感通达致天人合一的至上道德境界也蕴含了同样的理解，并以此来实现文化教育的理想。如果在这样的理解中，人的道德有对宇宙精神的无限的承载性，那么也有对社会变迁以及物质发展的承载性。但是在目前的道德现状中，我们发现整个社会的道德状况是日益下滑的，这从现今报章的各种报道中就可以看出。这在一定程度上显明了现今社会人们良心的放纵，人心难收，人的道德良心已经无力承载物欲世界的冲击了，这在一定程度上与道德教育中忽略了对人的道德良心的针对有很大的关系。

最后，产生虚无的人，无心的人，失去意义感的人，去人化的人。人的意义感的产生是针对人的，也就是说是针对人的位格的。仅仅是理性上的权衡，那么道德的满足感以及意义感也仅仅是理性上的，如果道德也仅仅是行为上的事的话，同样道德的满足和利益也仅仅是在外在的层面上。但是一个人的意义感应该建立在什么样的层面上呢？一个人道德的一定是经由良心而产生的，即使道德行为的发生，也一定是经过了良心这一"器官"的作用，良心是源，正是因为良心的作用，才使得行为成为道德的行为。因此，意义感也一定是经由行为反馈而在位格内生成。因此一种取消了良心的道德观，说到底就是一种取消了位格的生活观，一种取消了人的生活观，从而产生了关于人的意义危机。道德最终不是激发或者满足人的天然欲望，而是在良心中，人的道德理性与欲望之间的意志争战，从而实现位格性的人的意义的生成，这才成为道德意义的本质。并且，现代性思维中常常强调的主体性，仅仅体现一种参与性或意义性上，但是如果要落实到到底如何产生意义，主体如何在场，则需要在人的生命的位格性中去理解。

四、道德理解以及道德教育向心灵世界的回归

所以，如果要把握道德以及道德教育的本质的话，就需要实现这两个

概念理解的历史回归。

第一是时代背景下的回归。道德的概念经过伦理学的流变之后，还有回归的可能吗？功利主义伦理学的盛行有其时代的因素。在启蒙思潮之后，人的主体性被极大地张扬，人的欲望也被空前地合理化而直登大雅之堂。与此同时，工业社会和技术革命的发展，实现了人的欲望的狂欢；唯物主义和进化论更是激化了人的最本能的欲望的迸发，同时也将人的膨胀的欲望合理化；工具理性和科学主义更是为人的豪夺的欲望提供了巨大的可能性；现代主义更是似乎代表这个时代作了一个有力的宣告：我们再也不用回到古典的时代了！在这些社会和时代性的因素面前，针对人的"所欲"满足的道德理解之所以盛行也就成为理所当然的事了。即便我们意识到现代理解中的道德以及道德教育的概念有着巨大的现代性的危机，但是我们究竟是已经处在了强大的铁轮一般的现代社会了，我们还有回归古典的良心理解可能性吗？有！这种可能性可能并不是在现代社会的建设性方面，恰恰可能存在于现代社会的崩溃性方面。当物质极大丰裕的同时，军备、枪支、暴力前所未有地增加；当现代生活越发城市化的同时，森林砍伐、水源污染等等也带来极大的生存危机；当人们的生活条件日益提高的同时，人的心灵却日益贫乏，以至于离婚、抑郁、自杀等困扰个体的问题日益频繁……这许许多多的问题已经开始逼着人开始对人这个可怕的存在进行思考。我想现代性的生活危机和社会危机本身就是道德回归的驱动力。正是在现代性的人的危机之中，德尔斐神庙上的"认识你自己"的著名警句才格外地有意义。因此，越发在现代社会，越发需要也越发有实现这种回归的理由。

第二是学科背景下的回归。学科的建构既是历史的也是时代的，但也可以说既是时代的也是历史的。伦理学发展到今天，虽有其深刻的时代因素，但同时也有其深刻的历史原因。因此，找寻伦理学引致的道德理解蜕变的学科史逻辑，对于道德理解向心灵回归有着极其重要的意义。同时，在中国道德教育经过政治化、科学化和生活化的嬗变之后，重新在这些课程和学科建构当中，找寻道德教育的内容本质，对于我们把握这门学科有着重要的意义。任何社会中，人的理念和社会存在都是处在相互影响有机关系之中。人在一定的社会存在中总是找寻自身意义和生存处境突破，如何透过理念来建构自己的生活，而不是透过自己的理念、意义被现实的生活所建构，这是一个需要思考的问题。在现阶段，生活论的德育学语境中，怎样引入人的心灵对生活的建构，将良心引入现实生活中的道德情境中，是激发一个人道德意识的根本。无论是在政治哲学的语境中，还是在科学主义的语境中，还是在生活论的语境中，只要是在思考道德以及作为道德的人的问题，势必意味着德育这门教育所关涉的道德本质及其存在本质，总要关注的一个问题是：德育与智育以及其他教育门类的特殊性在哪里。当许多的学者在探讨德育特殊性的时候，都赞同的一个基本点是德育与智育的区别不仅仅是教育的内容上，更是在道德与智力在人的内部的不同存在形态上，因此抓住这种特殊性才是抓住了德育的本质，才是使德育成其为德育。而良心是这种本质中的核心存在。

　　发觉良心，是一个历史命题，更是一个时代命题，它涉及对道德之为道德，人之为人，德育之为德育的本真理解。呼唤良心的在场，实现德育向心灵世界的回归，这不仅仅是一个学科发展的呼声，更是一个人的呼声。

结语

教育就是爱：教育生存的本质话语

教育是什么？这是千万理论家们孜孜以求的问题。的确，不同的视角，对同一个问题可能有非常不同的见解，这也是造成理论界千文百面的一个重要原因。但是，对于"教育是什么？"这样一个问题而言，它的确是一个地道的哲学提问。在某种意义上，"是什么"的问题不但超越"怎么样"的问题，它甚至超过"为什么"的问题。"为什么"是一个逻辑的提问，它涉及的是认识论和方法论的问题，而"是什么"则是一个本体性的提问，它在最浅的层次上，也涉及"什么之为什么"的问题（"是"的问题），在更高的层面上则涉及"什么是否为什么"的问题（"在"的问题）。"什么之为什么"是一种本体论上的确定；而"什么是否为什么"则是一种存在论的确定。如果说"某物不是某物"则说明某物在本体论的层面上不存在任何的可能性。但是，当我们来思考"什么是否为什么"的这一提问的角度的时候，则发现，只有站在一个更深的本体层面上才有这种提问的可能性。只有更深层次的存在本体才有这样提问的可能性——"你'是'吗？"——因为它本身就"是"。"是"和"在"关系从古希腊以来一直都是哲学思考的一个深层话语。自从巴门尼德为理性立法以来，古典理性思维一直都在努力寻求"是"和"在"之间的统一性。的确，在某种意义上，只有"是者"方能是"在者"。一者若不"是"，则其就"不是"，乃"不是者"，而"不是者"不能"在"；若"不是者""在"，则此"在者"乃"不是"，即此"在"乃"不是"。

回过头来，当我们提问"教育是什么"时，在其本质话语中，我们乃是在提问教育是否是一个"是者"，它是怎样的"是者"，如何"是"的。或者说，究竟是否存在"教育"这样一个本体，是否存在教育这样一个命题；以及教育如果是一个存在本体的话，那么它是一个怎样的本体？在亚里士多德意义上，我们对于教育的这种思考是在思考教育是如何"是其所是"的，或者说是在寻求一种"是其所是"的教育。

从形而上学的角度，亚里士多德的高妙之处在于，他的实体的概念，嵌连了作为终极存在的"是其所是"者与特定个体的"是其所是"这两个相差殊异的存在。无论如何，他透过这种关系及其对这种关系的阐述，解释了这个世界的同一性与生成性的问题，让我们看到了这个世界的最深刻意义上的统一性。

在终极本体意义上，"是其所是者"得以生成这个丰富多彩的世界，它必须要出自于自己的目的与动力（即目的因与动力因），否则特定的个体并不能够生成。并且，这个原因只能够出自于它的内部，因为除终极实体之外的任何特定个体都没有生成的时候，并没有其他的存在来提供这种目的和动力。可以说，从外在讲，这种目的和动力是不可解释也无可认知的，在某种意义上，就是一种无缘无故的行为。对于这种无缘无故的行为，应该怎样来定义它呢？除了"爱"我想不到其他任何一个更加恰当的字眼，因为对于被爱者来说，无缘无故的好，就是"爱"。（我知道这个定义一定不"科学"，并且也冒犯了客观主义的界线，但是我也深深笃定，这个定义是最准确的。）因此，"是其所是者""在""爱"。由此，每一个"是者"也应该处在这种爱的关系当中，而作为位格性存在的人，更是处在这种爱和被爱的关系当中。因此，从第二实体的角度，"是者"之"是其所是"，在于"是者""在""爱"。这是与终极实体之"是"相一致的这个世界存在的目的和价值。

那么，作为存在在这种终极实体和特定个体之间的教育，其所"是"更"在"于其在"爱"。这就是教育生存的本质话语——教育就是爱！我们无论是在思考本质，思考人性，思考存在，其本质上，都是在思考"教育就是爱"这个终极性的命题。只有在这个命题之下，终极的价值世界和特定生活着的个体之间，才会产生直接而深刻的关联。

作　　者
2012 年 9 月于北美宾州

出 版 人　所广一
责任编辑　夏辉映
版式设计　贾艳凤
责任校对　贾静芳
责任印制　曲凤玲

图书在版编目（CIP）数据

心灵、本质与教育：古典与现代之间教育之爱的
变迁／吕丽艳著．—北京：教育科学出版社，2013.4
（道德教育的时代议题系列丛书／鲁洁主编）
ISBN 978－7－5041－7329－4

Ⅰ．①心… Ⅱ．①吕… Ⅲ．①品德教育－研究　Ⅳ.
①G416

中国版本图书馆 CIP 数据核字（2013）第 055323 号

道德教育的时代议题系列丛书
心灵、本质与教育——古典与现代之间教育之爱的变迁
XINLING BENZHI YU JIAOYU——GUDIAN YU XIANDAI ZHIJIAN JIAOYUZHAI DE BIANQIAN

出版发行	**教育科学出版社**				
社　　址	北京·朝阳区安慧北里安园甲 9 号		市场部电话	010－64989009	
邮　　编	100101		编辑部电话	010－64989363	
传　　真	010－64891796		网　　址	http://www.esph.com.cn	
经　　销	各地新华书店				
制　　作	北京大有图文信息有限公司				
印　　刷	保定市中画美凯印刷有限公司				
开　　本	169 毫米×239 毫米 16 开		版　　次	2013 年 4 月第 1 版	
印　　张	14.75		印　　次	2013 年 4 月第 1 次印刷	
字　　数	229 千		定　　价	36.00 元	

如有印装质量问题，请到所购图书销售部门联系调换。